基于主题意义探究的
初中英语单元话题复习课研究与实践

周 丽 ◎主编

东北师范大学出版社
长 春

图书在版编目（CIP）数据

基于主题意义探究的初中英语单元话题复习课研究与实践 / 周丽主编. — 长春：东北师范大学出版社，2021.10

ISBN 978-7-5681-7523-4

Ⅰ. ①基… Ⅱ. ①周… Ⅲ. ①英语课—教学研究—初中 Ⅳ. ①G633.412

中国版本图书馆CIP数据核字（2021）第208918号

□责任编辑：石　斌　　□封面设计：言之凿
□责任校对：刘彦妮　张小娅　□责任印制：许　冰

东北师范大学出版社出版发行
长春净月经济开发区金宝街 118 号（邮政编码：130117）
电话：0431-84568115
网址：http：//www.nenup.com
北京言之凿文化发展有限公司设计部制版
北京政采印刷服务有限公司印装
北京市中关村科技园区通州园金桥科技产业基地环科中路 17 号（邮编：101102）
2022年4月第1版　2022年4月第1次印刷
幅面尺寸：170mm × 240mm　印张：19.25　字数：310千

定价：45.00元

编 委 会

主　编：周　丽

编　委：朱　婷　唐红梅　杨　名　杨　琴　张　燕

郎　静　徐明燕　吴晓霞　李　春　周玉莲

王玉梅

序 言

PREFACE

读了周丽老师发来的书稿《基于主题意义探究的初中英语单元话题复习课研究与实践》，莫名地感动和振奋。她领衔的四川省周丽名师鼎兴工作室全体成员以对基础英语教育最朴素真挚的情怀和最能体现教师专业发展价值的研究方式努力贯彻落实《中共中央国务院关于全面深化新时代教师队伍建设改革的意见》的精神。这些课堂教学案例坚持立德树人、学科育人的目标导向，鲜活而丰富，作为教师学习思考、深耕课堂的阶段性成果，不但向我们展示了一个“让研究成为一种习惯”的优秀教师学习发展共同体，而且为我们拓宽了教学的视野，拓展了思路，对于转变教师的教学方式和学生的学习方式起到了积极的推动和指导作用。

随着基础教育英语课程改革的推进，培养学生的英语学科能力和核心素养成为广大英语教师面临的新挑战，也是他们在专业追求上的新目标。基础英语教育课程和教学专家、国家课程标准修订工作组组长、北京师范大学外语教育与教师教育研究所所长王蔷教授指出：“内容和活动是落实学科核心素养的两个重要抓手。”周丽名师鼎兴工作室的教师以国家课程标准的最新要求为指导思想，理念先行，实践支撑，用他们的研究和探索很好地诠释了这句话在教学中的生命力。

在学习内容方面，教师以复习课为平台，整体布局，系统推进，将研究与实践贯串初中学段整套教材的各个单元，从教师教和学生学两个方面入手，聚焦单元主题意义的解读和探究。教师着力研究如何激活学生已知、盘活现有资源、帮助学生建构和巩固知识体系，强化了学生的语篇和语用意识，从理解语篇的角度出发，帮助学生认识到词汇、语法和句子等是如何紧密围绕主题意义相互联系和构建出语篇的。同时，注重引导学生通过分析语篇结构，根据上下文线索梳理语篇的发展脉络，准确把握语篇的主旨大意及整体要领，整体提升学生的语篇理解能力、逻辑思维能力和语言运用能力。此外，在开发和整合教学素材时，教师还努力做到了与时俱进，紧密联系学生生活实际，提升学习材料的内涵和品质。

在学习方式方面，教师以学生的发展为本，突出了学生课堂学习自主性、互动性和综合性的特点。教师指导学生根据学习基础进行自我调整与反思，形成适合自己的个性化学习策略。教师摒弃了由自己单项传输知识和讲解练习主导教学的情况，邀请学生展示学习思考、优化思维方式、分享交流经验等，并在此过程中为学生提供及时必要的反馈指导。教师增加综合技能训练（如读写结合、听说结合等），避免让学生机械记忆知识，进而引导学生关注语境，立足语篇，注重内容、语言和思维三位一体的学习推进，促进学生基础知识的系统夯实和基本技能的内化提升。教师坚持创设情境，提出问题，布置任务，学用结合，学以致用，为学生搭建了展示平台，反映其在真实情境中迁移所学，创造性地解决实际问题的价值观、必备品格和关键能力，即学科核心素养的实际发展水平，并最终达到“知行合一”的学习效果。

感谢周丽老师和她工作室团队的有益探索和不懈努力，引领学生在探究单元主题意义的过程中实现了认知深化、知识溶化、能力活化的复习效果，切实有效地发展了综合语言运用能力和学科核心素养。

北京教育科学研究院　蒋京丽

2021年1月

CONTENTS

目 录

第一篇 思考篇

——优秀论文

第二篇 行动篇

——优秀教学案例

第三篇　认识篇

——教材主题意义解读

第一篇

思考篇

——优秀论文

主题意义引领下重构初中英语单元话题复习课

四川省周丽名师鼎兴工作室　成都市石室联合中学　朱 婷

内容摘要：当前的新课程改革和核心素养要求对英语学科教学提出了更高的要求，英语话题复习课教学模式正是在这样的背景下产生的。

基于主题意义探究的单元话题复习课就是围绕单元话题，将整个单元的词汇、句型、语法结构等知识有机地梳理融入一节复习课，通过设计，实现听、说、读、写技能训练整合的活动，以达到提升学生综合语言能力的目的。这样的新型复习课就是以单元话题统领整节复习课，将知识、技能、文化和思维进行巧妙整合，在课中探究并提炼单元话题的主题意义，提升学生的核心素养，体现课程标准的指导思想。

关键词：主题意义探究；单元话题复习课；设计路径

一、研究的背景与创新点

（一）研究的背景

《普通高中英语课程标准（2017年版）》（以下简称《课程标准》）指出，“英语课程内容有六大要素：主题语境、语篇类型、语言知识、文化知识、语言技能和学习策略”。所有的语言学习活动都是在一定的主题语境下进行的。主题为语言学习提供了范围或语境，同时融入情感、态度与价值观。对主题意义的探究应是语言学习最重要的内容，会直接影响学生语篇理解的程度、思维发展的水平和语言学习的成效。英语课程应该把对主题意义的探究视为教与学的核心任务，并以此整合学习内容，引领学生语言能力、文化品格、思维品质和学习能力的整合发展。《课程标准》提出了人与自我、人与社会和人与自然三大主题语境，其中包括32个子主题，而《义务教育英语课程标准（2011 年版）》提出的24个话题同样涵盖在这三大主题语境之中。因此，初中英语教师同样应树立主题引领的英语学习活动观。2011年版课程标准指出，应采取“任务型”语言教学模式，创造在真实语境中运用语言的机会，让学生在真实的情境中进行真实的语言交际实践活动，实现对学生综合语言运用能力的培养。

2014年3月，教育部发布了《教育部关于全面深化课程改革 落实立德树人根本任务的意见》（以下简称《意见》），提出了“核心素养”这一重要概念，要求将研制与构建学生核心素养体系作为推进课程改革深化发展的关键环节。教育部组织专家研制的中国学生核心素养指标体系也包括外语素养，并将外语素养定义为“能够根据自己的愿望和需求，通过口头或书面等语言形式，运用其他语言实现理解、表达和交流”。北京师范大学外文学院教授、外语教育与教师教育研究所所长王蔷提出，“英语学科的核心素养主要由语言能力、思维品质、文化意识和学习能力四方面构成。学生以主题意义探究为目的，以语篇为载体，在理解和表达的语言实践活动中，融合知识学习和技能发展，通过感知、预测、获取、分析、概括、比较、评价、创新等思维活动，构建结构化知识，在分析问题和解决问题的过程中发展思维品质，形成文化理解，塑造正确的人生观和价值观，促进英语学科核心素养的形成和发展”。

综上，在当前新课程改革和核心素养要求的背景下，英语学科面临更大的挑战。单元话题复习课基本设计路径的探索正是在这样的背景与要求下产生的。复习是英语教学中非常重要的环节，是梳理知识、提升学生全方位能力的重要载体。在新型复习课中，学生应以主题意义探究为目的，以语篇为载体，在理解和表达的语言实践环境中，通过获取、分析、概括、比较、评价、创新等思维活动，构建结构化知识，在分析问题和解决问题的过程中发展思维品质，形成文化理解，塑造正确的人生观和价值观，促进英语学科核心素养的形成和发展。

（二）文献综述与创新点

目前，我们通过研究发现，国外复习课主要研究成果为，在复习过程中，利用思维导图把传统的单项思维变成多维发散思维，以提高学生的学习效率。

在国内，单元话题复习研究在小学、中学呈现“星星之火”“点状分散”之势。目前已经通过研究阐释了单元话题复习研究的理论意义。

我们以“话题复习”“话题复习课模式的构建”和“话题复习课的应用”为关键词对前人的研究进行检索，对“单元话题复习”“单元话题口语复习”和“中考综合性话题复习”等概念进行清晰界定，对前人研究进行梳理，了解本课题研究现状，提出课题的研究假设。

通过收集梳理国内关于话题复习的研究，笔者发现：虽然现在越来越多的一线教师和专家学者开始关注这一领域，并且已有一些颇有价值的研究成果问世，如成都市的微师培中对话题复习课的研究和课例，一些教学辅导书尝试采取话题复习的方式编撰练习题……然而还有不少问题尚未得到解决或达成共识，甚至在一些根本性概念上仍存在争议。虽然有了一些研究课例，但缺乏系统的教学模式作为参考指导；虽然有了以话题为主线编撰的练习题，但教师们不知道应该怎样使用……诸多问题为进一步研究探索提供了研究专题。

鉴于此，本文的研究就是在对前人已有成果进行思考的基础之上，以单元话题复习思想与理念作为研究核心，力图对话题复习课的设计路径进行辩证论述，做进一步探讨。我们针对传统的单元复习课无法发展学生的综合语言能力和思维能力这一主要问题，进行了集中研究。核心素养的英语课程理念、主题意义探究的单元话题复习课的教学应用设计是从英语的工具性和英语学科的人文性这两个角度来确定其目的与目标的。也就是说，单元复习课不仅要考虑学生应该学习哪些英语知识和技能，将来能够用英语做哪些事情，还要考虑学生通过学习课程可以学习其他哪些方面的知识，形成哪些关键技能和必备品格。学生的语言能力和思维能力是最为重要的两个核心素养。

二、核心概念的界定与拟解决的问题

（一）核心概念的界定

主题意义引领下的单元话题复习课究竟是何种样态?

在单元复习课中，以该单元话题为主线和核心，可利用每个单元的Self Check中的部分资料，也可根据教学内容需要，完全脱离课本资料，补充与单元话题紧密相关的听力或阅读材料，将所要复习的单元核心词汇、句型、语法结构知识有机融入其中，在课堂中实现听、说、读、写、看等综合语言技能训练，通过学习理解、应用实践、迁移创新的活动设计，围绕主题，依托语篇，体现语言、文化、技能、策略融合发展的活动，把对学科核心内容的解读转化为学生主动探究主题意义的活动，提升学生思维品质，实现学科育人。

单元话题复习课教学目标以发展英语学科核心素养为宗旨，围绕主题意义整体设计复习活动；整合单元话题，并进行真实情境创设，带领学生回顾单元学习内容，梳理并概括与主题相关的语言知识、文化知识、语言技能和学习策略，通过复习拓展主题意义。

（二）拟解决的问题

因为复习课一直以来都是协助学生建构知识体系的必要步骤，所以待知识积累到一定阶段后，教师都会采用复习课的形式对语言点进行归纳和总结。然后，在新课程改革和核心素养要求的背景下，随着英语命题与测试越来越注重考查学生英语综合语言运用能力，传统的复习课出现了极大的局限性，学生复习效果差，对英语课不感兴趣的问题突出。

当前的英语复习课需要解决的主要问题如下：

（1）巩固以简单重复为途径，生成性偏低。通常情况下，许多教师都会把英语复习课当作语法课或是练习课来上，集中所有精力重复讲本单元重点、难点、语法。许多教师往往简单重复新授课上所教的内容，教学方式没有新意，课堂上学生所学知识缺乏新的生成。单元复习课会容纳一个单元的语言知识点和重难点，而且有些知识点的联系也不是很强，种种因素造成了复习课教学的高难度。在这样的课堂氛围中，学生的注意力与主观能动性都是低效的，教学效果自然也大打折扣。

（2）复习以试题训练为主要手段，趣味性不强。多数教师在复习课上采用的方法单一，基本以做题的形式来检查学生是否掌握了已学知识，机械性较强。不少学生在进行复习时对大量的试题和练习疲于应付，无法系统有效地形成初中英语的话题知识网络。学生习惯了教师的灌输讲解，而不能主动参与到对英语知识的总结和应用中来，缺乏学习兴趣，总结梳理的能力难以建立，综合能力难以提升。

（3）设计以功能分割为取向，综合性不够。许多教师在对复习课进行教学设计时，往往把听、说、读、写等功能割裂开来，对语言的综合实践能力不够重视，一节单元复习课往往变成一节单元写作课。现有的复习课基本没有学习理解、应用实践、迁移创新的活动设计，学生无法进行语言、文化、技能、策略融合的能力发展，基本技能无法全面发展。

（4）教学以课本单一内容为依据，缺乏整合力。教师在组织授课内容时主要以单元新授课的课文内容结构作为参考，忽视学生学习的实际效果和学习兴趣。现有复习课脱离真实情境，简单回顾单元学习内容，没有新知和适当拓展延伸，是碎片化、表层化的教学方式，容易造成教师和学生双方皆疲累的状态。这样的复习课是无法将单元分割的内容——语言知识、语言技能和策略技能价值观整合为一个整体的，更无法达成通过复习梳理促进学生深度学习思考，建立其关键能力，最终主动生成单元主题意义的目的。

三、单元复习课的基本设计路径

针对传统复习课存在的问题，在2011年版课程标准探索主题意义的指引下，笔者通过实践和梳理，归纳出新型复习课设计的基本路径，希望以此路径解决相应问题。

（一）有效整合，同类聚合，适当拓展

围绕单元核心话题展开复习，目标明确，话题很易梳理。同时在以单元话题为主要话题的基础上，可以根据2011年版课程标准24个话题的科学体系，适当地对于可以组合的单元话题进行有机组合，从而帮助学生形成同类聚合的思维体系，拓展思维，加深学生对于话题的认知和理解。

以人教版*Go for it*九年级Unit 3 Could you please tell me where the restrooms are？这一单元话题复习为例。在进行这个单元复习前，我们可以发现七年级（下册）Unit 8 Is there a post office near here？这个单元的内容与之有很密切的关联。那么，在主要聚焦九年级Unit 3单元核心词汇、短语和结构的基础上，教师科学结合七年级（下册）Unit 8这个单元的知识体系进行复习课的构建，通过一节语言实践课，在真实的情境中，将相关话题的零散知识进行整合，学生主体作用得到了很好的发挥。这节复习课整合了2011年版课程标准中24个话题中的第17个话题：旅游和交通（Travel and transport）。这个话题包括四个子话题：旅行（Travel）、交通运输方式（Modes of transportation）、交通标志（Traffic signs）、使用地图（Reading maps）。这四个子话题联系紧密，语言可以自然延伸。这样的单元复习课将学生零散的知识逐一激活，化散为整，也

为将来的中考话题复习课的探索奠定了基础。

（二）话题核心，主题语境，突出细节

在实践应用中，笔者发现，基于主题意义探究，在单元话题复习课中，以单元话题为核心，非常有利于师生双方找准主题语境，即人与自我、人与自然、人与社会，创设话题真实情境，可以在紧扣单元话题的基础上，联系社会热点和学生感兴趣的话题，巩固和拓展单元话题的内涵与深度，改变脱离语境的知识学习，将知识学习与技能发展融入主题、语境、语篇和语用；同时，改变了碎片化、表层化的教学方式，走向整合、关联、发展的课程，实现对语言的深度学习（语言、文化、思维的融合）。

整节复习课是以促使学生运用单元目标语言为核心的，以探索单元话题下的主题意义为目标，选择包含话题的听力、阅读等材料展开教学活动，主要载体以听力训练和阅读训练为主，形成主题意义探索下的单元话题复习课中的基本设计路径。

Step 1：梳理

梳理本单元话题、语言，设置话题情境主线，预埋主题意义的暗线。

Step 2：活动

选择Self Check部分的内容或以话题相关的听力阅读材料为载体，设计以训练综合技能为目的的活动方式。

Step 3：整合

构建知识框架，通过整合、关联、发展的复习，实现对语言的深度学习（语言、文化、思维的融合），提炼主题意义，提升核心素养。

以设计人教版*Go for it*八年级（下册）Unit 1 What's the matter? 的单元复习课为例，本单元话题是健康与急救（Health and first aid），功能是使学生了解健康问题及意外事故，并能在学习本单元内容后给予适当的建议。该单元话题包含在2011年版课程标准中有关卫生与健康（Topic 13 Hygiene and health）和安全与救护（Topic 14：Safety and first aid）的话题中，是其重要组成部分，对各个子话题内容都有涉及。所以学生对本课内容的掌握是必须的，且在日常生活中具有实用性。

第一步：梳理本单元话题——健康。这是一个很生活化的话题，因此教师可以创设一个较真实的情境：晚饭后个人感觉不舒服，缺乏锻炼，消化不好，从而自然引入单元复习课的主话题。

第二步：活动训练。接下来导入与单元话题相关的一则综合听力材料，利用听力复习重现illnesses和medical care词汇句型，做好语境铺垫，通过让学生完成听力练习，使其复习问题和建议的词汇句型搭配。

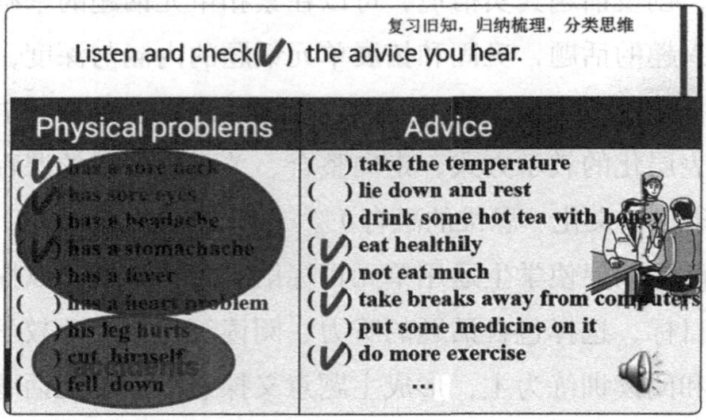
复习旧知，归纳梳理，分类思维
Listen and check(✓) the advice you hear.
Physical problems
Advice
(✓) has a sore neck
(✓) has sore eyes
( ) has a headache
(✓) has a stomachache
( ) has a fever
( ) has a heart problem
( ) his leg hurts
( ) cut himself
( ) fell down
( ) take the temperature
( ) lie down and rest
( ) drink some hot tea with honey
(✓) eat healthily
(✓) not eat much
(✓) take breaks away from computers
( ) put some medicine on it
(✓) do more exercise
…

第三步：整合。听后，教师带领学生梳理Physical problems的类型，引导学生建立分类思维：illnesses+accidents（疾病和事故）；同时，通过这个主话题适时引出解决这类问题的方法，如定期锻炼、增强体质以及遵守安全规则等。同时，让学生与同伴谈论自己的健康问题，鼓励学生给出有用的真实建议，丰富语言表达，激活记忆和深化思维。在复习的过程中不断提升学生对健康的重视，自然提炼出健康是快乐生活的保证这一主题的意义。

这样进行单元复习，不仅聚焦了单元话题和目标语言，同时自然生成了单元话题下的主题意义。改变贴标签式的情感、态度与价值观教育，融育人目标于教学内容与教学过程之中。其实这就是通过设计核心活动，将单元核心教学内容通过复习转化为学生主动探究意义的活动。

（三）五项技能，核心素养，提炼主题

强调听、说、读、写、看五项基本技能训练，建议以多元功能训练（三项以上）替代简单功能训练。在单元话题复习课中有意识、有目的地发展学生的英语核心素养，特别要求提升学生的语言能力、学习能力、思维品质和文化意识。所以我们在设计单元复习课时，一般以新编听力或对话训练或单元Self Check的内容为切入口，综合复习单元目标基础语言之后，再辅以阅读理解。通过阅读综合提升学生对这个单元话题的理解，再通过阅读篇章进行综合能力的训练，让学生提炼主题意义。

综上，基于主题意义探究的初中英语单元话题复习课能够有效地解决传统复习课的四大问题，提升学生学习的兴趣，发展其语言综合能力，拓展师生的思维品质，构建学科文化意识。

四、研究的成效

针对前面提及的四个问题，我们推行“话题式”单元话题复习课一年后，取得了一些成效：

（1）通过采用单元话题复习课，课堂内提升了复习效果。不仅有机整合了单元话题及相关知识体系，优化了学生的学习方式，而且自然梳理提炼了单元话题中蕴含的主题意义，助推学生形成正确的价值观、关键能力和必备品格。

（2）这种方式真正建立了学生自主进行复习的基本能力，使学生学会对于一个单元或者一个阶段的知识进行总结梳理和拓展，形成知识体系。一方面，这样的学习成果是灵活的和可持续发展的，而不仅仅是应试能力；另一方面，提升了学生理解试题和推导答案的能力。

（3）课题研究能够真正转变教师的学生观、教学观和课程观，让新课改理念在学校教育教学的土壤中生根发芽。教师通过单元复习课可以反思自己平时的教学效果，同时通过建立和发展整体的视野来设计个人的教学，调整自己的教学方式。课题研究还可以提升教师的话题整合能力和教学能力，这对于教师是更高的挑战，要求教师自己建立发展学生综合素养的教学观。教师要通过话题复习课教学模式的建构和应用提高学生的语言理解能力和综合运用能力。

（4）通过基于主题意义的单元话题复习课的探究，我们有意识地结合教材Self Check的内容，或者从教材中收集、改编和分类一些紧扣单元话题的资料，逐步形成资料集，最终希望教师们感觉这样的复习课高效且有价值，能够引导更多教师自主地加入这项研究当中。

综上，基于主题意义探究的初中英语单元话题复习课的基本设计路径的探索就是教师为学生搭建从他人到自我、从课本到生活、从碎片到整体的成长阶梯的过程。因此，英语教师的责任重大而深远。

参考文献

[1] 中华人民共和国教育部. 义务教育英语课程标准（2011年版）[M]. 北京：北京师范大学出版社，2011.

[2] 曹红霞. 中考英语一轮单元话题式复习探究 [J]. 疯狂英语（教学版）2017（6）：117，119.

[3] 李小梅. 学生主体环境下英语单元话题复习研究 [J]. 成才之路，2015（36）：57.

[4] 石永红. 对初中英语以话题为主线新型复习法的研究 [J]. 教师，2016（6）：46.

[5] 顾华. 浅谈初中英语复习课的两种教学模式 [J]. 中学英语之友，2008（12）：53–54.

[6] 鲍丽艳. 浅谈如何上好中学英语单元复习课 [J]. 语数外学习（英语教育），2012（8）：45.

[7] 吉同石. 浅议以“话题”为主线的初中英语复习课模式 [J]. 英语画刊（高级版），2014（5）：48.

[8] 姚明娟. 例谈初中英语“话题式”单元复习课模式 [J]. 教育教学论坛，2013（39）：249.

[9] 程晓堂，赵思奇. 英语学科核心素养的实质内涵 [J]. 课程·教材·教法，2016（5）：79–86.

[10] 卢鉴连. “话题式”英语中考高效复习模式的探索和实践 [J]. 校园英语（教研版），2012（3）：107–108.

运用思维导图发展学生思维品质——基于主题意义的初中英语单元话题复习课的实践探究

四川省周丽名师鼎兴工作室　都江堰市锦堰中学　杨　名

内容摘要：发展思维品质是英语学科核心素养之一。在初中英语单元话题复习课（Self Check）部分运用思维导图是有效培养学生思维品质的重要途径。文章一方面通过研究相关的前沿理论，阐释了初中英语单元话题复习课探究主题意义和创设主题语境的重要性，论述了主题意义、单元话题与思维品质和思维导图的关联；另一方面，从初中英语单元复习的现状分析入手，梳理出目前初中英语单元复习课存在的问题，并以“问题为导向”提出在单元话题复习中发挥思维导图支架作用的教学建议，即如何运用思维导图发展学生的思维品质。

关键词：主题意义；单元话题复习；思维导图；思维品质

一、主题意义与思维导图

（一）基于主题意义探究的单元话题复习课教学思路及理论支撑

根据《普通高中英语课程标准（2017年版）》（以下简称《英语课标》）的核心理念可以明确：主题语境是英语课程内容的第一要素。《英语课标》指出：一切学习语言的活动都应该围绕一定的主题语境进行，即学生基于某一主题语境，依托不同的语篇类型，运用语言技能获取语言知识，并尝试运用所学语言创造性地表达个人的意图、观点和态度。

程晓堂针对高中英语单元话题复习课的教学曾提出如下建议：基于主题意义探究的英语课堂中……就单元复习课而言……每个单元都按照同一个主题语境进行设计，教师可以……遵循主题贯穿、语篇承载、情境重构的设计原则，融合单元主题与语言知识教学……强化学生基于单元主题的语用能力。

《义务教育英语课程标准（2011年版）》附录中提供的“话题项目表”，归纳了24个话题。这24个话题以“人与自我、人与自然、人与社会”三个主题意义为统领，分段分布于初中英语人教版*Go for it*教材的5本共58个单元（含预备篇）。《义务教育英语课程标准（2011年版）》提出英语课程内容需要包含的六要素，即主题语境、语篇类型、语言知识、文化知识、语言技能和学习策略。在这六个要素中，主题语境是语言学习活动的重要条件。这意味着教师要围绕主题情境设计语言学习活动，引导学生参与主题意义的探究。

结合《义务教育英语课程标准（2011年版）》和程晓堂的建议，不难找到一个结论，就是初中英语单元话题复习课是体现《英语课标》理念的一部分，并且是整个国家英语课程体系的一部分，即初中英语单元话题复习课体现的教学特点与《英语课标》核心理念是一脉相承的。

（二）基于主题意义探究的单元话题复习课与教学思维导图的关联

在以上理论的指导下，笔者经过研究，探究出“基于主题意义探究的单元话题复习课与教学思维导图的关联”有以下两方面。

1. 教师“教”的思维导图建构

教学相长中，教师“教”的作用和所承担的角色至关重要。在单元话题复习课中如何创设、重构单元话题的主题语境，如何遵循主题语境贯串所有单元Self Check所涉及的内容，如何在主题语境中设计多模态的教学活动，以实现整个单元知识的梳理、巩固，如何在每个教学活动环节的层层推进中自然探究、提炼和升华单元主题意义，如何在复习课中体现对学生单元主题语用能力的提升……这些思考就是作为教师在“教”之前要做的——“教”思维导图。以下就是基于主题意义探究的初中单元话题复习课教师“教”的思维导图建构图式：

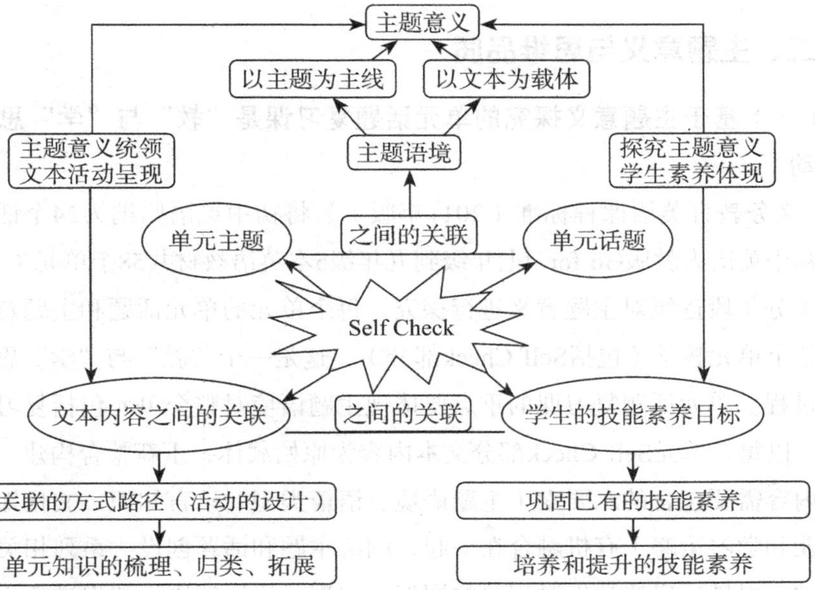
主题意义
以主题为主线
以文本为载体
主题意义统领
文本活动呈现
主题语境
探究主题意义
学生素养体现
单元主题
之间的关联
单元话题
Self Check
文本内容之间的关联
之间的关联
学生的技能素养目标
关联的方式路径（活动的设计）
巩固已有的技能素养
单元知识的梳理、归类、拓展
培养和提升的技能素养

2. 学生“学”的思维导图建构

学生是学习的主体，在教师“教”和“导”的有序组织下，针对单元话题复习课应该建构的学习思维核心不应该是把每个单元Self Check部分“照本宣科”，当作2～3个练习题来完成。这个部分是为了让学生在基于主题意义探究的单元主题语境中实现对Self Check中2～3个内容的挖掘、重构、拓展。以下是基于主题意义探究的初中单元话题复习课学生“学”的思维导图建构图式：

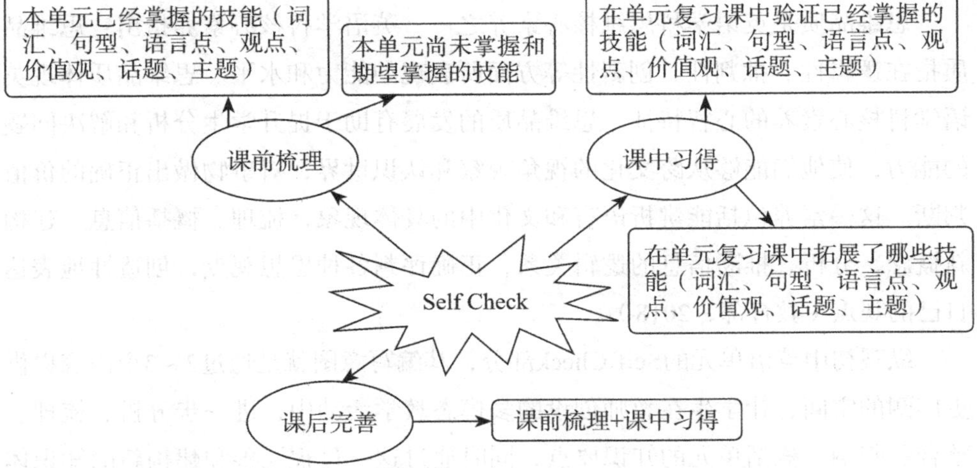
本单元已经掌握的技能（词汇、句型、语言点、观点、价值观、话题、主题）
本单元尚未掌握和期望掌握的技能
在单元复习课中验证已经掌握的技能（词汇、句型、语言点、观点、价值观 话题、主题）
课前梳理
课中习得
在单元复习课中拓展了哪些技能（词汇、句型、语言点、观点、价值观、话题、主题）
Self Check
课后完善
课前梳理+课中习得

二、主题意义与思维品质

（一）基于主题意义探究的单元话题复习课是“教”与“学”思维系统化活动

《义务教育英语课程标准（2011年版）》将初中英语归纳为24个话题，并通过初中英语人教版Go for it七年级到九年级5本英语教材共58个单元（含3个预备篇）分年段逐级对主题意义进行探究。每个单元的单元话题和主题意义如何贯穿整个单元教学（包括Self Check部分），这是一个“教”与“学”思维系统化的过程。单元话题复习课的重点要体现主题语境对整个单元包括复习部分的贯穿，以每个单元Self Check部分文本内容为原始载体，重新整合构建，将单元课程内容需要包含的六要素（主题语境、语篇类型、语言知识、文化知识、语言技能和学习策略）有机融合在一起，围绕主题和话题创设一系列相关联的教学活动，引导、启迪学生对相关的词汇、句型、语法等语言知识进行复现、联想、归纳、概况、重组，从而达到对单元知识的整体梳理、系统认识、灵活迁移，并在此过程中提高学生综合运用语言的能力，体现语言能力、文化意识、思维品质、学习能力等核心素养的系统化培养。

因此，基于主题意义探究的单元话题复习课本身就是教师“教”与学生“学”过程中思维系统化活动和思维品质发展的过程。

（二）思维品质的发展需要以主题意义探究的单元话题复习课作为主阵地

思维品质是英语学科思维核心素养之一。英语学科核心素养指出：思维品质指在逻辑性、批判性、创新性等方面所表现的能力和水平。思维品质体现英语学科核心素养的心智特征。思维品质的发展有助于提升学生分析和解决问题的能力，使他们能够从跨文化的视角观察和认识世界，对事物做出正确的价值判断。这一素养包括能辨析语言和文化中的具体现象，梳理、概括信息，建构新概念，分析、推断信息的逻辑关系，正确评判各种思想观点，创造性地表达自己的观点（教育部，2018）。

纵观初中英语单元的Self Check部分，其编写意图就是通过2～3个内容提供更广阔的空间，让学生在教师创设的多模态教学活动中，进一步分析、梳理、整合、归纳、概括单元的知识要点，同时通过这一过程完善和建构新的知识体系。在单元话题复习中，学生将零散的单元知识进行梳理、归类；对教师创设的多模态活动和教材文本提供的内容进行信息获取和提炼；提升文本的主题意义，进而形成和表述自己的情感、态度和价值观……这个过程正是思维品质培养的过程，也是学生思维低阶思维到高阶思维训练的过程，这与英语核心素养中思维品质的培养目标是一致的。

因此，思维品质的发展既是初中英语单元复习课的特点，也是重要任务。思维品质的发展需要基于主题意义探究的单元话题复习课。

三、思维导图与单元复习

（一）思维导图

1. 思维导图的概念

思维导图（Mind-map）是英国学者东尼·博赞（Tony Buzan）在20世纪70年代初期所创建的一种将放射性思考（Radiant Thinking）具体化的方法。思维导图也叫心智图，是表达发散性思维的有效图形思维工具。它简单有效，是一个具有革命性的思维工具。思维导图充分运用左右脑的机能，利用记忆、阅读、思维的规律，运用图文并茂的技巧，把各级主题的关系用相互隶属的层级图表现出来，从而建立相关联的记忆链接。在西方国家，概念图、知识树、问题树等图示方式是中小学教学中很常用也很有效的方法。随着建构主义理论的发展和网络学习的普及，思维导图的时代特征更为明显，推广思维导图已经成为许多国家的教育改革策略之一。

基于主题意义探究的初中英语单元话题课中的思维导图具有如下功能：

（1）创设主题语境，建构知识体系。在教师引导下，对单元复习Self Check文本部分进行挖掘、重构，创设主题语境，将主题语境作为主线贯穿其中，引导学生形成清晰的思路，并利用思维导图把每个单元各板块学习的语言信息组合成全面、系统、稳定的知识架构和信息网络，达到复习、巩固的作用。

（2）发展思维品质，提高语用能力。教师按照教学目标和教学内容，根据学生已有的知识经验，针对学生学习过程中可能产生的困惑，引导学生对整个单元的核心词汇、功能句型、结构要点完整、系统地进行梳理、复现，以形成层次鲜明、线条清晰、结构系统的简要图示；在此基础上，引导学生水到渠成地探究、提炼、领悟和升华单元的主题意义，并用本单元所学知识和与之相关联的知识进行表述。此过程真正体现了学生思维品质的逐级提升，即思维从低级到高阶的发展过程。

2. 思维导图的分类

思维导图的分类主要指的是本文前面提及的教师“教”的思维导图和学生“学”的思维导图（详见前文具体阐释）。以初中英语人教版Go for it九年级Unit 1 How can we become good learners? 为例，在具体的课堂操作中呈现的思维导图（仅供参考）如下：

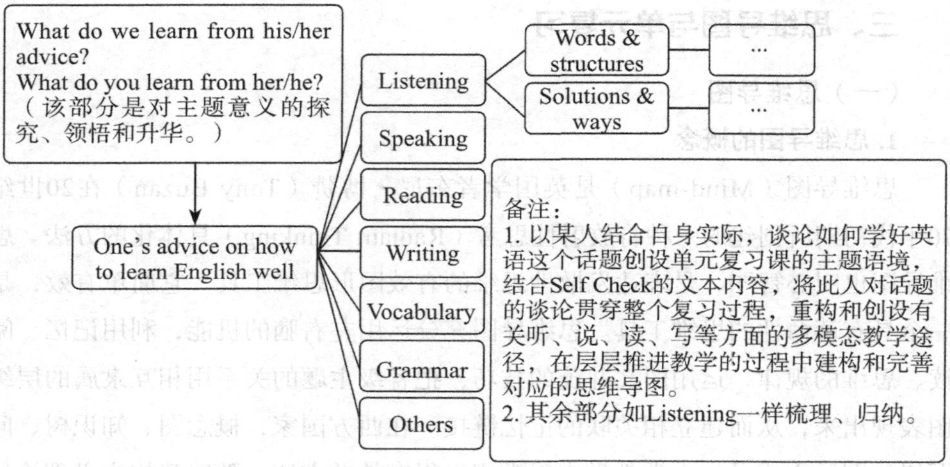
What do we learn from his/her advice?
What do you learn from her/he?
（该部分是对主题意义的探究、领悟和升华。）
One’s advice on how to learn English well
Listening
Speaking
Reading
Writing
Vocabulary
Grammar
Others
Words & structures
Solutions & ways
...
...
备注：
1. 以某人结合自身实际，谈论如何学好英语这个话题创设单元复习课的主题语境，结合Self Check的文本内容，将此人对话题的谈论贯穿整个复习过程，重构和创设有关听、说、读、写等方面的多模态教学途径，在层层推进教学的过程中建构和完善对应的思维导图。
2. 其余部分如Listening一样梳理、归纳。

（二）单元复习

笔者深入一线调研，了解到目前初中英语单元话题复习课的一些现状，如因缺乏思维导图的运用，复习课呈低效甚至无效的状态，学生思维品质没有得到应有的发展。

1. 单元话题复习课现状分析

（1）教学理念的传统制约

我们观察和分析初中英语单元话题复习课现状发现，由于教师长期积累的经验和教学经历，受英语教学定向思维和辐合思维的影响，课堂效率有以下不尽如人意之处：教学耗时较长，复习效果欠佳；重视语法知识，忽视能力培养；题海战术为主，师生负担沉重；教师讲解主动，学生倾听被动。因为教学理念传统陈旧等因素的制约，单元话题复习课反映在理念和方法上最突出的问题有如下几个方面：

① 缺乏话题统领的意识。这主要表现在单元话题复习课中，以Self Check先后呈现的文本内容为主，在话题脉络不清楚或者是话题不连贯甚至是毫无话题统领的情况下让学生完成相应的练习。同时在复习过程中缺乏建构文本板块之间思维关联脉络的意识。

② 缺乏主题语境的升华。这主要表现在单元话题复习课中，以机械的书面练习为主，很少挖掘文本背后隐含的单元主题意义以及文本各板块之间对单元主题意义逐步升华关联性的认知。即使有主题意义的体现也不是水到渠成的自然呈现，而是突如其来的爆发式展现。这样，思维品质的提升和情感价值观的形成是缺乏逻辑性、有效性和科学性的。

（2）教学方式的传统呈现

理念和思维决定行为的方向。因为在以上教学观念的暗示下，现行初中英语单元话题复习课在实际操作中主要出现了以下问题：

① 单元复习的“照单”操作。初中英语人教版Go for it Self Check部分的编写主要是以2～3个从核心词汇到功能句型再到拓展仿写的“练习题”的形式出现，因此，很多教师认为单元话题复习课就是练习课，于是就“照单抓药”地逐一操作，整个复习课就是在不断地处理教材文本练习和补充拓展练习。这样的教学俨然失去了单元话题复习课的功能和意义。主题意义下的单元话题复习课就“变味儿”了：复习课就是学生在教师的组织下完成一道道练习题，然后听教师讲评一道道练习题。结果是学生的综合语用能力被一道道相对割裂的习题所禁锢，学生听、说、读、写等能力与复习课前的技能状况差不多。

② 单元话题复习的“无题”呈现。所谓单元话题复习课的“无题”呈现指的是在单元复习课中既没有认真思考本单元的主题意义是什么，更没有以主题意义为统领创设主题语境贯穿整个单元教学。整个教学过程不严谨、教学活动零散、教学步骤随意、教学效果不突出。

③ 教学PPT的“线性”设计。目前，很多进入课堂的教学PPT都是一些报刊、书籍出版单位根据课本结构内容设计的。这些教学PPT基本上无一例外地、“线性”地、“单一”地呈现，旨在将单元的教学内容编排顺序。尤其是单元话题复习板块，并没有站在整个单元统领的视角去重新梳理、挖掘、归纳、整合补充、拓展整个单元的重要信息。教师在其中充当的是“放映员”和“鼠标

点击员”的角色。

④ 知识梳理的“零散”呈现。在单元话题复习课中，不管是利用板书呈现，还是利用PPT呈现，都不同程度地表现出对单元话题知识梳理的“零散”状态。呈现的内容之间的主题统领性、环节关联性、知识系统性比较随意，缺乏层次感，甚至缺乏条理化和系统化。结果，一节复习课上下来，学生在各个教学环节之间从一个环节“跳跃”到另一个环节，学生对各个知识点的复习没有完全建立在知识之间相互隶属的层面上，更谈不上对思维品质进行科学有效的发展。

2. 运用思维导图发展思维品质，提高单元复习效率

从以上分析可以看出，现行的单元话题复习缺乏对学生系统化思维品质的培养。笔者通过理论探究和实际操作以及一段时间的研究发现，单元复习以相关联的话题为单位，采用思维导图的方式梳理整合会收到意想不到的效果——将原来的片状、断裂的知识“散沙”或“模块”变成利于学生复习、巩固的“信息网”和发展学生思维品质的“知识树”——这个过程既发展了学生的思维品质，又提高了单元复习课的效率。

（1）思维导图在思维能力训练方面的特点

① 全面系统性思考。思维导图的建立有利于大脑对思考的问题进行全方位的、系统的描述与分析，有利于找到解决问题的关键因素和关键环节，可以极大地提高大脑的思考能力。

② 创造发展性思考。思维导图的运用有助于大脑进行深刻的富有创造性的思考，可以帮助大脑进一步深层次发展。一方面，思维导图会随着制作者思考的发展而越来越丰富；另一方面，思维导图可以有无限的层级，逐渐形成越来越多的网络联系。

③ 连贯深刻性思考。思维导图可以激发人丰富的联想力，可以训练大脑的连续性思考、深刻性思考，会在相关联的信息之间建立网状的、层级化的联系。

④ 批判形象性思考。思维导图可以在梳理、整合中对信息进行形象化的呈现，同时在大脑中根据需要进行甄别筛选。

⑤ 个性化差异思考。思维导图可以体现思考的差异性，即个性化思考。对于相同主题的思维导图，不同的人因其个性特点制作出来的思维导图有利于个性和思维的多样性体现。

（2）思维导图在单元话题复习中的运用

初中英语单元话题复习的要求和思维导图在思维能力训练方面的特点是一致的，要体现整个单元话题知识的全面性、系统性、连贯性、发展性等。思维导图与话题复习如何搭建学习支架，充分优化课堂效率？其方法有以下两种：

① 思维导图与主题的关联。思维导图制作本身必须以一个主题作为思维发散的原点和核心，即明确贯穿整个单元的话题和主题语境是什么，这与人教版Go for it的设计是一致的，也与话题复习本身必须有个统领的话题为主题是一致的。

② 思维导图与素养的关联。思维导图制作是紧紧围绕中心主题，以话题为核心而展开的知识归类和整理，在逐级形成二级、三级子主题的过程中，呈现本单元的关键信息，同时在层层推进的教学活动中逐步建构和完善该单元的知识体系，巩固和提高学生的语言素养。这与单元话题复习倡导的“强化学生基于单元主题的语用能力”（徐丽红，2018）是一致的。

同时，思维导图的整个图形布局要简约有序、实用有效，发挥思维导图的最大作用。单元话题复习其实就是对本单元所有要点及其关联层级的一个“全景再现”，这种再现不是所有要素的依次罗列，也不是所有要素的简单堆砌，而是要求在主次分明中简明扼要、删繁就简，把复杂内容用简单易懂的图形符号表达出来，使关键信息一目了然，有利于学生直观、快速地掌握知识架构，促进学生灵活迁移能力的提升，有利于学生思维品质的提升。

（3）思维导图的运用体现教学相长

① 有本有生，师生共进。教师是教学的主导，提高教师的教学能力是师生双赢、共同进步的有效途径。在单元话题复习中运用思维导图，教师自然要运用“全景思维”，基于教材蓝本，通读整套教材，深入解读教材之间、单元之间在语言技能、语言知识、情感态度、学习策略、文化意识五个方面的横向、纵向联系，从而提高研修和教学能力。

学生是学习的主体，发展学生的英语学科核心素养是英语课程的出发点和归宿。在单元话题复习中运用思维导图，教师自然要充分了解学情（包括了解学生的认知特点、身心发展规律、最近发展区等信息），并引导学生将内化的认知结构从“线性”的思维方式转变到“网络化”的思维方式。

因此，思维导图的运用让教师在心中、眼中“有本、有生”的同时，既提高了教师的专业素养，又更好地培养和提高了学生的英语学科素养。

② 激发兴趣，树立信心。兴趣是最好的老师。思维导图在单元话题复习中的运用改变了传统的复习方式，让学生在主动积极的动脑思考的过程中，感受图形、色彩、线条、符号和信息带来的视觉感官冲击，进而激发学生学习的兴趣，调动学生的学习热情，树立学生学习的自信心。

③ 构建网络，优化记忆。在单元话题复习中，没有记忆就没有对知识的掌握和运用迁移。教学中，思维导图能有效地把文本知识直观化、图像化、系统化、网络化地呈现，让学生在深层信息加工和意义理解的基础上掌握整个单元的知识架构，有利于学生形成长时记忆、有意义记忆。

④ 开拓思维，启迪创新。单元话题复习是学生思维能力训练的重要环节。思维导图的运用对学生左右脑功能的全面开发起到了很好的训练作用，能帮助学生将形象思维和抽象思维有机结合。而形象思维和抽象思维的有机结合是创新思维发展的基础和必备条件。围绕话题形成的单元复习思维导图能够激发学生产生更多的观点和创意，能发挥开拓思维、启发创新的功能，达到训练思维、启迪智慧的作用。

⑤ 优化策略，促进学习。单元话题复习中，思维导图的运用是对学生学习策略的更新、丰富和优化，能很好地引导学生形成一种高效的学习策略：梳理归纳—分类整合—制作导图—删减增补—长时记忆。这种策略有利于学生在有意义的学习中增强整理分析、抽象概括、全面系统的学习能力，让学生在良好学习习惯的养成中提高学习能力，达到事半功倍的学习效果。

参考文献

[1] 程晓堂. 基于主题意义探究的英语教学理念与实践 [J]. 中小学外语教学（中学篇），2018（10）：1–7.

[2] 程晓堂. 英语学习对发展学生思维能力的作用 [J]. 课程·教材·教法，2015（6）：75–79.

[3] 车向军. 促进学生思维发展的阅读教学活动设计 [J]. 中小学外语教学（中学篇），2015（8）：38–42.

[4] 郅庭瑾. 为思维而教 [J]. 教育研究，2007（10）：44–48.

[5] 玛丽·凯·里琪. 可见的学习与思维教学 [M]. 北京：中国青年出版社，2017.

[6] 王蔷，张虹. 英语教师行动研究 [M]. 北京：外语教学与研究出版社，2018：3-23.

[7] 赵国庆. 别说你懂思维导图 [M]. 北京：人民邮电出版社，2015：97-104.

[8] 东尼·博赞，巴利·博赞. 思维导图 [M]. 北京：化学工业出版社，2015：25-32，62-82，154-164.

[9] 中华人民共和国教育部. 普通高中英语课程标准（2017年版）[M]. 北京：人民教育出版社，2018.

聚焦主题意义探究的初中英语单元话题复习课策略

四川省周丽名师鼎兴工作室 四川省丹棱中学 徐明燕

内容摘要：课程标准指出英语教学应是引导学生进行主题意义探究的过程，笔者在学习课程标准的基础上，通过梳理话题、主题、主题意义的内涵，结合近年来众多教师及笔者关于单元话题复习课的探究案例，初步总结出以下初中英语单元话题复习课的教学策略：创设情境，润物无声地让学生感知主题，启迪思维；将主题转化为问题，巧用活动形态，带领学生探究主题，训练思维；教师画龙点睛地“导演”，升华主题，发展学生思维。

关键词：主题意义；单元话题复习课；策略

一、问题的提出

《普通高中英语课程标准（2017年版）》（以下简称《课标》）明确提出，所有的语言学习活动都应该在一定的主题语境下进行，而学生对主题意义的探究应是学生学习语言的最重要的内容，直接影响学生语篇理解的程度、思维发展的水平和语言学习的成效。英语课程应该把对主题意义的探究视为教与学的核心任务，并以此整合学习内容，引领学生语言能力、文化意识、思维品质和学习能力的整合发展。

英语核心素养强调英语学科育人的大格局，内容统整、深度学习、素养整合应该是单元教学的基本特征，而复习课则更应该是以上多项要求的整合。但反观当前中学英语单元复习课教学实践，教师们依然局限在语言知识和语言技能培养的小格局内，普遍存在教学内容碎片化、学生学习浅层化、素养培养割裂化的问题。一节高效的单元话题复习课离不开教师对单元主题意义多角度的探究，复习课的教学设计可以挖掘主题意义为中心，以语篇为载体，结合具体的语言知识、文化知识等来培养学生的语言技能和学习策略。因此，如何聚焦主题意义，科学有效地设计单元话题复习课，提升单元话题复习课教学的设计格局和育人水平，成为落实核心素养培育的一个现实命题。

二、核心概念界定

程晓堂指出："基于主题意义探究的课堂就是围绕一定的主题，设计课堂教学的目标、内容与活动。"由此可以看出，确定主题是开展主题意义探究的逻辑起点。但到底什么是主题，主题与话题、标题有什么区别和联系，如何确定适切的主题等，都是一线教师在实践中需要思考、了解的问题。

（一）标题、话题及主题

标题是文本题目（Text title），标题并不一定直接反映话题或主题，但文本内容与话题或主题密切相关。

话题是文本内容（What is the text about？），通常可以在文本中直接获取。

刘杨老师指出：主题是文本的写作意图（Why is the text written？），是指作者通过文章所有材料和表现形式所表达出来的思想。由此可见，作者通常并不直接说明主题，而需要读者在阅读和理解文本的基础上进行推断和提炼。综上，话题所包含的思想内容和精神实质是文章的主题（主题即文本所传达的中心思想和核心观念）。

（二）探究

词典将"探究"解释为"搜寻、调查、研究、检验知识和信息的活动，是提问和质疑的活动"。

（三）聚焦主题意义探究的初中英语单元话题复习课

主题意义探究体现了英语学科学习的育人导向，但是对于主题意义的思考必须是使学生积极主动建构主题意义的过程。因此，鉴于单元话题复习课的特点，教师应聚焦该单元的主题意义，设计一系列探究活动，以此激活学生的现有知识，并促使学生通过已构建的语言知识和技能来深挖单元主题，升华单元主题意义。

三、聚焦主题意义探究的初中英语单元话题复习课的教学实践策略

（一）聚焦主题意义探究的初中英语单元话题复习课与传统复习课的区别

笔者认为，要想聚焦主题意义探究单元话题复习课的实践策略，首先要重新审视复习课的目的是什么。通常而言，复习课的目的大致分为两种：review和revision。review是重现学习内容，目的是唤醒记忆，避免忘记。revision是再学已学内容，目的是强化相关内容，修正错误、扩展体验。备考复习教学以revision为主，前者是过程，后者是目的。复习不是简单地炒剩饭，强化知识最好是建立在新的内容上或者采用新的方法。复习是强化、修正，是升级，而不是重学。

（二）聚焦主题意义探究的单元话题复习课的原则

聚焦主题意义的单元话题复习课设计，首先需要教师对该单元教学内容进行认真的解读，剖析该单元教学内容之间的关系、设计目的及意义，并将本单元的知识进行系统化、结构化的层次分解、重组，再适当拓展语料，既对单元话题知识要点进行系统复习，又获得一定拓展。在探讨实践的过程中，用思维导图等方式将单元话题知识进行系统化、结构化梳理，即"复旧"；再选取与话题相关的新语料，让学生去运用，并发现新知识，即"拓新"。教师需要打开脑洞，利用寻宝、接龙、找不同、做中学等多种教学方式，吸引学生主动参与到"复旧""拓新"的活动中来，避免出现传统复习课的乏味，部分学生"吃不饱"、部分学生"消化不了"的现象，并注重激发学生的兴趣、主动性等。综上，聚焦主题意义探究的单元话题复习课策略的基本原则为：聚焦单元主题，重组、补充语料，"复旧"与"拓新"并行，发展思维。

（三）聚焦主题意义探究的单元话题复习课实践策略

1. 创设情境，润物无声地让学生感知主题，启迪思维

任何知识的学习，本质上都是解决问题的过程，英语学习当然也不例外。李萍特别提出："探究是一种思维方式，以解决问题为主要目的。"在基于单元主题意义探究的课堂上，教师不能直接告知学生本单元所蕴含的主题，而是首先创设恰当的情境。形式可以多样化，如开门见山"问题式"，

视频、歌曲、故事“直观式”等，先让学生不知不觉入境，再让学生围绕主题意义展开问答、对话、讨论等，以促进学生语言交际能力的提升，并启迪学生思维。

2. 将主题化为问题，巧用活动形态，带领学生探究主题，训练思维

主题意义的探究首先是将主题转化为一系列环环相扣、层层递进的问题，利用此类问题链，带领学生探究主题，发展思维。但需要注意的是，虽然问题引导能够创设探究情境，但教师要巧用多种活动形态，将自主、合作、混合学习等多种学习方式与探究式学习结合起来，才能调动学生的积极性，丰富学生的探究体验。

张金秀提出：结合英语学习的特点，可尝试思维探究、情感探究、语言探究以及综合性探究。思维探究适合的活动有头脑风暴、师生问答、学生自主提问、拼图阅读、小组讨论、辩论等围绕问题进行的活动。情感探究适合的活动有角色扮演、读者剧场、戏剧、与文本中的人物对话等。语言探究适合的活动有复述、采访、语法规则归纳、词汇和语法操练、概要写作等。综合性探究适合的活动有阅读圈、画廊漫步、读后续写等。因此，教师应根据需要，带领学生选择恰当且尽可能丰富的探究学习方式，促进学生探究主题，并训练学生的思维品质。

3. 教师画龙点睛地“导演”，升华主题，发展思维

在基于主题意义探究的单元话题复习课中，教师要有比学生更高的站位、更深刻的思想、更精彩的语言、更巧妙的方法，引导学生提高探究质量，不生硬灌输，但也不能放任学生“想到哪里算哪里，说到哪里算哪里”。教师画龙点睛地导演、示范、启发、总结，能及时有效地帮助学生发掘主题、升华主题意义，发展学生的思维品质。

总之，主题意义下进行的初中英语单元话题复习课，是教师引导学生对所学单元知识，以复习、拓新为目的，以语篇为载体，以主题意义的探究为核心，以课堂活动为途径，以语言能力为支撑，发展英语学科核心素养的过程；也是以学生为主体，以语言知识搭载主题内容，指向思维品质的发展，最终达成育人目标的过程。这一过程对教师、对学生的要求都极高，我们刚起步，但幸好我们都“在路上”，路漫漫其修远兮，吾将上下而求索。

下面将结合案例说明聚焦主题意义探究的单元话题复习课的实践策略。

Go for it 八年级（下册）Unit 1 What's the matter? 单元话题复习课

Step 1：创设情境，润物无声地让学生感知主题，启迪思维

Show a picture of Tony to students.

T：Look，this is my nephew Tony. Last Saturday morning，he was at home alone. He got up late，so he felt very hungry，but he found there was nothing left in the kitchen，so he decided to do something. Let's listen what he said. After listening，please answer the following questions.

Task 1：Listen and answer the question.

What did he do? He called a take-out./called to order some food.

Task 2：Listen and find out what he ordered.

Tony ordered some burgers，sandwiches，coffee，cola，ice-cream.

Task 3：Listen and circle many /much，and answer each question.

1. How（many/much）burgers would he like?（Two burgers）
2. How（many/much）sandwiches would he like?（Three sandwiches）
3. How（many/much）coffee would he like?（Two cups of coffee）
4. How（many/much）cola would he like?（A bottle of cola）
5. How（many/much）ice-cream would he like?（Three boxes of ice-cream）

A：How many/much ice-cream would he like?

B：He would like...

Purpose：在Tony点外卖的对话中，复习、应用食品相关词汇，并区分不可数名词、可数名词及其复数构成规则等，引导学生谈论对其食品的感受，感知并区分健康食品、垃圾食品，并在全过程中注意听力技巧的训练。

Step 2：将主题化为问题，巧用活动形态，探究主题，训练思维

T：Wow，he ordered many kinds of food. Do you like them? Are they healthy food?

Task 1：How do you like Tony's breakfast? If we often eat breakfast like this，what will happen?

此时引导学生谈论对这些食物的看法，并回答经常这样吃的后果：He will

be fat or get ill or have some health problems.

Task 2: Then what kind of health problems do you know?

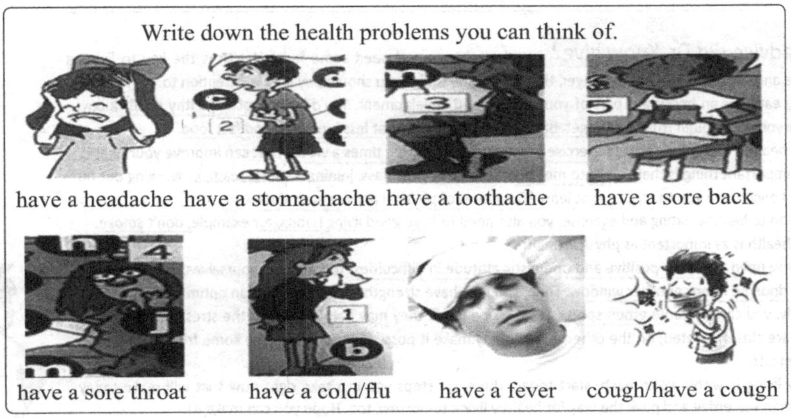
Write down the health problems you can think of.
have a headache
have a stomachache
have a toothache
have a sore back
have a sore throat
have a cold/flu
have a fever
cough/have a cough

T: Yes, if we always eat like this, we may be fat or may get ill.We may get into health problems.Look at Tony, he is really heavy because he likes eating a lot of unhealthy food and always stays at home. He also feels unhappy, because he always thinks nobody cares about him and he is poor in study. So let's try to help him, OK?

Task 3: Maybe we can first give him some advice, but what expressions can we use to give advice?

Students may answer like this: He should do...; He can do...

T: Can we all use "You should/can..." to give advice? Of course we can't.

Can you give him some advice?Does he have?
My study is not good, so I feel stressed at school.
I feel that nobody cares about me.
Tony

Task 4: Dr. Know also wrote a letter to help Tony, let's read and find out what advice Dr. Know gave? Read and underline the advice.

What advice did Dr. Know give? health problems and need some help. Health is the key to living a productive and satisfying life. As a teenager, there are some things you should pay special attention to.

Healthy eating is an important part of your growth and development. You'd better eat 3 healthy meals a day. Make sure you eat enough fruits and vegetables. It's best for you to eat less junk food and fast food.

Besides healthy eating, you should exercise regularly, at least three times a week. That can improve your health. The most important thing is that you keep moving! It can be in gym class, joining a sports team, or working out on your own. I encourage you to try to get at least 30 minutes of physical activity each time.

In addition to healthy eating and exercise, you also need to have good living habits, for example, don't smoke.

Mental health is as important as physical health.

Firstly, you need to have a positive and optimistic attitude in difficulties. You may tell yourselves that when God closes the door, he opens another window. Then, you may have strength to carry on with an optimistic attitude.

Secondly, you can try some group sports. On the one hand, they may help you lower the stress because body and mind are closely related; on the other hand, it may make it possible for you to make some friends who have similar interests.

Healthy living is within your reach, start today. There are steps you can take right now that will make today healthier than yesterday and pave the way for healthy living tomorrow, too. Hope you can make it!

Dr. Know

Dr. Know

simple and clear

Task 5: Read the letter again. What expressions did he use to give advice?

Answers: You should...; You'd better...; You can/ need to ...; It's the best to do...

T: Let's try to use different ways to give advice.

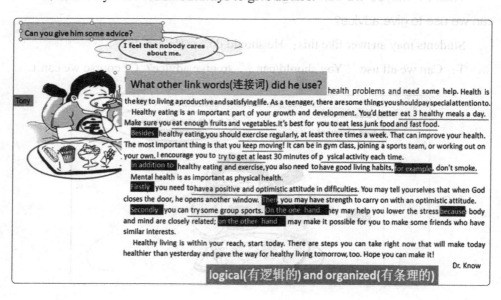

Can you give him some advice?

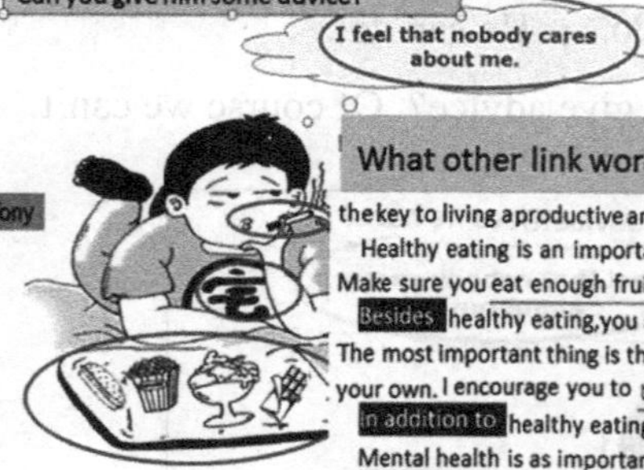
I feel that nobody cares about me.
Tony

What other link words(连接词) did he use? health problems and need some help. Health is the key to living a productive and satisfying life. As a teenager, there are some things you should pay special attention to.

Healthy eating is an important part of your growth and development. You'd better eat 3 healthy meals a day. Make sure you eat enough fruits and vegetables. It's best for you to eat less junk food and fast food.

Besides healthy eating, you should exercise regularly, at least three times a week. That can improve your health. The most important thing is that you keep moving! It can be in gym class, joining a sports team, or working out on your own. I encourage you to try to get at least 30 minutes of p ysical activity each time.

In addition to healthy eating and exercise, you also need to have good living habits, for example, don't smoke.

Mental health is as important as physical health.

Firstly you need to have a positive and optimistic attitude in difficulties. You may tell yourselves that when God closes the door, he opens another window. Then you may have strength to carry on with an optimistic attitude.

Secondly you can try some group sports. On the one hand hey may help you lower the stress because body and mind are closely related; on the other hand may make it possible for you to make some friends who have similar interests.

Healthy living is within your reach, start today. There are steps you can take right now that will make today healthier than yesterday and pave the way for healthy living tomorrow, too. Hope you can make it!

Dr. Know

logical(有逻辑的) and organized(有条理的)

Task 6: Read again. What link words did Dr. Know use?

Answers: Firstly, secondly, then... on the one hand, on the other hand..., besides, in addition to...

Task 7: We have learned how to give Tony advice now, then let's write a letter to Tony to help him.

Can you give him some advice? Does he have?
My study is not good, so I feel stressed at school.
I feel that nobody cares about me.
Please write a letter to Tony to help him.
My study is not good, so I feel stressed at school.
I feel that nobody cares about me.
Advice:
Advice:
Advice:
Advice:

Re-read your letter, then read your partner's letter, compare them. Which one is better? Why?

Re-read your letter.

Did you give simple and clear advice on all his problems?
Did you use varied expressions to give advice?
Did you use link words to make the article logical and organized?
Check your grammar and spelling.

Read your partner's letter...

Did he/she give simple and clear advice on all the problems?
Did he/she use varied expressions to give advice?
Did he/she use link words to make the article logical and organized?
Check his/her grammar and spelling.

Step 3: 教师画龙点睛式导演、总结，升华主题，发展思维

T: So boys and girls, if we want to have a healthy life, what should we do? Can we always eat junk food like Tony? Can we just stay at home, do nothing but eat all day? Should we always feel stressed or in a poor mood? Of course not. So what is a healthy life? Students discussed and then the teacher guided them to summarize it like this:

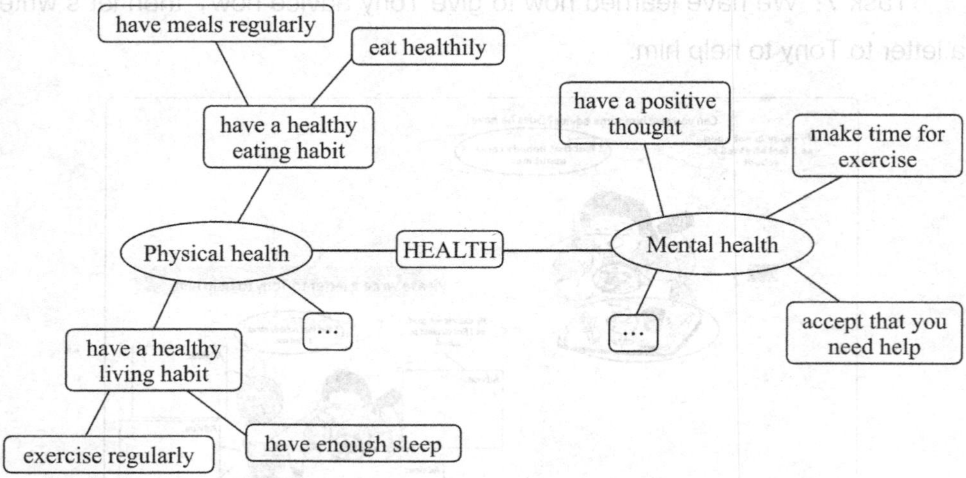
have meals regularly
eat healthily
have a healthy eating habit
have a positive thought
make time for exercise
Physical health
HEALTH
Mental health
…
…
accept that you need help
have a healthy living habit
exercise regularly
have enough sleep

A healthy body +healthy mind=a healthy life

Let's enjoy our life healthily!

（本案例节选自成都市棠湖外国语学校张夏南老师的单元话题复习课，在此特别感谢张老师的分享。）

参考文献

［1］中华人民共和国教育部. 普通高中英语课程标准（2017年版）［M］. 北京：人民教育出版社，2018.

［2］程晓堂. 基于主题意义探究的英语教学理念与实践［J］. 中小学外语教学（中学篇），2018（10）：1–7.

［3］刘杨. 试论功能文体学中的“主题意义”［J］. 淮海工学院学报（社会科学版），2005（12）：70–72.

［4］李萍. 语文主题阅读探究性教学的模式建构［D］. 重庆：西南大学，2011.

［5］张金秀，郭颖，徐国辉. 基于主题意义探究的高中英语阅读教学实践例析［J］. 中小学外语教学，2019（3）：1–6.

基于主题意义探究的初中英语单元话题复习课听说活动设计

四川省周丽名师鼎兴工作室　雅安市雨城区第七初级中学　李　春

内容摘要：现行的初中英语教材人教版Go for it涉及24个话题，而这些话题又统领每个单元的教学内容。采用“任务链”式活动设计、“螺旋上升”式编写手法，将这些话题多方位、分层次地穿插在教材中，以实现初中英语课标要求培养学生“能用英语做事情”的能力。同时，这24个话题也是学生学习语言最重要的内容，即学生对主题意义的探究。分析了基于主题意义探究的初中英语单元话题复习课听说活动的现状、理论依据、案例设计，指出了基于主题意义探究的初中英语单元话题复习课听说活动设计的有效性。

关键词：初中英语；主题意义；单元话题；复习课；听说设计

随着课程教育改革的不断深入，英语教学目标进行了一定层面的延伸，即全面培养学生英语核心素养。人与自我、人与社会、人与自然是英语课程内容的三大主题语境，是培育和发展学生英语学科核心素养的主要依托，是引领教学目标制定与学习活动开展的关键。单元是承载主题意义的基本单位，单元教学目标要以发展学生英语学科核心素养为宗旨，围绕主题语境整体设计学习活动。现阶段，初中英语单元话题复习课听说活动存在不足，限制了英语教学的发展。

一、初中英语单元话题复习课听说活动现状

（一）单元话题复习课无现成听说材料

从Go for it的结构来看，每个单元分为Section A 1a ~ 1c（听说活动）、2a ~ 2d（听说活动）、3a ~ 3c（语法活动/短小阅读），Section B 1a ~ 1c（听说活动）、2a ~ 2d（阅读活动）、3a ~ 3c（写作），Self Check三大模块。Section A是该单元基本的教学内容，包括词汇、语法、功能，以听力输入和口语输出为主要教学形式，是体验和感知语言的阶段。Section B是在Section A的基础上对单元话题内容的进一步拓展，尤其是词汇拓展。而且在听说训练的基础上，重点发展学生的阅读技能和写作技能，主要是语言的学习、巩固和运用阶段。Section A和Section B分别包含了听说活动，而Self Check 中无现成的听说活动。由于教师没有深度研究教材，局限于传统的就教材教教材的思维模式，于是在单元话题复习中就省略了听说活动。

（二）单元话题复习课多忽略听说训练

中考升学的压力使教师和学生无法真正脱应试教育的桎梏。大多数中学生沉浸在题海里，学习过程中忽略听说训练。而教师受传统复习课的影响，以灌输代替互动，以训练代替能力，采用直接告知或讲解知识点、死记硬背和机械训练语言点的方式，从而脱离主题语境聚焦语言知识。英语的听说教育明显处于放任状态。久而久之，会使学生厌倦，也会抑制学生听说训练的发展，阻碍学生英语能力的提高。

二、基于主题意义探究的初中英语单元话题复习课听说活动依据

目前，初中英语教学虽然仍使用《义务教育英语课程标准（2011年版）》（以下简称《英语课程标准》），不过在《普通高中英语课程标准（2017年版）》的指导下，初中英语教学也在发生了变化。《英语课程标准》力求面向全体学生，为学生发展综合语言运用能力打好基础，同时，促进学生整体人文素养的提高。而综合语言运用能力的形成建立在学生语言技能、语言知识、情感态度、学习策略和文化意识等素养的整体发展上。2017年版的课程标准指出了课程内容的六个要素，分别为主题语境、语篇类型、语言知识、文化知识、语言技能和学习策略。此六要素是发展核心素养的基础，是教师引导学生实现主题意义探究

的基石。语言技能是语言运用能力的重要组成部分，包括听、说、读、写等方面的技能以及这些技能的综合运用。听和读是理解的技能，说和写是表达的技能，它们在语言学习和交际交往中相辅相成、相互促进。而且语言学习不仅应关注学习结果，更应关注学习过程。2017年版课程标准指出，一切学习语言的活动都应该围绕一定的主题语境进行，即学生基于某一主题语境，依托不同的语篇类型，运用语言技能获取语言知识，并尝试运用所学语言创造性地表达个人意图、观点和态度。在教学中，六要素需要得到恰当的整合。在主题引领下，依托不同类型的语篇，教师基于对教材的解读和学生的剖析，创设恰当的语境，引领学生探究主题意义，强化学生基于单元主题的语用能力，从而实现综合语言运用能力和学习能力的提高。

三、基于主题意义探究的初中英语单元话题复习课听说活动设计

（一）文本基础，拓展听说

语言学习具有持续性和渐进性的特点。听、说等语言技能的培养是持续和渐进的过程。听和说不是孤立的教学活动，在实际教学中，教师要根据学生的实际情况，以文本为基础，设计由浅入深、由易到难的各种语言实践活动，引导学生熟悉话题，熟悉本单元相关的词语和句型，接受背景信息，在原文基础上拓展相关词汇，让学生借助旧信息联想新信息，运用语境或其他线索进行预测。学生顺理成章地把单元话题与自己实际生活中的场景结合起来，进而体现人与自我、人与自然、人与社会三大主题的意义，如人教版教材Go for it七年级（下册）Unit 7。本单元的单元话题复习听说由学生熟悉的值日报告（包含当天的天气汇报以及本地一年四季的气候、不同季节的活动）引入，目的是让学生在短小的语篇、语境中温习已学知识，将学习和掌握的知识运用于语言实践。接着，乘胜追击，带着学生自己介绍的天气话题，继续引导学生了解不同地区、不同国家的气候以及人们开展的活动。最后，给予一篇结合文本2b中的人物Jane和有关England的语篇续写。学生带着强烈的好奇心关注语篇大意，捕捉关键信息，回答教师提问。根据关键信息用自己的语言介绍England。在此基础上讨论并自由介绍其他国家的气候等相关知识。学生充分利用语篇知识有效地获取和传递信息，表达观点和态度，达到运用语言与他人沟通和交流的目的。这不仅锻炼了学生的听说技能，还让学生的思维品质得到了提升，让学生知道

天气的变化是了解世界的一扇窗口，理解天气背后所蕴含的活动文化，以加深学生对生活的热爱。

（二）亲近语篇，感知语言

语篇是融入单元重点的一个载体，语言知识只有包含在具有语境意义的句子、对话或篇章等语篇中才有生命，才有活力，才能让学生容易记住并融会贯通。所以基于主题意义探究的初中英语单元话题复习听说活动设计要融入主题语篇，让学生在亲近语篇的过程中感受语言的美，从而体现该单元的主题意义。例如，人教版教材Go for it七年级（下册）Unit 6 。本单元的话题是日常活动（Everyday activities），功能是讨论人们正在做什么（Talk about what people are doing）。该单元话题包含在《英语课程标准》中有关家庭、朋友与周围人（Topic 2：Family，friends and people around）和日常活动（Topic 4：Daily routines）的话题中。同时，家庭、朋友与周围的人和日常活动属于个人生活范畴，又归属于2017年版课程标准所提出的三大主题之一——人与自我，而当自我与朋友、周围的人物联系起来时，又涉及如何正确处理人际关系的问题，这便又延伸至人与社会的主题范畴。基于文本中的话题与主题意义的结合，在单元话题复习课的听说活动时，由学生分享自己的写作来导入听说活动。而学生的写作素材来源于自己幸福的家庭照或朋友照。学生在描述或听他人的写作语篇的同时，也能感知良好的邻里、朋友关系和家庭氛围是生活不可或缺的部分。学生在亲近语篇的过程中不仅提高了听说技能，还感知到语言的美。

（三）贴近生活，升华主题

在综合性的语言实践活动中，教师要关注学生的生活经验和认知水平，选择既有意义又贴近学生生活经验的主题，尽可能接近现实生活中语言使用的实际情况，创设丰富多样的语境，激发学生参与学习和体验语言的兴趣，以使学生在语言实践活动中反思和再现个人的生活和经历，表达个人的情感和观点，在发展语言技能的同时，提高分析问题和解决问题、批判与创新的能力。基于对主题意义的探究，将特定主题与学生的生活建立密切关系，鼓励学生学习和运用语言，开展对语言、意义和文化内涵的探究。所以基于主题意义探究的初中英语单元话题复习听说活动设计要贴近学生的生活，让学生顺理成章地把单元话题与自己实际生活中的场景结合起来。这样学生能够更容易理解和掌握目标语言的真实意义和用法，从而使主题意义得到升华。例如，人教版教材Go for it七年级（下册）

Unit 8 。本单元的话题是街区（The neighborhood），功能是问路和指路（Ask for and give directions on the street）。单元话题包含在《英语课程标准》中有关居住环境话题中（Topic 3：Living environment）的第12个子话题社区（Community）。问路和指路（Ask for and give directions on the street）发生在社区环境中，涉及人与社会这个主题语境中周围的环境（Personal environments）这个子话题，归属于人与社会的主题范畴。本单元的话题与学生的实际生活非常贴近，易于激发学生兴趣。本单元的单元话题复习由学生非常熟悉的街区介绍引入听说活动，学生抓住核心并画出简略地图，旨在运用生活常识，培养理解、获取信息的能力。接着用一个短小的角色表演，让学生扮演陌生人问路，让学生体会理解真实语言材料和表达真实思想。围绕The neighborhood这一话题，引导学生在问路及指路过程中学会礼貌待人，感受邻里之间的互帮互助及和睦的邻里关系。

综上所述，基于主题意义探究的初中英语单元话题复习课听说活动的目的是基于一定的主题意义，提高学生英语的表达能力和综合运用能力。在日常单元话题复习听说活动教学实践中，教师应以文本为基础、以语篇为媒介、以学生实际生活为主导开展一系列的主题教学听说活动，让英语教学走进生活，让学生“能用英语做事情”。

参考文献

［1］石芳. 核心素养下初中英语听说读写整合教学策略探究［J］. 考试周刊，2020（53）：78-79.

［2］陈琳霞. 基于主题意义探究的初中英语单元复习课教学实践——以Unit 6 Do you like bananas? 为例［J］. 英语教师，2019，19（16）：95-100.

［3］金琪. 基于学科核心素养理念探究初中英语听说课堂的教学策略［J］. 新课程·下旬，2017（10）：50.

［4］顾碧华. 初中英语教学听说训练的优化措施探讨［J］. 速读（下旬），2015（1）：106.

［5］中华人民共和国教育部. 义务教育英语课程标准（2011年版）［M］. 北京：北京师范大学出版社，2012.

［6］中华人民共和国教育部. 普通高中英语课程标准（2017年版）［M］. 北京：人民教育出版社，2018.

鱼骨式思维导图在基于主题意义探究的初中英语单元话题复习写作活动中的应用

四川省周丽名师鼎兴工作室　成都武侯外国语学校　李建峰

内容摘要：写作活动是基于主题意义探究的初中英语单元话题复习的语言输出环节，用于检测学生是否能在特定的主题语境下使用目标语言进行正确得体的表达。鱼骨式思维导图在写作活动中比其他思维导图可以更快地梳理、呈现话题要点，而且鱼骨式思维导图还能引导并促使学生对列出的要点进行调整与整合，使话题作文要点更加符合话题的主题意义。鱼骨式思维导图使学生写作活动变得更加直观，教师也可以根据学生的鱼骨式思维导图进行更加有效的点评。

关键词：鱼骨式思维导图；主题意义；写作活动

一、鱼骨式思维导图及其特点

鱼骨式思维导图又称为因果图、石川图，常被用来梳理结构、分析原因、制定对策等。鱼骨式思维导图可以帮助我们理清各个主题关系以及各个要素是如何相互影响的。

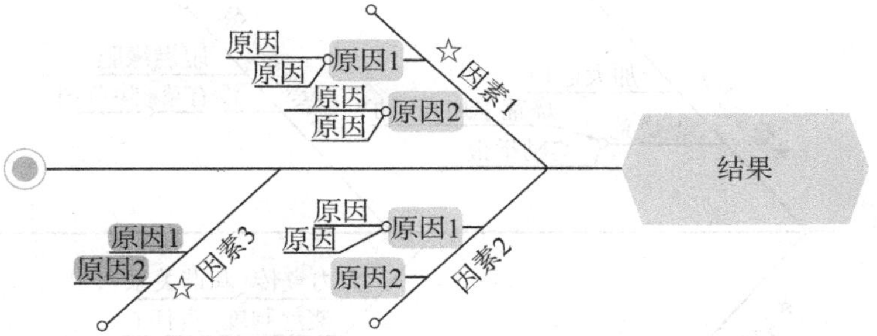
原因
原因
原因1
☆因素1
原因
原因
原因2
结果
原因
原因
原因1
原因1
原因2
☆因素3
原因2
因素2

鱼骨式思维导图分为结构型、原因型和对策型三类。结构型鱼骨式思维导图的重点在于梳理结构，而不是分析原因，这种结构的鱼骨式思维导图和树状图很像，都是以父子层次结构来组织对象的。

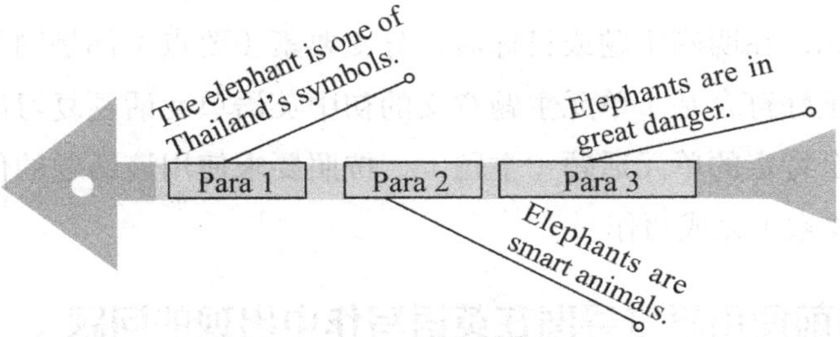
The elephant is one of Thailand's symbols.
Elephants are in great danger.
Para 1
Para 2
Para 3
Elephants are smart animals.

原因型鱼骨式思维导图鱼头在右，用于找出某一现象、事件或结果的成因并进行分析，解决为什么写的问题。

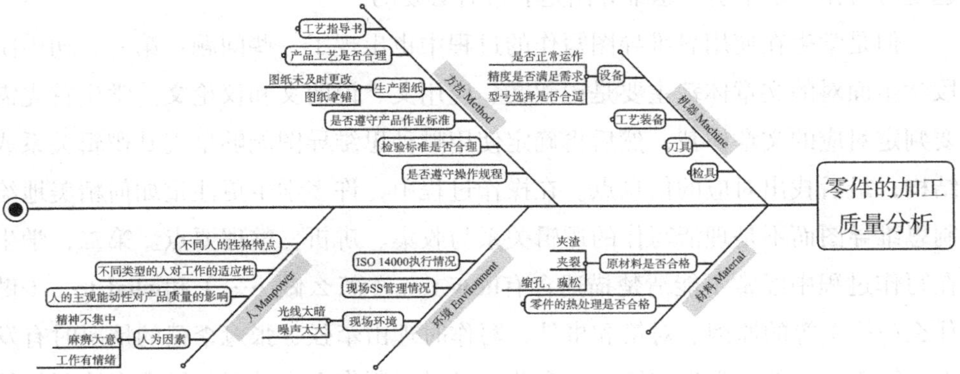
工艺指导书
产品工艺是否合理
图纸未及时更改
图纸拿错
生产图纸
是否遵守产品作业标准
检验标准是否合理
是否遵守操作规程
方法 Method
是否正常运作
精度是否满足需求
型号选择是否合适
设备
工艺装备
刀具
检具
机器 Machine
零件的加工质量分析
不同人的性格特点
不同类型的人对工作的适应性
人的主观能动性对产品质量的影响
精神不集中
麻痹大意
工作有情绪
人为因素
人 Manpower
ISO 14000执行情况
现场SS管理情况
光线太暗
噪声太大
现场环境
环境 Environment
夹渣
夹裂
缩孔、疏松
原材料是否合格
零件的热处理是否合格
材料 Material

对策型鱼骨式思维导图鱼头在左，侧重于对某一问题解决方法的分析。主题通常是如何写。

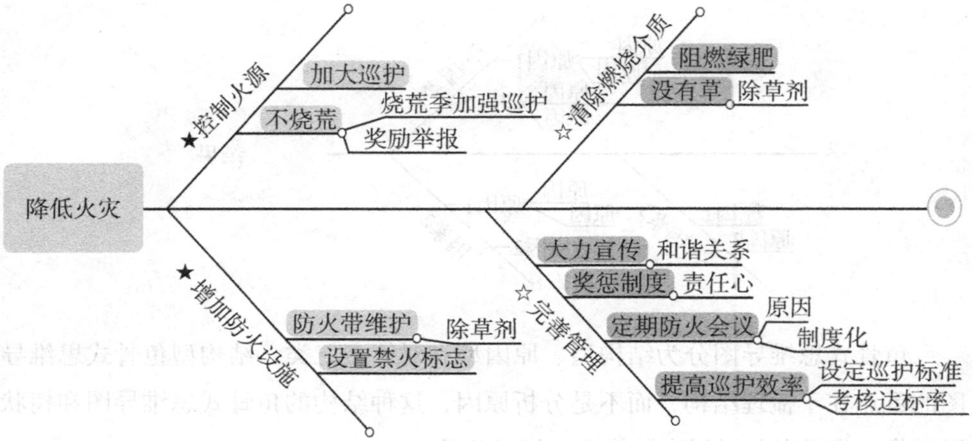
降低火灾
★控制火源
加大巡护
不烧荒
烧荒季加强巡护
奖励举报
☆清除燃烧介质
阻燃绿肥
没有草
除草剂
★增加防火设施
防火带维护
除草剂
设置禁火标志
☆完善管理
大力宣传
和谐关系
奖惩制度
责任心
定期防火会议
原因
制度化
提高巡护效率
设定巡护标准
考核达标率

鱼骨式思维导图的特点是只有一个导向，即鱼骨式思维导图只有一个主题或一个目标，在明确主题或目标后，分支要素（要点）都是围绕这一个目标展开的。这正好符合基于单元主题意义的初中英语单元话题复习课写作活动要求：围绕一个特定的单元话题（主题），按照要求使用该话题的信息点和目标语言（分支要素）完成写作。

二、当前使用思维导图在英语写作中出现的问题

在初中英语话题作文写作中，思维导图不仅可以锻炼学生的逻辑思维能力，使学生理清文章思路，还可以使学生快速罗列写作素材。因此，在英语话题复习写作活动中引入思维导图是非常有必要的。

但是学生在使用思维导图写作的过程中也出现了一些问题：第一，初中阶段学生面对的文章体裁主要是记叙文、应用文、说明文和议论文。学生首先需要判定对应的文章体裁，然后再确定使用哪种思维导图能够呈现其逻辑关系或结构，最后找出对应的信息点。在操作过程中，许多学生更注重如何精美地绘制思维导图而不是理清写作的逻辑关系与收集、辨析、整理要点。第二，学生在写作过程中经常不能清楚描述含有how to...（怎么做……）和what to...（做什么……）等的原因、对策和事件，写作时理由牵强、张冠李戴的情况时有发生。第三，一部分学生在练习中会花大量时间制作思维导图，导致直接写作的时间减少，甚至不能完成作文练习。另一部分学生虽然完成了思维导图的绘制和写作，但在写作过程中仍然会漏掉信息点，导致失分。

由此可见，思维导图在单元话题写作中的确扮演着重要的辅助角色，但如何在基于主题意义探究的初中英语单元话题复习课写作活动中，采用更有效的思维导图形式提升学生的写作质量，是迫切需要解决的问题。

三、鱼骨式思维导图在基于主题意义探究的初中英语话题复习写作课中的应用

本部分将以2019年成都市武侯区“二诊”作文试题为素材来说明鱼骨式思维导图在基于主题意义探究的初中英语单元话题复习写作活动中的应用。

为发扬志愿者精神，你校正招募九年级学生参加主题为“Be a volunteer”的志愿者活动。假如你是李华，写一封英语电子邮件应聘志愿者，并将电子邮件发送给活动负责人张老师。

部分要点如下：

1. What two results do you want to get from volunteering?

2. What do you think of the saying?

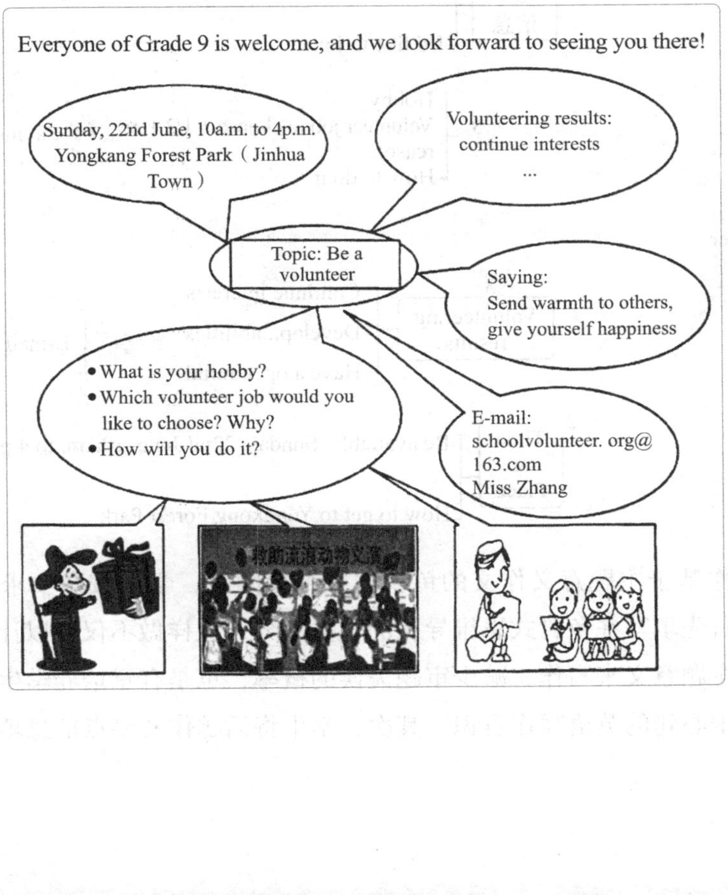
Everyone of Grade 9 is welcome, and we look forward to seeing you there!
Sunday, 22nd June, 10a.m. to 4p.m. Yongkang Forest Park（Jinhua Town）
Volunteering results: continue interests ...
Topic: Be a volunteer
Saying: Send warmth to others, give yourself happiness
• What is your hobby?
• Which volunteer job would you like to choose? Why?
• How will you do it?
E-mail: schoolvolunteer. org@163.com Miss Zhang

第一步，通过初步审题，可以得知本部分话题作文分为两个部分：题干描述和思维导图。然后根据题干中的描述（“参加主题为‘Be a volunteer’的志愿者活动”“写一封英语电子邮件应聘”），可以判定该作文的体裁应该为书信体的应用文，其写作目的是应聘志愿者。

第二步，仔细观察和分析后可以发现，第二部分的思维导图是气泡式思维导图。气泡式思维导图是近年来成都市中考常见的思维导图形式，它更侧重于对一个概念或一个主题的特征描述，放置在中心的气泡就是该导图的主题。本话题的主题就是中心气泡中的“Topic：Be a volunteer”。再次确定本话题作文的主题：Be a volunteer。

第三步，经过前面的信息处理和分析，写作的思路还是稍显复杂，接下来我们使用鱼骨式思维导图来处理作文信息，让其更加有条理。本话题作文强调对策，因此将鱼头画在整个思维导图的左边。接下来罗列气泡式思维导图中的要素：

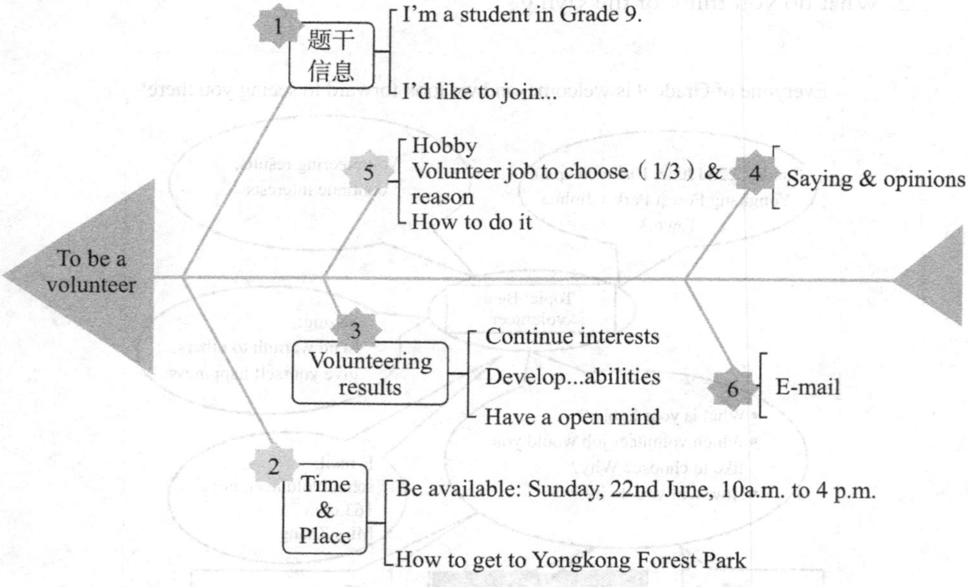
1
题干信息
I'm a student in Grade 9.
I'd like to join...
5
Hobby
Volunteer job to choose（1/3）& reason
How to do it
4
Saying & opinions
To be a volunteer
3
Volunteering results
Continue interests
Develop...abilities
Have a open mind
6
E-mail
2
Time & Place
Be available: Sunday, 22nd June, 10a.m. to 4 p.m.
How to get to Yongkong Forest Park

在制作基于主题意义作文的鱼骨式思维导图时，学生按照要求将话题作文的主题首先填写在鱼骨式思维导图的鱼头部分，这样做不仅可以让学生有意识地围绕主题意义来写作，减少审题失误的概率，也是有意培养学生在写作中首先写出中心句的英语写作意识。其次，学生将话题作文要点信息填入思维导图后，一定要根据主题意义对写作要点进行排序。排序的目的不仅是使作文的逻辑顺序更加符合主题意义的表达结构与习惯，而且是最大限度地减少漏写要点的情况。对于要点齐全、符合逻辑的话题作文，阅卷老师更容易给高分。最后，鱼骨式思维导图能够让学生有意识地使用“三段式”布局，即首段（鱼头）、中段（鱼身）、尾段（鱼尾），让写作更加规范，在文采上加分。

鱼骨式思维导图不仅能够加工处理原本含有思维导图的话题作文，更在基于主题意义的图表类和看图说话的作文中有着更大的优势。接下来以2019年成都市锦江区“二诊”作文试题为素材，说明其优势。

近年来，城市的发展为人们的生活提供了许多便利，同时带来了不少问题，请仔细观察下图：

1. 找出这座城市存在的问题（至少三方面）。

2. 分析这些问题给人们的生活带来的影响或不便。

3. 请设计一座你理想中的未来之城，以避免这些问题的出现，并分别阐明理由。

注意：

1. 文章应包括要求的所有信息。

2. 文章结构完整、语句通顺、句式多样。

3. 文章中不能出现个人和学校的真实信息。

4. 词数：100个单词左右。开头和结尾已经给出，不计入总词数。

In recent years，although the development of cities has brought people much convenience，it has also caused a lot of problems...

通过分析题干部分，我们可以搜索到关键词（便利、问题、未来之城和the

development of cities，caused a lot of problems），说明这篇作文可能的主题是环境保护。再进一步读图，我们会发现这是一个深受污染的城市，如繁忙的街道、拥挤的车流、排污的工厂和遍地垃圾，这些信息再次让我们确定这篇作文的主题：环境保护。

接下来，借助鱼骨式思维导图将主题图中的信息点剥离出来：

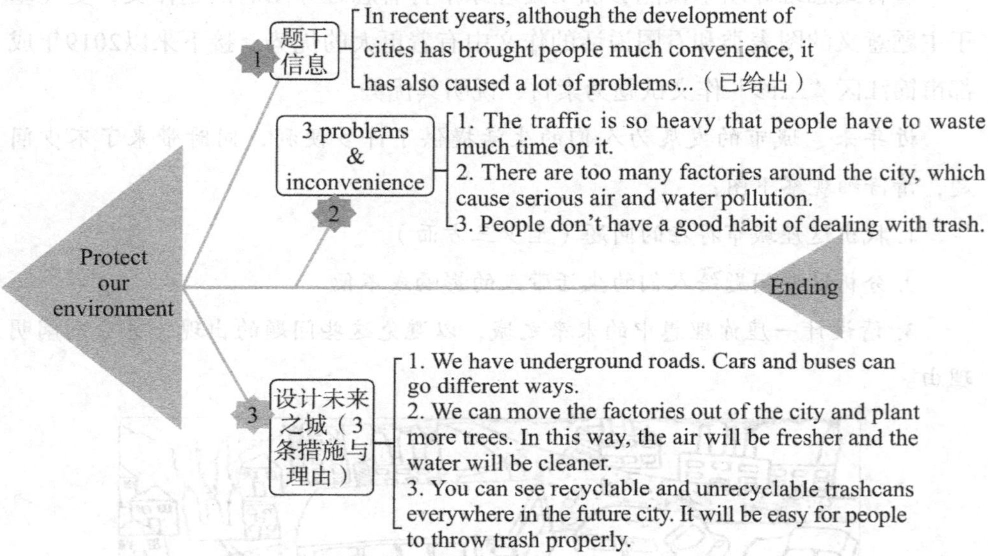
Protect our environment
1 题干信息
In recent years, although the development of cities has brought people much convenience, it has also caused a lot of problems...（已给出）
2 3 problems & inconvenience
1. The traffic is so heavy that people have to waste much time on it.
2. There are too many factories around the city, which cause serious air and water pollution.
3. People don't have a good habit of dealing with trash.
3 设计未来之城（3条措施与理由）
1. We have underground roads. Cars and buses can go different ways.
2. We can move the factories out of the city and plant more trees. In this way, the air will be fresher and the water will be cleaner.
3. You can see recyclable and unrecyclable trashcans everywhere in the future city. It will be easy for people to throw trash properly.
Ending

在此鱼骨式思维导图中，多个信息点被综合到3个大“鱼骨”中。首先，经过整理，我们可以得知作文的主题是Protect our environment，主题与信息点的逻辑关系是提出问题—分析问题—建议与理由。其次，第二要点“问题与不便”中，将这两者罗列在鱼骨式思维导图上后，学生会发现使用单一句子来描述可能会太冗长，没有体现“问题与不便”的逻辑关系，如果能使用从句形式将两者结合在一起，整个语义结构就更加得体通顺了。同理，在最后设计未来之城的措施与理由上也可以使用相同的策略。鱼骨式思维导图在基于主题意义的写作练习中不仅能准确地梳理每一个信息要点，而且能让学生主动根据主题意义的逻辑关系来更准确地调整并整合句子。同时，学生的英语表达、思维能力也上了一个档次。

四、进一步的思考

鱼骨式思维导图在基于主题意义的写作课中体现出了优势。相对于传统的写作前打草稿和写提纲，鱼骨式思维导图更加节约时间，同时更方便学生找寻话题作文中的逻辑关系，整合信息点，更容易得到高分。在接下来的探索中，希望能够发现其更多的应用场景，帮助学生在基于主题意义的初中英语话题复习课程中收获更多。

参考文献

白虹.你一学就会的思维导图［M］.北京：中国华侨出版社，2018：8–15.

主题意义建构在初中英语单元话题复习课中的运用

——以人教版七年级（下册）Unit 9 What does he look like？为例

四川省周丽名师鼎兴工作室　成都市石室联合中学　周　丽

内容摘要：摒除传统的以应试为目的的单元复习模式，改变以知识学习为目的的单元复习形式，符合当下教育教学发展的需要。探究如何以主题意义为引领，利用单元复习课对单元话题和主题进行深度挖掘，对单元内容进行深度研读和整合，强调运用多种技能培养语用能力的同时，更注重学生学习能力、文化意识、思维品质等英语核心素养的发展，最终实现帮助学生树立正确的世界观、人生观和价值观。

关键词：主题意义；初中英语；单元话题复习

《普通高中英语课程标准（2017年版）》（以下简称《课标》）明确指出，英语课程内容有六大要素：主题语境、语篇类型、语言知识、文化知识、语言技能和学习策略（教育部，2018）。《课标》将主题语境列为高中英语课程内容的第一要素。主题为语言学习者提供了学习语境及范围，同时融入了情感、态度与价值观。《课标》提出了人与自我、人与社会和人与自然三大主题语境（32个子主题），而《义务教育英语课程标准（2011年版）》提出的24个话题同样涵盖在这三大主题语境之中。因此，以主题为引领的活动观同样适用于初中英语学习。

一、主题意义建构在单元话题复习课中的重要性

单元是课程标准与教学实践的桥梁。实际教学中，教师依托教材，以单元

为单位进行教学设计。一线教师几乎都能意识到单元复习课的重要性。只是，在应试背景下，目前的单元复习课更多的是对教材原知识的复现，复习的形式多为知识点整理和归纳，及时练习和巩固，学生的学习更多地停留在知识层面，单元复习课缺乏对单元主题的挖掘及对学生思维品质的培养。教师应能在主题意义的引领下对单元内容进行深度研读和整合，再根据学生的实际认知水平设计相应的教学活动，帮助学生在巩固语言知识、提升语言技能的同时，对主题进行多元化探究，继而进行创造性的语言输出，由此提高学生的综合语用能力，实现知行合一。

主题意义的建构是在主题意义引领下，通过教师设计的一系列语言及思维活动，充分挖掘主题所承载的内涵，强调学习者在充分学习后，对信息进行自主建构，进而综合表达信息。通过主题意义的建构，学习者能够理解教材的文本，进而将其内化为潜在意义，再结合个人新旧知识经验及理解，转化为对个人有用的、能促进自我发展的力量。在整个建构过程中，教师创设的情境是主题意义建构的场地，因此，教师提供的“场地”至关重要。人教版初中英语教材按照“话题—功能—结构—任务”相结合的方式编排，为学习者提供了主题语境和语言材料。为了落实基于主题意义探究的单元综合学习活动，教师需要对单元教学内容进行深入的分析，整理出各板块的核心内容，梳理出与主题语境有关的语言知识及文化知识等，再根据学生的实际水平和学习需求，设计综合性教学活动，研究拓展主题意义，最终实现对学生语言能力、文化意识、思维品质和学习能力等综合发展的目标。

基于以上理解，笔者对主题意义建构在初中英语单元复习课中的运用进行了一定的思考，并以人教版教材Go for it七年级（下册）Unit 9 What does he look like? 单元复习课为例，探究如何在主题意义引领下，设计单元复习课。

二、主题意义建构在单元话题复习课中运用的案例

人教版七年级（下册）Unit 9 What does he look like? 这个单元的话题是外貌，功能是描述人们的外貌。通过本单元的学习，学生能够用正确的形容词来描述他人的长相，语言知识的难点在于“is”和“has”的正确选择和区分以及描述头发时多个形容词的正确顺序。笔者通过对本单元进行深度挖掘，拟定创设课堂情境：一个新同学要来我班，他介绍了自己的基本信息及外貌，并表

达了他对钟南山的崇敬与喜爱。确定本单元的主题意义为勿以长相论好坏，并将主题意义分解为两个部分：一是无论美丑，都应悦纳自己和他人；二是不可“外貌协会”，形成理性的追星意识。基于此，笔者设计复习课如下。

（一）教学目标

知识目标：

（1）巩固本单元话题词汇，正确使用描述人物外貌的形容词。

（2）能够正确区分描述人物外貌时常用的动词is，has，wears等，并在描述时合理使用。

（3）用所学词汇和功能句型简要描述他人及自我的外貌。

情感目标：

通过Jack的自我描述及其对钟南山的描述，学生能够理解外貌并非判断一个人好坏的关键因素，要学会悦纳自我及他人并形成合理的追星观念。

学习策略目标：

学习分析代词在文章中具体指代的内容。

文化意识目标：

为中国拥有钟南山这样的伟人而感到骄傲。

（二）教学过程

Step 1：Lead-in

T：A new student is coming to our class. What do you want to know about him?

学生根据教师提问进行头脑风暴，给出可能的答案，如What's his name? Where does he come from? How old is he? 等。

设计说明：通过语境创设，激发学生的兴趣，再通过设问引导学生呈现一些基本句型，在师生的互动过程中唤起旧知。该环节除了涉及外貌这个话题外，还有效地复习了七年级上册所学的姓名、年龄等功能句型。在本环节，教师根据学生的回答，选择重要的关键词进行板书，搭建人物描述最基本的框架。

Step 2：Listening（1）

T：Actually, the new student talked with me on Wechat yesterday. Let's listen to his voice message and get to know about him. Could you please listen and circle the right answers?

学生听一段简短的微信语音，完成四个听力选择题，对新同学形成初步认知。

一、根据语音内容，选择恰当的答案。

( ) 1. What's his name?

A. Jack Brown B. Jack Miller C. Jim Mills

( ) 2. How old is he?

A. 13 B. 14 C. 15

( ) 3. When is his birthday?

A. January 21st. B. February 22nd. C. January 20th.

( ) 4. What's his telephone number?

A. 419-982537 B. 416-982573 C. 416-982537

设计说明：以微信语音为听力情境呈现的方式，符合时代特征，且对于一个新同学的了解，应该从姓名开始，因此，本节课综合了七年级上册相关内容，设计的第一道听力选择题旨在让学生了解新同学的大致信息，即姓名、年龄等，复习询问有关个人基本信息的句型，符合认知习惯。

Step 3：Listening（2）

T：What have we known about the new student so far？What does he look like？Let's listen and find it out. Please listen and fill in the blanks about Jack's look.

学生根据教师的引导，回答相关问题并完成第二段听力——关于Jack外貌描述的听力。

二、根据语音描述，在方框中填入恰当的词。

Appearance
Jack is ____________________. ____________________.
Jack has ____________________ nose. ____________________ mouth. ____________________ eyes. ____________________ hair.
Jack doesn't wear ____________________

设计说明： 该环节在回顾对Jack的已知信息时，采用表格的形式，清晰呈现Jack的个人信息，同时便于后续补充。在呈现表格的过程中，采取师生问答的方式再次巩固基本句型。例如，教师在问What's his name？时，引导学生回答first name/last name。在本次听力中，学生主要练习描述外貌的形容词，并能根据表格分类，正确区分is/has/wears的不同用法及搭配。

Step 4： Talking

T：Do you see that？Jack has a scar on his face. Does he tell us why？What does he think of his scar？

学生可以再听一次录音，回答教师的问题。

教师继续组织课堂讨论：Jack脸上的小伤疤会影响你和他之间的友谊吗？我们该如何看待一个人的外貌呢？学生分组讨论，分享自己的见解。

设计说明： 本环节是达成本单元主题意义的重要部分。教师通过设置听力内容，以Jack小时候受伤，导致脸上留下一个小伤疤为楔子，引起学生对外貌的讨论，让学生在讨论及彼此分享中，得出外貌并不是衡量一个人的重要标尺这一结论，无论美丑，我们都应该学会悦纳自我，同时要有博大的胸襟，正确看待别人的外貌。

Step 5： Reading & talking

T：Why does Jack want to study in China？Do you know？He wants to come because of his idol.（Show a picture of Zhong Nanshan）Do you know him？Let's see what Jack thinks of him.

学生阅读以Jack的口吻对钟南山的一段描述，找出Jack把钟南山当偶像的原因。有关钟南山的阅读材料如下：

> Do you know why I want to come to China? I think China is a great country with many great people.
>
> I like Zhong Nanshan best after the outbreak of the coronavirus. He's tall and thin, but he's quite strong. He's a little old but he can still go to Wuhan to save people from the dangerous virus. He's not so handsome, but I love him because he's brave and he really cares about all the people.

教师组织本节课的辩论：我们选择偶像时，外貌是否是一项重要的标准？学生分两组展开辩论，陈述自己的观点。

设计说明：本环节是达成本单元主题意义的另一重要组成部分，通过阅读关于钟南山的小短文，增强学生对我国拥有这样的伟人的自豪感，增强学生的文化自信、制度自信。同时，通过辩论，逐步引导学生明白，追星不能只看外貌，更多的是看其内在美及其对国家、对社会的贡献，帮助学生形成正确的偶像观。

Step 6：Homework—writing

T：Jack wants to know you before he comes here. Can you introduce yourself to him? Please write an E-mail to tell him about yourself and your idol after class.

设计说明：课堂上谈到了自我介绍的基本框架（姓名、年龄、外貌等），学生根据课堂上搭建的框架，进行笔头输出练习，再次巩固课堂所学。并且，邮件里涉及自己的偶像，可以再次强化正确的偶像观。

三、主题意义建构在单元话题复习课中存在的困难

对于一线教师来说，要实现以主题意义为引领的单元复习课建构，存在一定的困难，具体表现为：

（1）缺乏系统、成熟的以主题意义为引领的单元复习课指导纲领及材料。如笔者所言，当今的单元复习更多的是对教材原有知识的复现和巩固，复习的目标为应试，方式多为知识点整理和归纳，及时练习和巩固，学生的学习更多地停留在知识层面，缺乏对单元主题的深度挖掘及对学生思维品质的培养。即便有教师尝试单元主题意义的建构，也只是零散地操作，并没有形成科学完善的教学体系。

（2）教师个人的认知差异及水平异同样对单元复习课的主题意义建构有着很大影响。人教版初中英语教材是科学地按照“话题—功能—结构—任务”相结合的方式编排和设计的，为学习者提供了丰富的主题语境和语言材料。然而，教师的格局、业务水平及教学经验等直接决定了教师对教材挖掘的深度及广度，不同的教师对同一个教材内容可能有着千差万别的解读和取舍。

（3）单元复习时教师可利用的材料质量参差不齐。由于单元复习时，并没有太多资料可以参考，为了避免枯燥地呈现单元内容，同时能有效地复习单元

内容，教师难免会自编课堂所需材料，如听力材料、阅读材料等。由于教师的精力及能力有限，课堂材料编写的科学性有待商榷。

四、结语

主题意义建构在初中英语单元话题复习课中的运用是课程标准引领下的一个具有理论价值和实践意义的探究模式和研究内容。单元复习课是教师引导学生对所学知识进行解构、重构和建构的过程。在此过程中，进行单元综合学习活动设计时，教师需要根据六要素的学习内容及要求，对教材单元进行深入分析、分解、整合，理清单元内各板块、各要素的具体要求和相互关系，从而确定单元教学目标和综合学习活动目标，并在此基础上创设与主题意义密切相关的语境，不仅要重视学生运用语言技能获取、梳理、整合语言知识，基于语篇围绕单元主题意义进行学习活动，还要调动学生已有的关于该主题的经验，帮助学生建构和完善新知识结构，促使其语言能力、文化品格、思维品质和学习能力的整体发展。

参考文献

［1］中华人民共和国教育部. 普通高中英语课程标准（2017年版）［M］. 北京：人民教育出版社，2018.

［2］程晓堂. 基于主题意义探究的英语教学理念与实践［J］. 中小学外语教学（中学篇），2018（10）：1-7.

［3］龙晋巧. 基于主题意义探究的英语教学实施方法［J］. 中小学英语教学与研究，2018（11）：15.

［4］梅德明，王蔷. 普通高中英语课程标准（2017年版）解读［M］. 北京：高等教育出版社，2018：98.

［5］盛艳萍. 核心素养背景下对“人与社会”主题意义与内涵的探究［J］. 英语学习，2017（12）：9-13.

指向主题意义探究的初中英语单元话题复习课活动设计

四川省周丽名师鼎兴工作室　四川省德阳市第五中学　杨　琴

内容摘要：主题意义探究是语言学习者建构意义的过程，单元话题复习课是话题情境下实现意义建构的平台，活动是达成学科育人目标的重要途径。教师作为单元话题复习课的创设者，应围绕人与自我、人与社会、人与自然英语课程内容的三大主题语境，依托单元Self Check语篇内容，以主题意义探究活动为载体，通过设计有针对性、整体性和实效性的活动来践行英语学习活动观，促成学习者核心素养的有效形成和发展。

关键词：主题意义；话题复习；活动设计

《普通高中英语课程标准（2017年版）》明确了指向学科核心素养培养的英语学习活动观，明确了活动是英语学习的基本形式，是学习者学习和尝试运用语言表达意义，发展多元思维、培养文化意识、形成学习能力的主要途径。教学活动需要在探究主题意义的引领下，依托情境化课程内容，引导学习者在真实语境中参与主题意义的探究活动，提高综合运用知识解决实际问题的能力，促进语言能力、文化意识、思维品质和学习能力的综合发展，以实现学科育人的根本目的。

主题意义探究是指在主题意义引领下通过语言学习和思维活动挖掘主题所承载的语言价值和内涵意义，强调学习者在获取信息的基础上组合并建构信息，将浅层、表层、宽泛的意义转化为深层、内在、具体的意义，将静态的文本意义逐渐发展成学习者个人的潜在意义、心理意义乃至精神意义。

单元复习课是实现主题意义建构的载体，是学习者围绕单元主题语境，基于不同语篇类型，运用语言技能有效获取、梳理、整合语言知识和文化知识的一种深度学习。教师在设计单元复习课时应重视对语篇的解读、探究活动的设计和主题意义的建构，应引导学习者了解和体验具有生命成长价值和符合时代需求的主题内容，进一步提高学习者的语用能力和解决问题的能力。

基于学习活动观开展的课堂活动是实现主题意义建构的重要途径，是学习者基于已有知识，依托不同类型的语篇，在分析问题和解决问题的过程中，促进自身语言知识学习、语言技能发展、文化内涵理解、思维品质提升的过程。有效的教学活动能够引导学生将外化的知识转化为内在的认知，教师可通过六要素将单元复习课的课程内容整合为学习理解、应用实践、迁移创新等系列活动，使学习者在参与活动的过程中不断巩固和再度学习已学语言知识和技能，拓展体验和提升能力。在单元话题复习课上以活动串联单元学习内容，以活动驱动学习过程，以活动促进语言与思维的发展，以活动实现主题意义的探究。

一、初中英语单元复习课教学活动现状

初中英语单元复习课是梳理单元语言知识和夯实基础的重要环节。传统的单元复习课，教师偏重于对单元语言知识的梳理，如词汇和语法知识，要求学习者记忆和背诵，强调语言知识的应试性，从而忽视了单元主题语境，缺乏在主题语境下对单元主题意义的探究过程和语言使用的具体目的，缺乏对文本的深度理解与体验，未能做到深入挖掘文本价值，导致学习者被动地参与学习、机械地记忆规则、盲目地完成课堂活动，缺失必要的活动体验与感悟。课堂活动设计也缺乏针对性、关联性、综合性，使得学习者学到的知识多为碎片化形态，难以形成整合性能力，因而无法运用所学知识来分析和解决实际问题，单元复习课也成为名副其实的知识整合课，不仅无法激发学生的学习兴趣，而且不利于学生发展语言技能、培养思维能力、形成正确的价值观，也难以实现对单元主题意义的探究。可见，为了实现培养学生英语学科核心素养的目标，教师应转变教学方式，对单元复习课活动进行有针对性、关联性和综合的设计。

二、主题意义探究下的单元话题复习课活动设计途径

（一）探究单元话题复习课活动设计的针对性

1. 针对主题语境探究的情境创设

基于主题意义探究的单元复习课需要先整体理解单元的主题内涵和贯穿各板块的主题元素，整个教学应紧紧围绕单元主题意义建构这一中心展开，应针对单元话题，立足于对单元Self Check板块文本内容的整体解读来创设真实情境。

2. 针对Self Check板块语篇整体研读

教师在聚焦单元主题的前提下对单元复习课依托的Self Check板块的语篇内容进行深入研读，把握好教学的核心内容，深入分析所教语篇的主题语境、主要内容、问题结构和语言特征，从而设计出合理的教学活动，确保教学目标的达成。教师应将语篇置于整个单元的主题背景下，分析其与单元主题之间的关系，明确该语篇所蕴含的主题意义，从what，why和how三个方面开展语篇研读，从而设计具有针对性的教学活动，实现主题意义的探究。

案例1：指向主题意义探究的单元复习课学习活动设计的针对性

语篇内容：人教版教材九年级Unit 1 How can we become good learners?（Self Check）。

主题语境：人与自我——生活与学习。

主题意义：不同国家和地区的学生学习方式因学习目的、文化理念的不同有所差异，学习者应养成积极的学习态度和具备良好的学习习惯，学会反思，能主动结合自身实际调整自己的学习方式，学会学习，以获取成功。

创设情境：谈论学习上遇到的困难与解决方式。

语篇研读：

【What】本单元Self Check语篇内容描述了学生在学习上具备的好的学习习惯和方法，提及了不同背景下的学生面对学习困难与解决困难的方式的差异，引导学生主动反思自己的学习问题，及时调整学习方法，学会学习。

【Why】文本的价值在于使学生通过对文本的深度学习，意识到不同的学习方式并无好坏之分，只是学习风格和学习类型存在差异。学习中更重要的是培养自己良好的学习习惯和寻找适合自己的有效的学习方法。

【How】本单元复习课语篇内容由三部分构成：第一部分以短文填空的方式激活学生已学知识，帮助学生复习如何学习话题中的部分语言知识，从学生考前焦虑导入，在学习话题下描述出好的学习习惯和学习方式。第二部分是关于对话的逻辑排序，两个不同文化背景下的学生围绕提高英语听力的话题，表达了自己不同的学习方式，向学生表明学习方式是存在差异的，我们不应该生搬硬套他人的学习方式，而应结合自己的实际情况及时调整为适合自己的学习方式。第三部分描述了学生不同的学习障碍，要求学生结合已学知识和自己的观点给出建议，激励学生采取积极正确的方式去解决学习生活中所遇到的困难，实现知识内化，发展思维。

（二）探究单元话题复习课活动设计的关联性

英语课程改革明确提出以培养学生英语学科核心素养为目标，明确了活动是实现这一目标的主要途径。英语学习活动观也提出教师可通过设计学习理解、应用实践、迁移创新等一系列融语言、文化、思维为一体的主题探究活动来帮助学生运用听、说、读、看、写等语言技能和多种学习策略，获取文化知识、理解文化内涵、比较文化异同，以活动关联教学内容，以活动驱动学习，以活动促进语言能力的提升与思维发展，以活动实现单元主题意义的探究。

案例2：人教版八年级（上册）Unit 4 What's the best movie theater?（Self Check）

主题语境：人与自我——做人与做事。

主题意义：用发现美的眼睛去寻找、认识、了解家乡各种各样的美，学会欣赏、热爱自己的家乡，立志为未来建设更美的家乡尽自己的一份力。

创设情境：寻找德阳最美的地方。

教学目标：在本堂复习课结束后，学生能够获得如下改变。

（1）梳理形容词最高级在实际语境中的运用。

（2）能准确向他人介绍自己家乡美丽的地方，分析并阐述家乡美的原因，表达自己对家乡的热爱之情。

（3）联系个人实际，思考自己的人生规划。

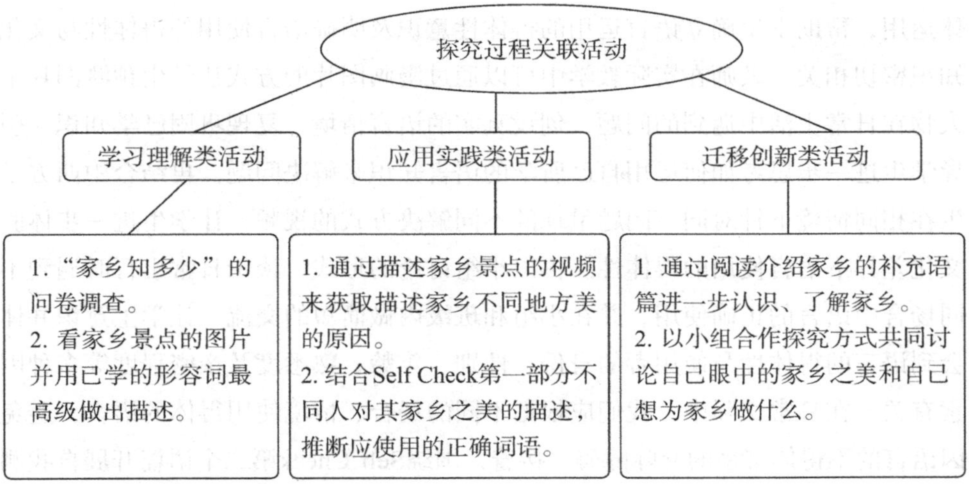
探究过程关联活动
学习理解类活动
应用实践类活动
迁移创新类活动
1."家乡知多少"的问卷调查。
2. 看家乡景点的图片并用已学的形容词最高级做出描述。
1. 通过描述家乡景点的视频来获取描述家乡不同地方美的原因。
2. 结合Self Check第一部分不同人对其家乡之美的描述，推断应使用的正确词语。
1. 通过阅读介绍家乡的补充语篇进一步认识、了解家乡。
2. 以小组合作探究方式共同讨论自己眼中的家乡之美和自己想为家乡做什么。

（三）探究单元话题复习课活动设计的综合性

教师在教学活动设计中要以主题语境为主线，通过设计具有综合性的教学活动，引导学生改变对文本的态度，深挖文本价值，让学生有更深入的学习并将已学知识用于分析和解决自己所遇到的问题。教学活动可着力于学习活动观的六个要素，即主题语境、语篇类型、语言知识、文化知识、语言技能和学习策略来进行整合设计，以多模态和综合性活动来提升学生对单元已学知识的体验。

案例3：人教版教材九年级Unit 3 Could you please tell me where the restrooms are?（Self Check）

主题语境：人与社会——社会服务与人际沟通。

主题意义：通过体会、感受及领悟如何在不同场合和文化背景下礼貌得体地使用语言，从言语交际获得知识并尊重不同的文化差异，扫除生活中的交际障碍。

创设情境：日常游览出行活动中在不同语境、文化差异下礼貌得体地询问和给出信息。

本单元复习课以学生已获知的用Could you please tell me...句型礼貌地询问信息为切入点，通过日常出行时如何问路及指路进一步感受和领悟目标语言内容，通过Self Check第一个语篇设置将已有语言知识和听、说、读、看、写技能相结合的教学活动，加强综合性语言输入，进一步体会在不同场合下语言的得体运用，帮助学生确立语言运用的得体性意识及明确语言使用的得体性与文化知识密切相关。教师在实际教学中可以通过漫画图片的方式让学生预测图片中人物在日常生活中遇到的问题，创设真实的语言情境，复现巩固已学知识，引导学生进一步思考如何运用自己所学的语言知识来解决问题。再结合中西方学生在相同情境下针对同一问题呈现的不同解决方式的视频，让学生进一步体验文化差异下语言使用的得体性。再以小组讨论的形式，谈论日常出行时遇到不同场合中语言的正确使用，并在小组和班级内做简短的交流，让学生意识并体会到语言的得体性与使用者的身份、性别、年龄、熟悉度及亲密程度等多种因素有关。在日常交际中，我们应根据不同的场合、情境使用得体的语言，避免因语言的不得体带来的交际障碍。接着，围绕Self Check第二个语篇开展自我测查，教师通过巡视获取反馈。同时设计学生互评活动，以学生在课堂上陈述、作答、同学互评、教师最终点评的方式进一步探究单元主题意义。

三、结语

英语学科核心素养为我们提出了更高的课程目标，对教育工作者来说既是一种挑战也是一种机遇。英语教师需要不断积累语言文化知识，更新教育理念，了解学生兴趣点，和学生一起发展。英语教师还应在探究主题意义的核心任务引领下，将多模态教学方式融入教学活动设计，开展环环相扣、由浅入深的单元话题复习课，以此激发学生的求知欲和学习兴趣，提升学生能力，让单元复习课真正使学生能通过探究学习和体验式学习获取更多具有生命成长价值的体验，促进学生能力向素养的转化。

参考文献

[1] 中华人民共和国教育部. 普通高中英语课程标准（2017年版）[M]. 北京：人民教育出版社，2018.

[2] 贾茗越. 英语教学主题意义探究情境创设的“四化”策略[J]. 教学月刊（中学版），2019（12）：3–7.

[3] 王蔷. 促进英语教学方式转变的三个关键词：“情境”“问题”与“活动”[J]. 基础教育课程，2016（5）：45–50.

[4] 张秋会，王蔷. 浅析文本解读的五个角度［J］. 中小学外语教学（中学篇），2016（11）：11–16.
[5] 王蔷，钱小芳，周敏. 英语教学中语篇研读的意义与方法［J］. 外语教育研究前沿，2019（2）：40–47.
[6] 冀小婷，代俊华. “六要素”整合下的英语学习活动观及其实践［J］. 教学与管理，2018（19）：64–66.

主题意义下的初中英语单元话题复习课教学探究

——以Go for it 八年级（下册）Unit 9 Have you ever been to a museum? 为例

成都市青羊区教育科学研究院　王玉梅

内容摘要：初中英语单元复习课教学中，教师缺乏单元整体复习的意识，在单元复习课中以语法知识和语言点的讲解为主，或者以考试代替复习的现象严重，缺乏单元整体复习的策略和方法。因此，本文提出基于主题意义的初中英语单元话题复习课教学探究：整体分析单元文本，提炼话题的主题意义；整体设计教学，构建基本的教学思路；在具体教学设计中要紧扣话题，激活学生生活认知，聚焦话题，构建并完善单元话题语言知识结构，拓展话题，探究主题意义，围绕话题拓展语言输出，表达并升华主题意义。

关键词：主题意义；单元话题；复习课教学

一、引言

复习课是英语课堂教学中不可或缺的一种课型，其复习方式和有效性一直是教学的难点，难以突破。在初中英语教学中，有效的单元复习课是通过复习帮助学生梳理、巩固本单元所学的基础知识，起到查漏补缺的作用，建立知识间的联结，完善认知结构，从而发展学生的思维品质，真正达到让学生运用语言来解决实际问题的目的。

二、初中英语单元复习课教学的现状

目前，初中英语单元复习课主要存在以下几个问题：

（1）以复习语法知识和语言点为主，进行讲解式复习。在复习的过程中主要重复讲解语法知识和语言点，没有话题统领、缺乏情境，课堂教学枯燥无味，使得语言知识浅表化，学生不能进行迁移和应用。

（2）过度依赖参考资料，以考试代替复习。一个单元教学结束后，教师迫不及待地要求学生做资料中提供的单元测试卷并对其批阅、讲评。这样的考试与讲评无法促进学生知识的结构化和技能的提升，更谈不上综合语言运用能力的发展。

（3）缺乏单元整体复习的策略和方法。虽然现在很多教师意识到了单元复习的重要性，且能根据单元的话题和内容进行整合复习，但不能准确地进行单元文本解读，不能提取单元主题意义，导致复习课教学缺乏主题意义引领，环节与环节、内容与内容相隔离。同时缺乏对单元知识的重构，知识碎片化严重，难以培养学生综合运用语言的能力。

三、基于主题意义探究的初中英语单元话题复习课

《普通高中英语课程标准（2017年版）》（以下简称《课程标准》）提出英语课程内容包含六个要素：主题语境、语篇类型、语言知识、文化知识、语言技能和学习策略。其中主题语境被列为课程内容六要素之首，要求教师把对主题意义的探究视为教与学的核心任务，并以此整合学习内容，引领学生语言能力、文化意识、思维品质和学习能力的融合发展。因此，本篇文章主要聚焦基于主题意义的单元话题复习课的教学探究。

人教版教材Go for it是按单元编排的，单元是承载主题意义的基本单位，且每一个单元都有一个特定的话题，这些话题都归属到《义务教育英语课程标准（2011年版）》提出的24 个话题中，同时包含在《课程标准》提出的人与自我、人与社会和人与自然三大主题语境中。其中，三大主题语境包括32个子主题。单元话题复习课教学则是以单元的话题为载体，结合该单元词汇、语法、语篇等，贯穿听、说、读、看、写等综合能力的训练，引导学生在复习巩固已学知识的基础上，通过一系列该话题统领下的教学活动培养学生的语言理解能

力和表达能力，探究该话题统领下的主题意义，在深度学习的过程中发展学生的思维品质，增强学生文化意识。

四、进行主题意义探究的意义

主题意义探究是指在主题意义引领下“强调学习者在获取信息的基础上建构信息，并且能够组合信息进而表达信息”。开展基于主题意义探究的教学能够发挥学生的主体意识、主题建构意识、主动探究意识和创造性，能够提高学生在复习课上的参与程度，能够通过语言学习和思维活动挖掘主题所承载的语言和意义内涵，从而大大提高复习课的有效性。换言之，主题意义探究的过程可以充分激活学生已有的知识经验，在分析问题和解决问题的过程中发展其主动思考的能力，形成文化理解，塑造正确的人生观和价值观，促进核心素养的形成和发展。这也符合《课程标准》提出的学科核心素养是学科育人价值的集中体现，是学生通过学科学习而逐步形成的正确价值观念、必备品格和关键能力。

五、基于主题意义的单元话题复习课探究的基本思路

（一）整体分析单元文本，提炼话题的主题意义

北京师范大学教授王蔷指出：“教学设计的逻辑起点应是教师对主题意义和语篇内容的把握，教师自身的教学理念和文本解读水平将会直接影响学生学习体验的程度、认知发展的维度、情感参与的深度和学习成效的高度。所以，教师必须提高自身的文本解读能力，深度挖掘单元文本所承载的主题意义。”因此，基于主题意义探究的单元话题复习，首要的任务是对该单元的文本进行整体分析，提炼出该单元话题下的主题意义。下面以人教版教材Go for it八年级（下册）Unit 9 Have you ever been to a museum? 为例展开分析。

1. 单元文本分析

本单元的话题是Fun places，功能是谈论过去的经历，目标语言是Have you ever been to...？I have（never）been to...用现在完成时引出话题，用一般过去时态谈论过去的经历。教材在Section A中呈现了各类博物馆、主题公园以及生活中常去的park，zoo等的英语名称以及能够做什么等相关的话题词

汇。3a~3c的文章通过三个学生对参观过的三个不同博物馆的所看、所思、所想、所学进行描述，呈现出了三种不同特色、不同意义的博物馆及学生们不同的感受（如interesting，unusual，relaxing & peaceful）。教材在Section B中拓展到旅游景点。1a~1d呈现了四个有着深厚的历史文化背景的中国著名的景点（长城、兵马俑、故宫、鸟巢）。2a~2e继续拓展，从地理位置、语言、食物、动物园、天气等方面来谈论曾经旅游过的国家——新加坡。从旅行的角度去拓宽视野，培养文化意识。由此可以看出，fun places的fun除了乐趣外，更强调其文化内涵。

单元最后要求学生联系自己的实际生活写一篇文章，为家乡或去过的某个地方做广告。Self Check 3的表格里呈现了你曾经去过的“home for old people？”“farm？”“amusement park？”“What did you see/do there？”，这里编者的意图在于强调fun places中的places不一定是景点，也可以是与学生生活息息相关的地方，关键是如何通过观察与思考，去发现、去了解这些places的fun及其文化内涵，并能向他人进行推荐。因此，不同生活经历的学生均可以找到自己能够推荐的去过的地方。

2. 单元话题的主题意义

从以上文本分析及单元语言输出的要求来看，教材文本将生活、观察、学习三者关联在了一起，在生活中学会观察，观察即学习。其主题意义在于：在你曾经去过的任何地方，只要你善于观察、学习和思考，你一定能了解和发现这些地方不同的乐趣及其文化内涵。

（二）整体设计教学，构建基本的教学思路

在进行教学设计时，教师要创设与主题意义密切相关的语境，充分挖掘特定主题所承载的文化信息和发展学生思维品质的关键点，在活动过程中培养学生的语言理解和表达能力，推动学生对主题的深度学习。

在进行教学构思时，既要思考单元话题的主题意义、与学生生活密切相关的语境，又要思考这一语境下活动设计是否有逻辑性、关联性以及活动的开展能否真正达到本节课教学的目的。在进行本单元的教学构思时，以真实事件为背景：来自澳大利亚友好学校的访学活动，以其中一个人物Ken为主线，与到访班级的一个学生之间的交流、与到访班级之间的交流等，将所有的内容涵盖进了交流的内容，通过听、说、读、写等综合技能的训练来完成本单元的复习课教学。整体设计思路如下：

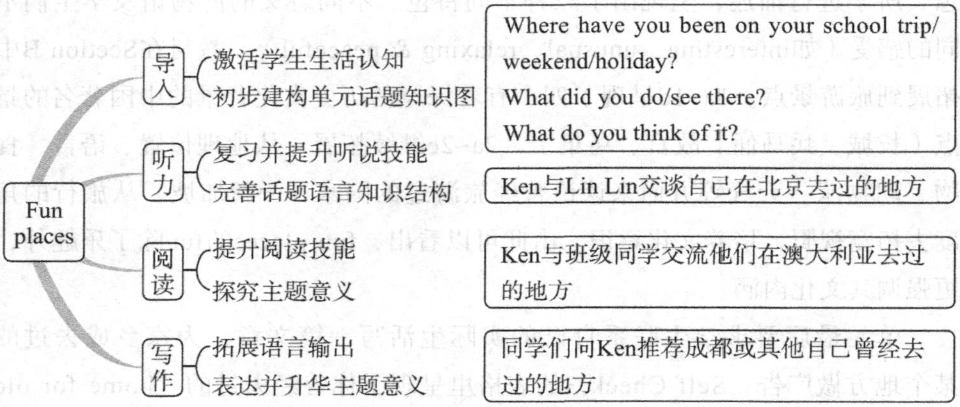
Fun places
导入
激活学生生活认知
初步建构单元话题知识图
Where have you been on your school trip/ weekend/holiday?
What did you do/see there?
What do you think of it?
听力
复习并提升听说技能
完善话题语言知识结构
Ken与Lin Lin交谈自己在北京去过的地方
阅读
提升阅读技能
探究主题意义
Ken与班级同学交流他们在澳大利亚去过的地方
写作
拓展语言输出
表达并升华主题意义
同学们向Ken推荐成都或其他自己曾经去过的地方

六、基于主题意义探究的单元话题复习课教学设计与思考

（一）紧扣单元话题，激活学生生活认知，初步建构话题语言知识

联系已有知识和经验对学生构建知识、促进思维发展具有重要作用。“生活经验是学生学习并探究主题意义的源泉”，课前活动就是要调动学生在该话题下的生活经验以及相应的语言储备，为单元话题的复习做好铺垫。

教学开始，教师准备了一段学生在全国各地游学、周末或假期外出去各种地方玩耍的视频，然后提问：Where have you been on your school trip/ weekend/ holiday？ What did you do there？ What did you see there？ What do you think of it？视频是学生的亲身经历，教师创设的这个语境很快就能够吸引住学生的注意力，激发学生的兴趣，通过回答问题获得视频中学生去过的places、做了什么、看到了什么、感受是什么等。紧接着，教师提出问题：Have you ever been to...？ What do you think of it？继续复习目标语言，获得学生更多的经历及感受。

（视频及问题均紧扣单元话题，通过几个问题的回答及讨论，充分激活了学生在该话题下的生活认知，运用本单元的目标语言引出话题，用一般过去时态谈论过去的经历，有效地调动了学生在该话题下的语言储备，初步建构语言知识，以思维导图的形式来呈现。）

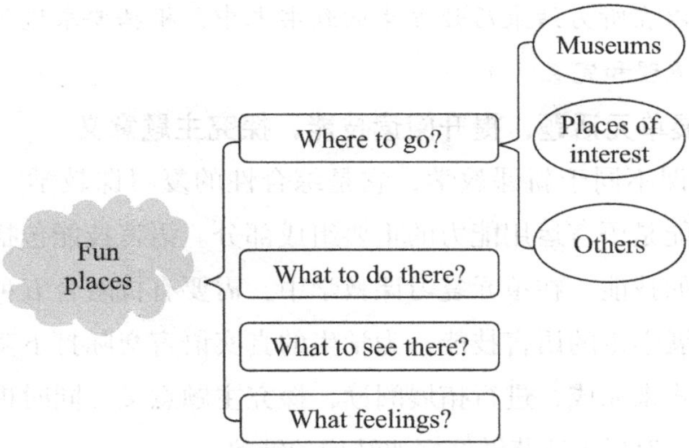
Museums
Where to go?
Places of interest
Fun places
Others
What to do there?
What to see there?
What feelings?

（二）聚焦单元话题，提升听说技能，完善话题语言知识结构

在单元复习课中，教师要运用适合的形式，引导学生在语境中梳理、巩固本单元的话题核心词汇和目标语言，帮助学生继续建构该话题下的语言知识。本环节设置的情境：Ken来到了泡桐树中学访学，与Lin Lin成了好朋友，他们在一起交流了Ken在北京去过的地方及其感受等，Lin Lin也给Ken推荐了一些值得游玩的地方。此情境采用听说的方式来呈现。

对话涉及了各种places，如博物馆、主题公园、研究基地、名胜古迹等，完全聚焦单元主题。教师根据上一环节继续进行places等内容的归类板书，进一步完善思维导图。

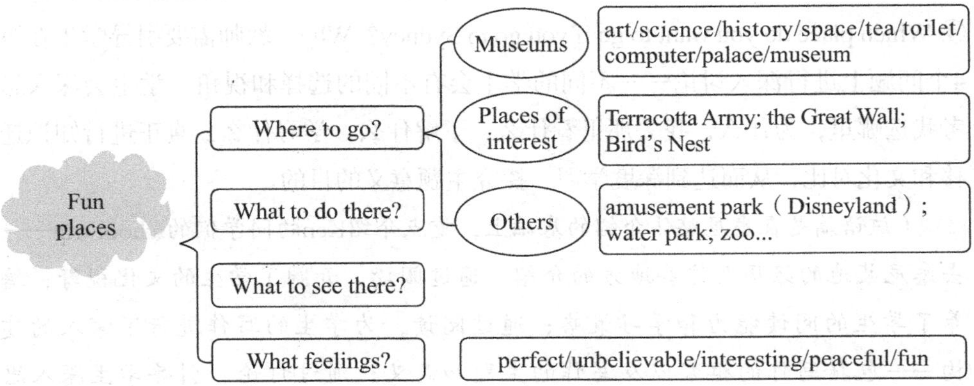
Museums
art/science/history/space/tea/toilet/computer/palace/museum
Where to go?
Places of interest
Terracotta Army; the Great Wall; Bird's Nest
Fun places
What to do there?
Others
amusement park（Disneyland）; water park; zoo...
What to see there?
What feelings?
perfect/unbelievable/interesting/peaceful/fun

（在本环节的教学中，教师将话题语言知识的复习放到听力对话中进行，聚焦单元话题，在提升学生听说技能的同时，完善该话题下学生的语言知识结构。教师也可以在听力结束后让学生回到书本中，根据要求进行话题语言知识结构的进一步梳理和完善。）

（三）拓展单元话题，提升阅读技能，探究主题意义

单元复习课不同于新课教学，它是综合性的复习课教学。《课程标准》指出，语言技能是语言运用能力的重要组成部分。语言技能包括听、说、读、看、写等方面的技能。在单元复习课教学中，需要有机融合五种基本技能进行语言实践，发展学生的语言技能，为学生的真实语言交际打下基础。本环节则采用阅读的方式来完成，进行拓展阅读，探究主题意义。同时根据文章完成阅读的思维导图，为写作环节做好框架结构的铺垫。

本篇文章继续以Ken在泡桐树中学访学的情境为主线进行延伸，换成了Ken作为澳大利亚人，与大家交流他和他的同学去悉尼某地的经历及个人不同的感受等。文章仿照课本中介绍新加坡的思路，首先对悉尼进行了总体介绍。但根据本单元主题意义探究的复习教学设计思路，文章又通过不同的方式来介绍具体的地方：不同的人来介绍自己去过的最感兴趣的景点，并谈论自己的不同感受。文章最后，Ken还专门邀请学生去参观他非常熟悉的社区、动物园、市场等，与单元主题相呼应。该语篇是对本单元主题的拓展和延伸，推动学生对主题的深入学习，因此需要教师精心设问，引导学生进行主题意义的探究。教师在教学中可以提出：① What are Ken's classmates' past experiences in Sydney? ② What did they do/see there? What have they learned? ③ Which place did each of them have fun? Why? ④ Which place do you want to go if you go to Sydney? Why? 教师需要引导学生在第4个问题上进行深入讨论——不同的学生会有不同的选择和视角。学生会深入思考我选哪里，为什么，我去那里看什么，了解什么，学习什么，真正进行知识迁移和文化对比，从而达到深度学习、探究主题意义的目的。

（该语篇是在悉尼整体介绍的基础上，重点介绍Ken的同学们的school trip——去悉尼某地的经历及这些地方的介绍。通过阅读，开阔了学生的文化视野，培养了学生的阅读能力和学习策略；通过阅读，为学生的写作进行了深入的建构——包括写作的框架以及写作的主题和意义；通过讨论，引导学生深入思考，探究单元主题的意义。尤其是读完这篇文章后提问：如果你去悉尼，你想去哪里？为什么？有学生可能会选择Ken提到的自己的社区和自己常去的生活场景，与自己常去的某地形成对比，能更深入地探究主题意义。）

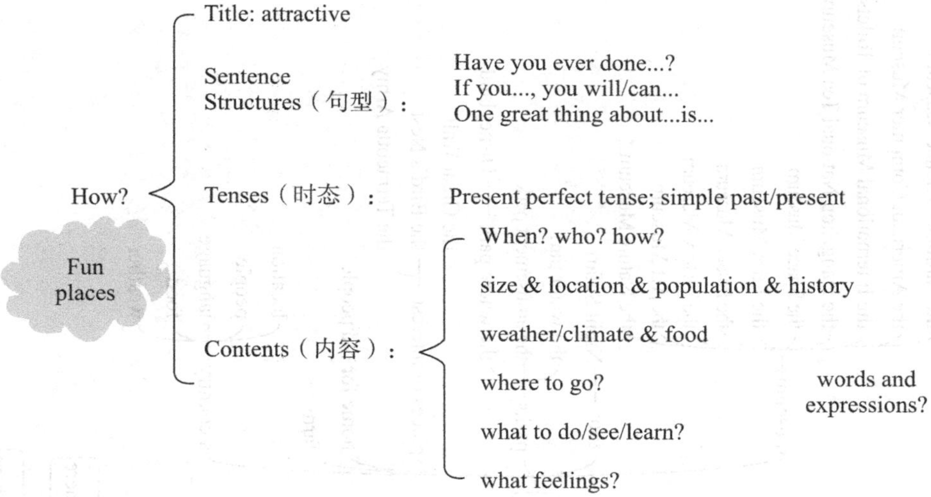
Title: attractive
Sentence Structures（句型）:
Have you ever done...?
If you..., you will/can...
One great thing about...is...
How?
Tenses（时态）:
Present perfect tense; simple past/present
Fun places
Contents（内容）:
When? who? how?
size & location & population & history
weather/climate & food
where to go?
what to do/see/learn?
what feelings?
words and expressions?

（四）围绕单元话题，拓展语言输出，表达并升华主题意义

升华主题意义则是对主题的提升和精练。在复习课教学中，教师需要聚焦单元话题承载的文化内涵和价值，鼓励学生联系自己的实际生活表达个人观点，从而实现学科在该主题下的育人价值。本环节属于语言输出环节，将课堂从书本延伸到学生的真实生活。

写作环节仍然延续Ken在泡桐树中学访学的情境主线，再次变换角色，换成同学们给Ken推荐自己曾经去过的最喜欢或最值得去的地方。Ken会根据大家的推荐选择一些地方亲自去感受。经过本节课的复习，学生头脑中已经形成了输出框架，包含对所到之地的所看、所思、所想、所学等，突出地方的fun以及相应的文化内涵。输出的方式可多样化，如写文章、办手抄报、绘制小海报等。无论何种形式的输出，均按照本节课形成的思维导图有条理有思路地进行表达，做到有话可写。

（语言输出环节的设计涵盖本单元的核心语言及话题观点。学生从去过的地方谈起，按照自己的喜好选择推荐的地方。再从多维度去描述自己去这个地方的经历，包括自己的观察、所思、所想、所获等，紧紧围绕此话题进行拓展性语言输出。本环节中，教师基于人与自我的主题语境，带领学生联系自己过去去某地的实际经历，积极表达自己，真正达到复习课教学的目的：提升思维品质，运用语言来解决实际问题。）

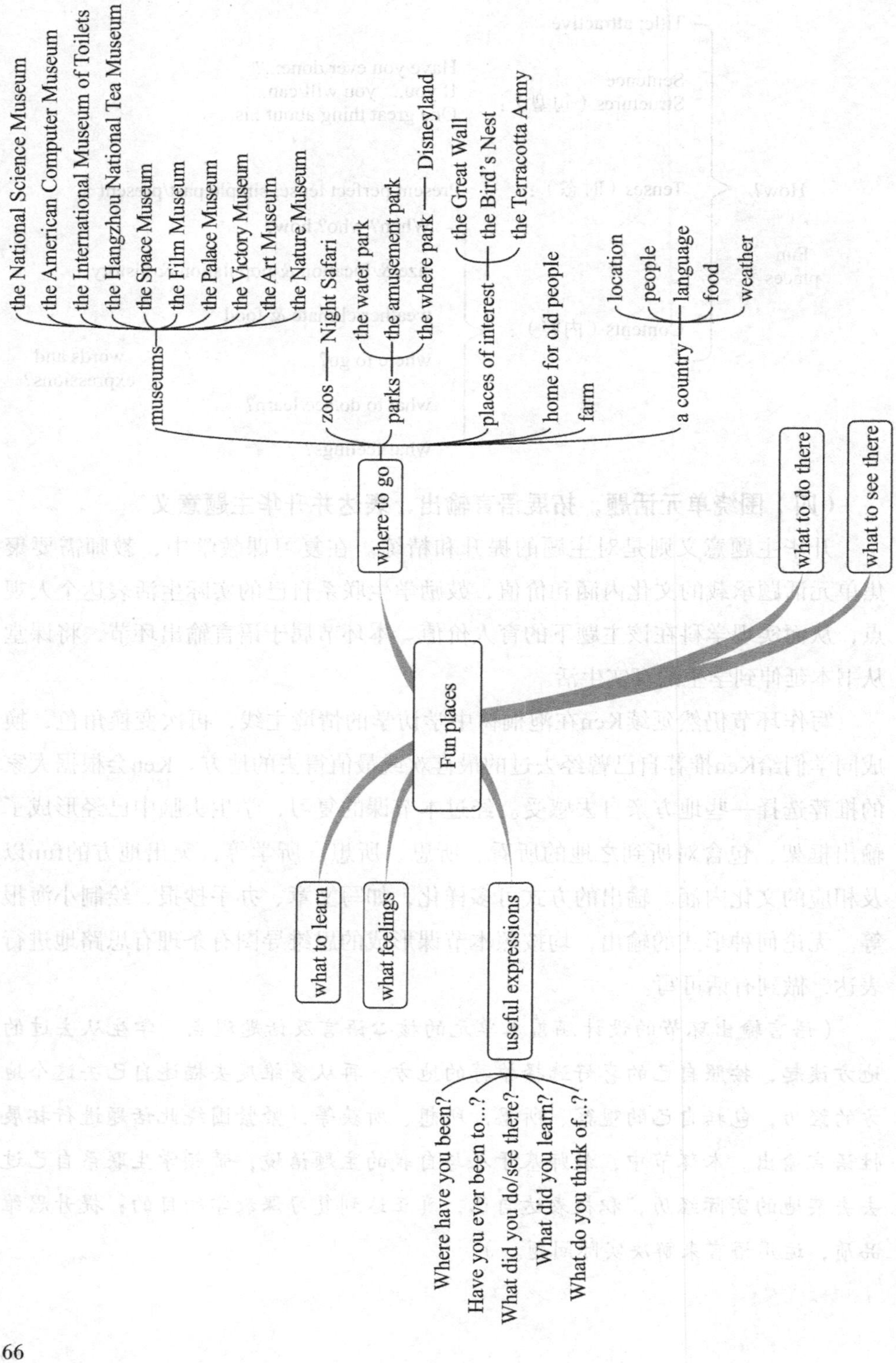
Fun places
where to go
museums
the National Science Museum
the American Computer Museum
the International Museum of Toilets
the Hangzhou National Tea Museum
the Space Museum
the Film Museum
the Palace Museum
the Victory Museum
the Art Museum
the Nature Museum
zoos — Night Safari
parks
the water park
the amusement park
the where park — Disneyland
places of interest
the Great Wall
the Bird's Nest
the Terracotta Army
home for old people
farm
a country
location
people
language
food
weather
what to do there
what to see there
what to learn
what feelings
useful expressions
Where have you been?
Have you ever been to...?
What did you do/see there?
What did you learn?
What do you think of...?

七、结语

基于主题意义探究的单元话题复习课是在教师的引导下，创设一定的主题情境，以主题为主线，以语言为暗线展开教学过程，帮助学生梳理和巩固本单元的语言知识，重构并完善语言知识结构；设计多层次、有针对性的教学活动，进行听、说、读、看、写各种语言技能的训练，在学生已有经验的基础上探究单元话题的主题意义，从而提升学生综合运用语言的能力、思维品质以及文化意识，促进学生的整体发展，实现学科育人的价值。

参考文献

[1] 中华人民共和国教育部. 普通高中英语课程标准（2017年版）[M]. 北京：人民教育出版社，2018.

[2] 程晓堂. 基于主题意义探究的英语教学理念与实践 [J]. 中小学外语教学（中学篇），2018（10）：1-7.

[3] 李祖祥. 主题教学：内涵、策略与实践反思 [J]. 中国教育学刊，2012（9）：52-56.

[4] 张秋会，王蔷. 浅析文本解读的五个角度 [J]. 中小学外语教学（中学篇），2016（11）：11-16.

[5] 中华人民共和国教育部. 义务教育英语课程标准（2011年版）[M]. 北京：北京师范大学出版社，2012.

[6] 林崇德，胡卫平. 思维型课堂教学的理论与实践 [J]. 北京师范大学学报（社会科学版），2010（1）：29-36.

[7] 温培培. 基于主题语境的初中英语单元复习课教学实践 [J]. 中小学外语教学（中学篇），2020（2）：28-33.

[8] 盛艳萍. 核心素养背景下对“人与社会”主题意义与内涵的探究 [J]. 英语学习（教师版），2017（12）：9-13.

[9] 人民教育出版社. 义务教育教科书教师教学用书·英语八年级下册 [M]. 北京：人民教育出版社，2018.

单元主题意义探究下的过程性写作课设计

四川省周丽名师鼎兴工作室　绵阳外国语学校　张　燕

内容摘要：写作一直是初中英语教学中不可忽视的重要环节，能够很好地提升学生的英语表达能力、应用能力。而单元主题意义探究下的英语教学能够更好地让学生进行交流、合作，在互相沟通之中共同进步，提高英语水平。基于单元主题意义探究的过程性写作训练，让写作教学更有针对性，进而能够有效地提高初中英语教学质量，帮助学生打下坚实的英语基础。

关键词：单元主题；意义探究；过程性写作；设计

一、教学背景

（一）缺少写作教学指导

在现阶段的初中英语教学中，很多英语教师对于写作课没有予以重视，大多用灌输式的讲解教学，要求学生以死记硬背的方式进行英语学习。而英语作为一门语言，其最为重要的功能便是交流和表达，在非母语环境之下，学生利用英语交流的机会和场景少之又少，缺少了在生活中提高英语表达能力的机会。而写作是帮助学生提高表达能力的最佳手段，通过将学习中的单词、短句应用到实际写作之中，提高表达能力，能够很好地提高其英语的应用能力。但在实际教学过程之中，目前大部分初中英语教师更加注重学生的应试成绩，对于学生的单词词汇量掌握过分关注，并不利于学生英语综合素养的提高。

（二）学生英语写作能力弱

初中生大部分对于英语这一课程有着畏惧心理，尤其是在写作方面，很多学生会因为教师布置的任务，抱着完成任务的心态进行写作，最终结果多半不尽如人意。而造成这种现象的根本原因是学生的思维能力偏弱，无法应用学习到的单词，欠缺语言整合的能力和方法，写作能力自然也难以得到提升。学生写作时，通常会出现词汇量匮乏、表达方式错误、中式英语和文章过于口语化的问题，严重地影响了文章的质量，即使学生的写作能力难以得到提升。在日常的写作练习之中，学生也很少去注意自己写作的过程，缺少创新，写作表达能力不高，技巧弱，在写作时没有正视英语习作的重要性。

二、理论指导

（一）课程标准对核心素养的要求

核心素养是以提高学生多方面能力为要求的教育理念，不仅需要学生掌握基础文化知识，还需要对学生的道德情感、语言表达交际能力和思维能力进行培养，加强学生的综合素养。第一，道德情感的培养涵盖面非常广，包括学生对国家的热爱、对社会公德的认可、讲礼仪、讲道德，还包括对公平正义的坚守和与虚假丑恶现象的斗争与分辨。第二，文化素养在英语教学中需要学生熟练掌握英语知识，充分熟悉教材内容，还要在生活中掌握课堂之外的知识内容。第三，思维能力的培养要求学生具备独立思考的能力，且能灵活地应付生活中出现的问题，学会对事物进行观察和思考，并对其进行深入的探究和总结。第四，语言表达能力要求学生能够很好地进行沟通，需要学生具备良好的知识储备，学会沟通技巧，在交流中能够表达出自己实际的想法。核心素养教育理念要求学生学会沟通，并在良好的沟通中得到成长，保证学生的全面发展以及身心健康，让学生走向正确的人生道路。而在核心素养的指导下，进行英语过程性写作训练，不仅能够提高学生的英语学习水平，更能够让学生通过学习英语树立正确的人生观、价值观，为日后的成长、学习、工作做好铺垫。

（二）主题意义的探究和教学意义

现阶段的初中英语教学仍然处于以考试为主要教学目标的状态，教师的实际教学碎片化、简单化，导致学生很少有进行英语应用的机会，对于知识体系也难有完善、全面的认识，缺少了英语课程教学要求的综合性、相关性以及实践性。而主题意义教学理念下的英语教学能够很好地解决这个问题，让学生在掌握英语基础知识的同时获得写作、表达、应用的技巧，端正其学习态度，为学生树立起良好的价值观。英语教材中的每一个单元都有着其独特的主题意义，也是进行主题教学的基本要素。教师在开展实际的教学活动过程之中，要深入地挖掘教材内容，按照各个单元的内容进行课堂教学计划的制订，设计出良好的教学环节。教师可以把各个主题单元中所包含的语境、材料等进行整合，通过话题、功能、结构三种模式进行划分，并按照教学目标制定出学习任务和教学任务。单元主题意义教学活动是指通过特定的主题、材料及语境等，帮助学生进行英语实践的教学活动，让学生由听到说、由说到看、由看至写，通过不断地交流、合作，全面地掌握英语学习的方法和技巧，提高其英语素养，促进其语言能力、思维能力、道德品质等各方面能力和素养的提升。

三、教学路径

（一）写前活动

学生在写作之前，教师要进行导入工作，通过多种教学方法，引导学生进入学习状态，做好习作准备。教师可以利用图片、提问的方式进行教学导入，主要有听说和阅读两种准备工作：①听说。教师在习作前，可以通过音频来播放准备好的教学资料，让学生通过听力训练了解本次写作的基本内容。教师在学生听完后，要积极创设出相关问题，引导学生对内容进行更为深入的思考，并进行解答，说出自己的看法与思考，加深对主题的理解。②阅读。阅读的过程不仅能够让学生领会写作要求及目的，找到写作的重点，提升表达能力，还能让学生掌握词汇，学会表达技巧。

（二）写作搭建

学生在进行初稿写作时，教师要帮助学生搭建起写作的架构，帮助其扫清障碍。教师可以先让学生进行写作内容的讨论，对自身的写作故事进行设计，沟通彼此的创意和问题。例如，以旅游为主题的写作，有的小组会将本次写作的主题设计为School trip，而有的小组则设计为家庭之旅。教师对于主题的拟定可以留下悬念，通过开放式的题目，让学生充分发挥其想象力和创造力。教师在这一过程中应积极地鼓励学生进行讨论、沟通，发散思维，逐步引导学生建立写作的结构意识、承上启下的连接意识，再将文章内容进行填充，丰富写作资料，提高其写作能力。

（三）学生自评

评价是非常重要的教学过程，该过程能够帮助学生认识自己的优势与不足，不断提高自身能力，学会取长补短。在写作课的过程中，因为课堂时间有限，学生无法在这一时间段里快速地解决作文的所有问题。因此，应以解决重要问题为主，教师为学生提供评价量表，通过设计核查单，让学生进行自我评价。核查单的内容要与教师写作前的提问符合，设定出景物、心理活动、人物对话、人物动作描写等分类，帮助学生掌握写作要素。学生的自我评价是一个非常重要的过程，而且这一过程必须有教师在一旁进行指导，而不是盲目地进行。因此，教师在进行评价量表的设计时一定要根据主题进行，有针对性地帮助学生提高写作能力，让学生通过评价掌握学习技巧，发现自身问题。

（四）生生互评

除了自评外，教师还要组织学生互相评价，通过别人的看法来提高学生的能力。教师可以将学生分为几个小组，通过核查量表来进行学生互评，学生通过对别人的文章进行阅读、分析来更好地发现自身的问题以及优势，通过互相学习来提高写作表达能力。

（五）教师评价

教师也要对学生的文章进行评价，要从文章的内容、结构、语言、材料等方面进行批阅，对写作良好的学生予以表扬，对学生的错误予以指出，方便其进行更改，多角度地完善文章内容。

（六）终稿

通过一系列的评价措施，学生基本掌握了自己一稿的不足，让学生课后通过评价对文章进行修改，完成终稿，提高其总结能力。

四、课程案例

以九年级Unit 14主题意义“感恩”设计的A Letter of Thanks写作课

（一）写前导入

（1）展示学生三年中一些精彩活动的照片视频集，表达对学生的不舍与感激，感谢他们让自己更有耐心、更优秀。

（2）引导学生回忆自己初中三年最感激的人是谁，为什么感激他。

（3）展示学生写给自己的感谢信，引导学生分析结构。

（4）提出教学目标：写一封感谢信。

（二）写作要求

尽量以第一人称写，描写自身经历与感受，要求书写内容具有真实性，写作脉络清晰。

（三）过程性写作

初稿写作：学生利用写作课进行初稿写作，要求独立完成。

评价：

（1）学生自评。学生通过对比写作量表来进行自评及修改。

（2）生生互评。学生进行互相评价，再通过讨论来了解对方发现的问题。

（3）教师评价。教师在生生互评的过程中，个别问题个别指导，收集共性问题进行点评和提出修改建议。

终稿：布置为家庭作业，对比一稿，找出优秀范文进行展示和讲评。

（四）评价量表设计

该记叙文主题对于文章结构、内容和材料方面的要求较为宽松，主题量表设计以语言表达为主。

A letter of thanks				
For you to consider	Objectives focus on structure, content, grammar & language	Self Check	Peer check	Teacher's assessment
Structure and content	I write the whole passage into ______ paragraphs			
	My writing is neat and clear			

续 表

A letter of thanks				
Structure and content	Para 1: I have written the purpose of writing this letter clearly			
	Para ______: I have written the reason why I say thanks			
	Para ______: write down the key words of the reasons			
	Para 3: I have ending phrases and sentence to show my thanks			
Grammar and language	I have used the past and present tense properly			
	My verbs are in the correct form of the required tense			
	Each sentence has a complete verb			
	I have use ________ clauses			
	I have used specific words to show my thanks and my feeling			
	There are ________ spelling mistakes			
	I have used an ending sentence			
	I have checked my word count is around ________			
What could I do to improve my writing next time?				

五、结语

综上所述，初中英语习作教学是提高学生英语表达能力、沟通能力的重要教学手段，必须予以重视。本文通过对单元主题意义探究下的过程性写作课设计进行讨论，分析了过程性写作的重要性以及方法，希望能为教师提高初中英语教学质量提供参考。

参考文献

王赛赛. 基于量规的初中英语过程性写作教学［J］. 英语画刊（高级版），2020（4）：94–95.

以话题为主线的初中英语单元复习课教学实践

——以七年级（下册）Unit 8 Is there a post office near here？为例

四川省周丽名师鼎兴工作室　成都石室锦城外国语学校　刘　瑶

内容摘要：单元复习课在主题意义的统领下，通过重新整合单元内容，并根据学生的认知水平设计教学活动，引导学生进行语义探究和深度学习，进而帮助学生巩固语言知识、提升语言技能。本文基于人教版教材Go for it七年级（下册）Unit 8 Is there a post office near here？单元复习课实践案例，阐述以话题复习为主线的单元复习课教学思路，分析引导学生进行主题意义探究的方法及其重要性。

关键词：主题意义；初中英语；单元复习课

单元复习是初中英语教学的重要组成部分，有效的复习教学能发现学生的不足和存在的问题，让学生学会总结和归纳所学知识，巩固和提高学生的综合语言运用能力，同时有利于对学生英语学科核心素养中思维品质和文化意识进行培养。但是，目前初中英语单元复习存在的问题是教学依然停留在照本宣科的阶段，对课文内容简单复现、孤立地讲解和复习语法点与知识点等，导致单元复习课缺乏话题语境关联性和单元知识整体性，学生对复习课提不起兴趣，直接影响了复习教学的效果。

《普通高中英语课程标准（2017年版）》（以下简称《课标》）指出，所有的语言学习活动都应该在一定的主题语境下进行，英语教学要在主题意义引领下开展学习理解、应用实践、迁移创新等一系列体现综合性、关联性和实践性等特点的英语学习活动。以话题为主线的单元复习课有利于学生基于已有的知识，依托不同类型的语篇，在分析问题和解决问题的过程中，促进自身语言知识学习、语言技能发展、文化内涵理解、多元思维发展、价值取向判断和学习策略应用。学生在话题引领下，参与单元主题意义的探索，提高学习兴趣的同时，也结合语境整合所学单元知识，从而提高复习的效率。

一、基于主题意义探究的单元复习课教学思路

复习课的功能分为 review 和 revision 两种：前者旨在复现学习内容，帮助学生唤醒和巩固所学；后者重在引导学生再学已学内容，扩展体验和提升能力。笔者认为，单元复习课应是这两种功能的结合，让学生在巩固已学知识的基础上，通过整合单元知识，拓展知识的广度和深度，提升能力。例如，七年级（下册）Unit 8的单元复习课既包括复现本单元的所学知识（常用的地点名词和方位介词，学会阐述某一场所各个建筑物之间的位置关系，学习一些问路和引路时常用的语言表达方式），也包括通过实践和应用，再学已学内容，如阅读信息在地图上找出相应的位置，能利用思维导图和地图向他人介绍自己所居住的社区，并能根据地图为他人引路，拓展和挖掘主题意义，培养学生热爱社区、热爱自己的家、热爱生活以及为社区服务的意识。

主题意义探究是指在主题意义引领下通过语言学习和思维活动挖掘主题所承载的语言和意义内涵，“强调学习者在获取信息的基础上建构信息，并且能够组合信息进而表达信息”。单元是承载主题意义的基本单位，以主题为主线的单元复习课的教学设计的逻辑起点应是教师对主题意义和语篇内容的把握。教师在进行单元教学设计时要在对单元主题意义理解和挖掘的基础上，创设与该单元主题相关的真实或相对真实的情境，引导学生对单元语言知识进行梳理和巩固。例如，七年级（下册）Unit 8的单元话题是The neighborhood，而主题意义是通过学会为他人指路，培养学生乐于助人的精神；通过介绍社区，培养学生热爱社区和服务社区的意识等；在此基础上，设计相应的教学活动，从听、说、读、看、写等方面训练并提升学生的综合语言运用能力，让学生在探究主题意义的深度学习的过程中发展思维品质，提高文化意识，进而深化对主题的理解和认识。

二、基于主题意义探究的初中英语单元复习课案例述评

下面，笔者结合七年级（下册）Unit 8单元复习课的具体案例，阐释基于主题意义探究的初中英语单元复习课教学的具体操作方法及其重要性。

（一）以话题为主线设定教学目标和内容，复现和重构所学知识

七年级（下册）Unit 8以“neighborhood”为话题主线，复现所学知识，包括一些常用的地点名词，如post office，police station，hotel，restaurant，bank，hospital等；方位介词，如next to，across from，near，between... and...，in front of，behind等；巩固用turn left/ right，go along，on your left等来引路；复习There be句型的肯定式、一般疑问句及其回答；学习和复习where引导的特殊疑问句及其回答等。

挖掘单元主题意义，使学生学会相互合作，培养学生乐于助人的精神，培养热爱社区和社区里自己的家以及为社区服务的意识等；在主题意义的引导下重构单元知识，使学生学会阐述某一场所各个建筑物之间的位置关系；学习一些问路和引路时常用的语言表达方式；能通过阅读信息在地图上找出相应的位置，能利用思维导图和地图向他人介绍自己所居住的社区，并能根据地图为他人引路。

（二）以话题为主线创设情境，拓展和挖掘主题意义

七年级（下册）Unit 8单元复习以本单元话题“neighbor”为主线，联系生活实际，创设真实的语言交际环境，鼓励学生参与情境语言应用，拓展和挖掘单元的主题意义，从而提升学生的兴趣和促进学生对单元知识的意义整合，提高复习效果。具体教学步骤如下。

Step 1：Lead-in

（1）Free talk.

T：I am a teacher in Shishi Jingcheng Middle School，and I live in Huanmenjie Community. There are many different places in my neighborhood，so it’s very convenient for me to live there. I love my neighborhood very much. How about you?

◆ Where do you live?

◆ What places are there in your neighborhood?

◆ Do you like your neighborhood? Why?

（2）Introduce Linda.

T：Look at this photo. This girl is Linda. She is a student in Shishi Jingcheng Middle School. She lives in Huanmenjie Community. Today we will talk about Linda's neighborhood.

（3）Guessing.

T：Can you guess what places are there in Linda's neighborhood?

（4）Check students' predictions.

T：There is a map of Linda's neighborhood. How many streets can you see? What are they?

What places can you see? Where are the places?

Step 2：Listening

（1）Listen and write the correct place for each letter in the map.

T：What is A/B/C/D/E? Where is the...?

（2）Complete the conversation according to the map.

（3）Listen again and check your answers.

（4）Check the answers together.

（5）Read the conversation together.

Step 3：Pair work

Imagine you and your partner are Linda and the man in the picture. Ask and answer questions about other places.

Step 4：Reading

（1）Read the passage about Linda's neighborhood and complete the chart.

（2）Read the passage and answer the questions.

（3）Read the passage together.

Step 5：Group work

（1）Discuss with your group members to complete the mind map.

（2）Talk about your neighborhood or your dream neighborhood according to the mind map.

（3）Make a summary.

T：I see most of you love your neighborhood. To let us have better living conditions and enjoy our lives better, we need to try our best to make our neighborhood better.

Step 6: Homework

(1) Add more words and expressions to the boxes in the preview part.

(2) Draw a picture of your neighborhood and introduce it.

从上述单元复习课的教学步骤可以看出，无论是听说还是读写的教学活动，都是联系生活和实际的情境来设计和实施的。例如，Lead-in通过联系教师和学生的实际，创设以“neighbor”为话题的语境，引入本节课复习的话题The neighborhood，引导学生回顾关于地点的名词、方位介词。学生充分地谈论地图，为听力训练做准备；在“指路”的情境下，通过听力输入，复习问路与引路时的语言表达方式，复习某一场所各个建筑物之间的位置关系，并为下一步的口语练习做准备；再以“neighborhood”为情境，组织Pair work的活动，通过口语输出，复习问路与引路时的语言表达方式；复习某一场所各个建筑物之间的位置关系；在“Linda’s neighborhood”的情境下，通过阅读输入，再次复习和巩固与话题The neighborhood相关的内容；通过构建此话题的思维导图，以及根据思维导图介绍自己所居住的社区，在让学生更加熟悉本单元的主题内容的基础上，引导学生热爱自己的社区，热爱生活，为将社区变得更好而做出自己的努力；最后创设“自己的社区”情境，让学生课后继续归纳本话题相关内容，能够根据地图介绍自己所居住的社区，更加熟悉自己的社区。

一节高效的单元复习课离不开教师对单元主题意义多角度的探究，复习课的教学设计可以挖掘主题意义为中心，以语篇为载体结合具体的语言知识、文化知识等来培养学生的语言技能和学习策略——“聚焦主题意义探究，开展单元话题复习”，就是把“单元话题复习”与“对主题意义的探究”有机结合起来，即以《课标》中提出的英语学习活动观为基础，通过具体的“真实”活动，创设“任务”，在“任务”的驱动下，学生通过听、说、读、看、写，对目标语言做进一步的分析、归纳，并进行运用，对单元主题有进一步的感知、体验，从而升华情感，在此过程中高效提升思维能力和文化意识。

三、结语

单元复习课是教师引导学生对所学知识进行解构、重构和建构的过程。在此过程中，教师不仅要关注学生听、说、读、看、写等综合语言运用能力的发展，还要重视学生运用语言技能获取、梳理、整合语言知识，基于语篇围绕单元主题意义进行学习活动。教师要在调动学生已有的关于该主题的经验的基础上，帮助学生建构和完善新的知识结构，促使其语言能力、文化品格、思维品质和学习能力整体得到发展。

参考文献

[1] 程晓堂. 基于主题意义探究的英语教学理念与实践［J］. 中小学外语教学（中学篇），2018（10）：3–4.

[2] 张杨. 基础英语教学中主题式教学模式的运用——以《只见群山》一课的教学为例［J］. 教学探索，2014（12）：42–43.

[3] 孙单. 浅谈英语教学情境创设在课堂应用的重要性［J］. 新课程（中学），2017（9）：42.

[4] 李宝荣. 基于主题意义开展阅读教学的思路与策略［J］. 英语学习（教师版），2018（11）：5–7.

2 第二篇

行动篇

——优秀教学案例

Go for it 七年级（上册）Unit 3 Is this your pencil?

【背景介绍】

活动名称：四川省周丽名师鼎兴工作室走进都江堰市“初中英语单元话题复习”教学研讨会

授课地点：都江堰市李冰中学

授课时间：2019年10月22日上午

授课班级：都江堰市李冰中学2020级（4）班

授课教师：成都高新新华学校　刘晓梅

【教学设计思路】

本单元的话题是教室里的物品（Things in the classroom），根据单元内容可知在本单元中特指学习物品（School things），功能是确认物品所属关系（Identify ownership）。本单元的主题意义是拾金不昧，物归原主。在教学过程中，教师引导学生学会保管好自己的学习物品，并且有礼貌地在互帮互助中寻找失物或者失主。该复习课的设计以“教室”为主线，融合了听、说、读、写、看等多种技能的训练，创设任务让学生在情境中利用物主代词和单元目标句型来确认物品的归属。学生通过完成以下任务链在教师的引导下共同探讨本节课的主题意义：回顾所知学习物品—配对失物—通过对话有礼貌地互帮互助，寻找教室物品的主人—阅读失物招领和寻物启事—总结好的失物招领的要素—讨论寻找失物的方法，感知寻找不易，保管好物品——制作寻物启事。

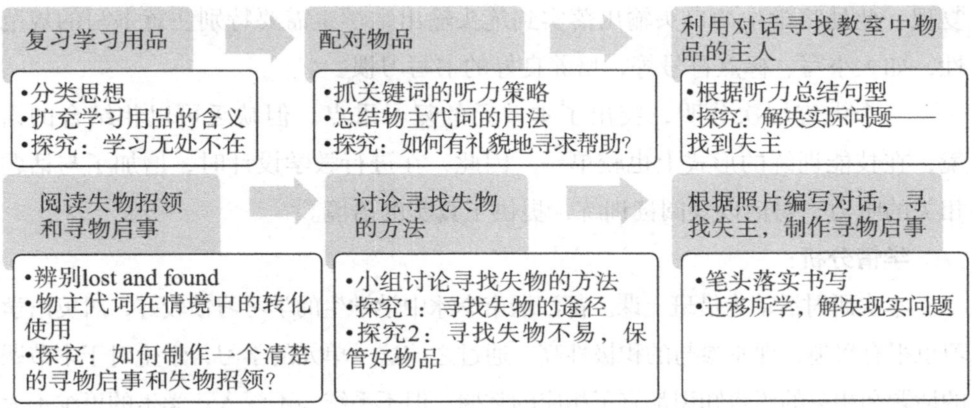
复习学习用品
•分类思想
•扩充学习用品的含义
•探究：学习无处不在
配对物品
•抓关键词的听力策略
•总结物主代词的用法
•探究：如何有礼貌地寻求帮助?
利用对话寻找教室中物品的主人
•根据听力总结句型
•探究：解决实际问题——找到失主
阅读失物招领和寻物启事
•辨别lost and found
•物主代词在情境中的转化使用
•探究：如何制作一个清楚的寻物启事和失物招领?
讨论寻找失物的方法
•小组讨论寻找失物的方法
•探究1：寻找失物的途径
•探究2：寻找失物不易，保管好物品
根据照片编写对话，寻找失主，制作寻物启事
•笔头落实书写
•迁移所学，解决现实问题

【教学分析】

教材分析：

本单元选自人教版教材Go for it七年级（上册）Unit 3 Is this your pencil?单元，话题是Things in the classroom，语言功能是Identify ownership，学生需要掌握的语言知识是名词性物主代词和确认归属的一般疑问句。通过本单元的学习，结合学生生活实际和实际体验，学习和运用目标语言实现确认教室物品归属的语言交际功能。教材的单元复习部分（Self Check）有三个练习，需要根据主题和学情借鉴使用。

Self Check 1的内容是让学生写出知道的学习物品。这是对本单元话题词汇的复习，通过这个活动能开门见山，直接切入主题。但是这个活动对于学生的挑战性不够，简单罗列所知道的学习物品并不能使学生在原有的基础上有所提升。因此设计时增加了对学习用品的分类（for reading，for writing...），培养学生的分类意识，并触发学生思考：生活中还有哪些东西可以成为学习物品？怎样理解学习时间、地点？

Self Check 2的内容是通过表格对比总结人称代词的主格和宾格、形容词性和名词性物主代词。学生需要自主发现并总结规律。这有利于训练学生观察归纳的能力。但是这个表格没有和具体的语境相结合，因此在设计时需要结合具体语境开展师生交流、学生归纳、阅读转化、书写多样的句子等活动，对这一部分内容进行练习。

Self Check 3的内容是看图写出就物品所属关系进行问答的句型。学生能复习到本单元话题有关的单词、句型，同时是对上一单元的指示代词的再一次

复现。此处将学生的口头输出落实到笔头输出，学生需要特别注意书写的规范性，如大小写、标点符号等，培养良好的书写习惯。

三个内容层次分明，突出了本单元的复习重点，但缺乏可以相结合的语境，在技能训练的形式上也较单一。因此，在进行教学设计时，增加了与话题相关的听力、对话以及阅读训练，提供了真实的语境。

学情分析：

本次研讨活动为借班上课。都江堰市李冰中学学生的学习习惯较好，对英语学习也很有兴趣，课堂参与的积极性高。通过之前这一单元的学习，学生对于本节课的话题和相关的语言知识都有了相应的掌握，但不系统、不深入；学生的思维不太活跃，思维层次不高；学生的视野有限，因刚步入七年级，语言基础也相对较弱。

【教学目标】

知识与技能：

（1）学生能分类列举学习物品，并在情境中利用物主代词以及“Is this...？/ Are these...？”确认物品归属。

（2）学生能通过听力辨认物品归属，同时思考更多寻找失物的方法，并通过会话寻找讲台上的物品的主人。

（3）学生能阅读失物招领和寻物启事，总结其要素，并根据学校失物招领处照片编写对话，制作失物招领和寻物启事。

学习策略：

（1）在听力过程中通过抓取关键词听懂对话大意，并匹配物品和失主。

（2）利用分类的方式复习和学习物品相关的单词，培养分类意识。

（3）通过比较的方式提炼与失物招领和寻物启事有关的写作要素。

情感态度：

（1）物品丢失时，能冷静思考，寻找最佳途径解决问题。

（2）在帮助同学寻找物品的过程中，强化互帮互助的意识。

文化意识：

了解学校失物招领处，并在以后的学校生活中充分发挥其作用。

【教学重难点】

教学重点：

在创设的语境中复习物主代词及灵活使用确认物主关系的句型，辨认归属。

教学难点：

对比分析两则寻物启事，总结失物招领的基本要素，并迁移到后续学习中。

【教学手段】

多媒体设备、黑板、粉笔。

【教学过程】

Teaching steps（教学步骤）	Procedures（教学过程）	Explanation（教学意图）
Lead-in	1. Greet the students and talk about their school things. T：What's this? What are in it? 2. Lead Ss to review the school things based on the classification. 3. Lead Ss realize that computer，pad，smartphone can be school things too. T：What other school things do you know? **school things** For reading(读): book dictionary newspaper magazine For writing(写): pen pencil chalk notebook blackboard whiteboard eraser Others(其他): pencil box schoolbag ruler ID card ... computer pad smartphone 4. Show the things on the teacher's desk. T：Is this cup yours/hers/his? Are these pens yours/hers/his?	1. Combine language learning with Ss's school life. 2. Let Ss review the school things. Train Ss's ability of classification. 3. Expand Ss's vocabulary about school things. 4. Review the knowledge of possessive pronouns and the sentence pattern of identify ownership
Listening	1.Show the picture of two Ss who are looking for the owners of school things too. 2. Play the tape. 3.Check the answer. 4. Lead Ss think about the way to find the owners. T：How do they find the owner？ what can they do? 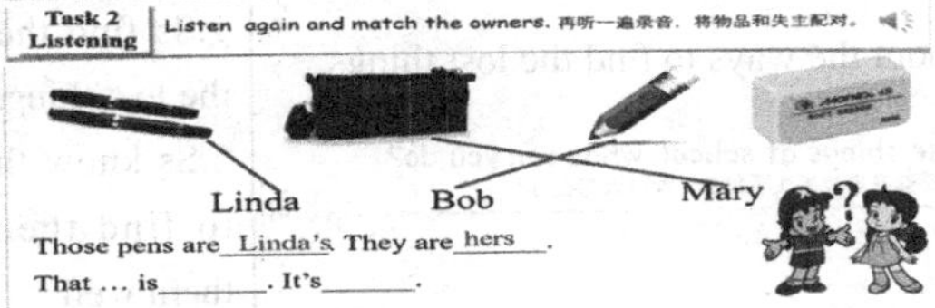Task 2 Listening Listen again and match the owners. 再听一遍录音，将物品和失主配对。 Linda Bob Mary Those pens are Linda's. They are hers. That ... is______. It's______.	1. Train Ss's listening skills. 2. Let Ss get more familiar with the target language by listening. 3. Lead Ss use what they have learned to solve the problems in their life

续 表

<table>
<tr><th>Teaching steps（教学步骤）</th><th>Procedures（教学过程）</th><th>Explanation（教学意图）</th></tr>
<tr><td>Speaking</td><td>Lead Ss conclude sentence structures and let them practice the sentence structures in pairs to find the owners of their school things
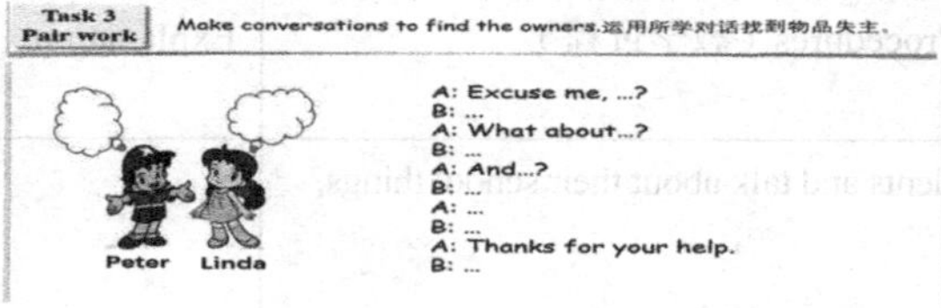
Task 3
Pair work
Make conversations to find the owners.运用所学对话找到物品失主。
A: Excuse me, ...?
B: ...
A: What about...?
B: ...
A: And...?
B: ...
A: ...
B: ...
A: Thanks for your help.
B: ...
Peter
Linda</td><td>1.Let Ss practice the target language by speaking.
2. Let Ss solve the problem in life：find the owners of school things</td></tr>
<tr><td>Reading</td><td>1.Present the notices and ask：
What are the notices about?
2. Let Ss circle the lost things.
3. Lead Ss read the notices again and complete the sentences.
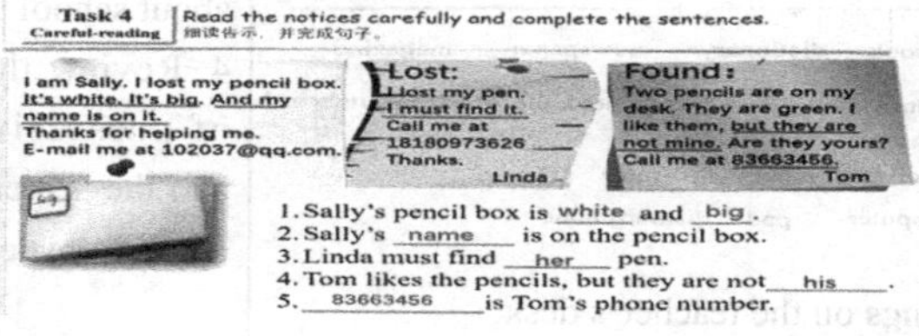
Task 4
Careful-reading
Read the notices carefully and complete the sentences.
细读告示，并完成句子。
I am Sally. I lost my pencil box. It's white. It's big. And my name is on it.
Thanks for helping me.
E-mail me at 102037@qq.com.
Lost:
I lost my pen.
I must find it.
Call me at
18180973626
Thanks.
Linda
Found:
Two pencils are on my desk. They are green. I like them, but they are not mine. Are they yours?
Call me at 83663456.
Tom
1. Sally's pencil box is white and big.
2. Sally's name is on the pencil box.
3. Linda must find her pen.
4. Tom likes the pencils, but they are not his.
5. 83663456 is Tom's phone number.
4. Lead Ss have a deep thinking about these notices.
T：Who can find the thing more easily? Why?
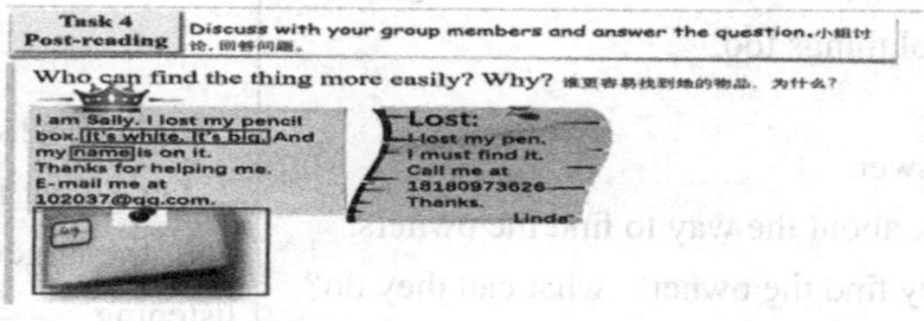
Task 4
Post-reading
Discuss with your group members and answer the question.小组讨论，回答问题。
Who can find the thing more easily? Why? 谁更容易找到她的物品，为什么？
I am Sally. I lost my pencil box. It's white. It's big. And my name is on it.
Thanks for helping me.
E-mail me at
102037@qq.com.
Lost:
I lost my pen.
I must find it.
Call me at
18180973626
Thanks.
Linda</td><td>1. Train Ss ability of reading：how to find the main idea and how to find the detail information.
2. Review the usage of pronouns by information transformation.
3. Develop Ss's critical thinking ability.
4. To remind Ss to take care of their belongs</td></tr>
<tr><td>Discussion</td><td>Lead Ss think about the ways to find the lost things.
If you lose things at school, what can you do?
如果你在学校丢失了物品，你可以怎么办？</td><td>1.Ss find the ways to find the lost things.
2.Ss know that it's uneasy to find them，and keep them well</td></tr>
</table>

续 表

<table>
<tr><th>Teaching steps（教学步骤）</th><th>Procedures（教学过程）</th><th>Explanation（教学意图）</th></tr>
<tr><td>Writing</td><td>1. Present the picture of Lost and Found bookcase.
T：What school things can you see?
2. Show Ss the conversations and let Ss ask some questions about baseballs and pencils.
3. Let Ss write the sentences and tell them more sentences are welcome.

Task 5 Writing
Look at the picture and write conversations. 看图写对话。
Is that schoolbag yours?
A: Is that your schoolbag?
B: No, it isn't.
It's not my schoolbag.
A: Mine is blue.
B:
A:
B:
A:
B:
LOST & FOUND
That
Those
This
These
1
2
3
4
4. Review what we have learned today.

school things
What
How
For reading:
For writing:
Others:</td><td>1. Train Ss' ability of viewing.
2. Review the words about school things.
3.Let Ss know the difference of this，these，that，those.
4. Review the target language by writing</td></tr>
<tr><td>Homework</td><td>Make a notice for your lost school things to find them easily</td><td>Consolidate what they've learned today</td></tr>
</table>

【板书设计】

Unit 3 Is this your pencil?

（Self Check）

school things For reading: notebook For writing: pen... Equipment: desk Others: schoolbag	—Is this cup yours? —No, it isn't. It's not mine. —Are these pens hers? —No, they aren't. They are not hers.	my pen=mine your pen=yours his+n.=his hers+n.=hers	学生课堂生成

【学案】

Unit 3 Is this your pencil?

Self Check

Task 1：Listening

1. Listen and circle the things you hear. 听录音，圈出你听到的物品。

2. Listen again and match the owners. 再听一遍录音，将物品和失主配对。

Linda　　Bob　　Mary

Task 2：Pair work

Make conversations to find the owners. 运用所学对话找到物品的失主。

A：Excuse me，...?　　B：...

A：What about...?　　B：...

A：And...?　　B：...

A：…　　B：...

A：Thanks for your help.　　B：...

Task 3：Reading

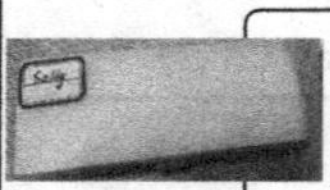

I'm Sally. I lost my pencil box. white. It's big. And my name is on it. Thanks for helping me. E-mail me at 102037@qq.com.

Found:
Two pencils are on my desk green. I like them, but Are they yours? Call me at 83663456.

Lost:
I lost my pen.
I must find it.
Call me at 181 × × × × 3626.
Thanks.
Linda

1. Read the notices and answer：

What are the notices about? 这些告示是关于什么的？

2. Read the notices again and circle the lost things in each notice. 再读一遍告示，圈出每则告示中所丢失的物品。

3. Read the notices carefully and complete the sentences. 细读告示，并完成句子。

（1）Sally's pencil box is ______ and ______.

（2）Sally's ______ is on the pencil box.

（3）Linda must find ______ pen.

续 表

（4）Tom likes the pencils，but they are not ______.

（5）______ is Tom's phone number.

Task 4：Writing

Look at the picture and write the conversations. 看图写对话。

❶ A: Is that your school bag?
B: No, it isn't.

❷ A: ______________
B: ______________

❸ A: ______________
B: ______________

❹ A: ______________
B: ______________

LOST & FOUND
1
2
3
4

Homework：

Make a notice for your lost school things to find them easily. 为你丢失的学习用品制作一个告示，以便你更容易找到它们

【课后反思】

本节课以主题意义的探究为出发点，创设多模态语篇，同时以多模态语篇为载体，巩固语言知识和提升语言技能。这节课的教学目标指向核心素养，教学内容依托多模态语篇、教学设计聚焦主题意义，教学过程注重互动生成。这节课虽然只有40分钟，但是对于我自己的冲击不亚于一学期的教学工作。在准备这次研讨课的半个月里，在和团队伙伴一次次磨课的过程中，我收获良多。

1. 深入理解了创设“主线”的内涵

时间、地点、人物、事件都可以成为课堂的主线。最初我在构思这节课的时候想的就是要用一个任务来驱动学生，最后学生需要完成一个大的任务，在课堂教学中将一个大的任务分解成若干个小任务来开展活动。但是自己在分解小任务时，总会在任务情境上产生问题而导致无法创设有效的活动。后来在工作室指导老师的引导之下，我明白了地点也可以成为一节课的主线，这个单元的主线就应该是教室。教室里面有现成的学习用品，学生经常在教室里丢失物品。以前更多思考的是以事件作为主线来进行教学设计，而这一次的经历让我明白了不同的话题需要不同的设计。

2. 明白了课堂才是进行思维训练的主阵地

从磨课到正式的课堂呈现，一共接触了三个班级的学生。学生最大的差别体现在思维上。学生刚刚迈入初中，在语言基础上存在一定的差距，但最明显的是思维方式的不同。例如，同样是探讨“Who can find her lost school things easily? ”这个问题，都江堰的孩子大多数只会想到一个，在我的提醒下可以找到两个、三个。但是其他两个班的学生开始讨论的时候就已经找到了不止一个原因。这次体会最深的是有效的设问方式有助于学生的思维训练。教师可以从文本内容的深度上进行设问，也可以对文章结构进行提问；教师还可以通过核心概念的挖掘（如school things的内涵）来提升学生的思维。

3. 理解了关注学生的课堂表现才能真正做到教与学的契合

这次的授课经历告诉我一定要在课堂上关注学生。学生才是课堂的主体，漂亮的教学设计一定是通过学生来体现的。关注学生的表现，对学生的回答进行及时反馈，而不是一步一步地走教学步骤；对学生好的答案给予充分的肯定，甚至是带着感激的心对待学生的答案；上课利用各种方式对学生进行及时鼓励。慎重对待平时的每一节课，积累经验，提高应变能力，加强课堂调控能力。

【课例评析】

本篇教学设计是人教版教材Go for it 七年级（上册）Unit 3 Is this your pencil? 单元的复习课。《普通高中英语课程标准（2017年版）》指出：“单元是承载主题意义的基本单位，单元教学目标是总体目标的有机组成部分。”这节复习课始终在本单元主题意义的指引下，采用任务链的方式不断推进教学深度和难度，课堂活动形式多样，对学生听说读写四大语言技能都有所训练。具体亮点如下：

（1）在进行本课的教学设计之前进行了深度的单元文本解读，明确了本单元的主题及主题意义。

本单元的内容主要通过询问、张贴失物招领和寻物启事等方式让学生懂得保管好自己的学习物品，有礼貌地互帮互助，寻找失物或者失主。这个主题意义下的话题是和学生的实际生活息息相关的，学生在学习的过程中需要将书本内容和自身情况联系在一起，从而掌握语言技能，最终实现我们要传递的情感目标。

（2）在复习课的呈现过程中，坚持以“教室里的物品”为主线贯穿始终。

从刚开始对学习用品分类到为丢失的学习用品寻找失主，整个复习课始终围绕本单元的话题——教室里的物品（Things in the classroom）和在教室里发生的学生实际问题。学生在教室里会不小心丢失自己的学习用品，他们自然会去寻找，在寻找的过程中必然产生语言的使用，而这种语用恰好就是我们本单元的目标语言。同时，在学校也会出现丢失学习用具的情况，同学们又怎样为这些丢失的物品寻找失主呢？在寻找失主的过程中也同样有了语言运用的需求。所以我们可以看出，本节课是在话题的驱动下来进行设计和推进的，在帮助学生学会解决问题的方式和方法的同时也将本单元的内容巧妙地串联在了一起，既基于课本又高于本课的设计让人耳目一新。

（3）在主题意义的引导下进行了多元化的课堂活动设计。

通过谈论身边的学习用品及分类引出话题，用听说的方式复习了核心词汇及目标句型。创设情境，用口语表达的方式去帮助教师和同学找到失物，获得成就感。通过对比阅读，获取撰写失物招领和寻物启事的框架信息。再借用Self Check图片中的情境对目标语言进行归纳和总结，从而再次巩固了本单元的核心内容。

（四川省周丽名师鼎兴工作室　成都七中初中学校　吴晓霞）

Go for it 八年级（上册）Unit 4 What's the best movie theater?

——Traveling around Dujiangyan

【背景介绍】

活动名称：四川省周丽名师鼎兴工作室走进都江堰市“初中英语单元话题复习”教学研讨会

授课地点：四川省都江堰市李冰中学

授课时间：2019年10月22日上午

授课班级：都江堰市李冰中学2018级（1）班

授课教师：绵阳外国语学校 杨雪莹

【教学设计思路】

本单元话题是Talk about your town。本课作为单元复习课，通过课堂任务链的方式对主题意义进行探究。本课由外国友人Steven的微信语音引入，设置课堂情境，围绕向Steven介绍都江堰的目标，以四个方面（where to go，what to eat，how to get there，who to meet）的探讨作为路径，引导学生用形容词或副词的最高级的方式表达自己的喜好以及与此相关的任务，描写周围的人或事物。在解决课堂任务的同时，达成情感目标，使学生学会热爱生活，热爱家乡，欣赏他人，关爱生活环境，增强民族自豪感。

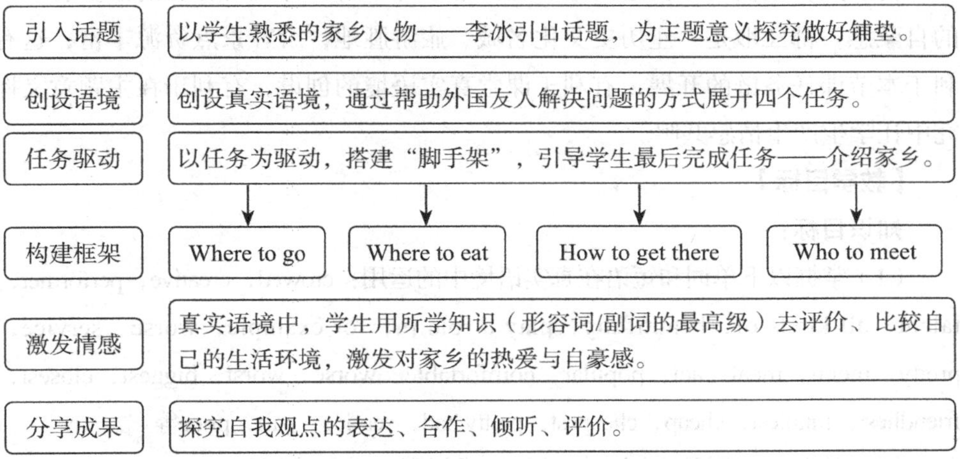
引入话题
以学生熟悉的家乡人物——李冰引出话题，为主题意义探究做好铺垫。
创设语境
创设真实语境，通过帮助外国友人解决问题的方式展开四个任务。
任务驱动
以任务为驱动，搭建“脚手架”，引导学生最后完成任务——介绍家乡。
构建框架
Where to go
Where to eat
How to get there
Who to meet
激发情感
真实语境中，学生用所学知识（形容词/副词的最高级）去评价、比较自己的生活环境，激发对家乡的热爱与自豪感。
分享成果
探究自我观点的表达、合作、倾听、评价。

【教学分析】

教材分析：

本单元围绕“你居住的城镇”这一话题谈论相关的文化、购物和休闲活动。其功能为准确理解和运用相关语言“谈论个人喜好和进行比较”，属于人与社会的主题范畴。而周围的人也属于生活环境的一部分，涉及对人物特点的评价时，又延伸至人与自我的主题范畴。本单元内容主要围绕形容词和副词的最高级，对学生身边的环境（活动场所、周围人物和自己的家乡）进行对比分析与评价，激发学生对生活环境的热爱。

本单元3a～4a要求学生写出一篇介绍最佳地方或事物的文章作为笔头输出。这些活动任务均能激发学生对生活环境的关注，激发学生对家乡，对生活环境的热爱，增强民族自豪感。在Self Check部分，围绕单元话题——你所居住的城镇周围环境进行对比和讨论，加强对本单元语言知识点的巩固和练习。

（1）用单词的最高级填空，考查最高级的变化规则；

（2）改错，考查学生在语境中对最高级用法的理解。

学情分析：

本节课听课学生为都江堰市李冰中学八年级的学生。

知识技能上，通过前期Unit 4的学习，学生基本了解并掌握了相关重要词汇的表达，形容词、副词的变化规律，并能进行简单运用，有利于进一步围绕主题意义，在新的情境中灵活运用。

情感上，他们对于自己的家乡都江堰十分了解，并且对自己的家乡有一定的自豪感。都江堰是一座历史文化名城、旅游胜地，游客景点资源丰富，这有利于本节课任务链的开展，有利于课堂真实语境的创设，有利于在主题意义探究中让学生产生情感共鸣。

【教学目标】

知识目标：

（1）掌握以下单词和短语在真实语境中的运用：crowed，creative，performer，talent，all kinds of，beautifully，play a role in，for example，worse，service，pretty，menu，meal，act，popular，comfortable，worse，worst，biggest，closest，friendliest，funniest，cheap，cheapest，pretty bad，service，part，price等。

（2）掌握形容词及副词比较级的构成规则，并灵活运用。

技能目标：

（1）能总结出用形容词及副词的最高级形式来描述人物或事物的句型结构，能运用形容词或副词最高级组句，并进行口语及写作输出。

（2）能通过思维导图的方式，自下而上地总结概括观点，梳理语篇逻辑关系，架构文本内容。

（3）能够提取信息与处理信息，并能形成自己的观点。

（4）能够根据真实体验，通过对比分析，进行观点分享表达。

情感目标：

（1）用所学知识去评价、比较自己的生活环境，激发和培养对家乡的热爱之情与自豪感。

（2）学会热爱生活，欣赏他人，关爱生活环境，增强民族自豪感。

【教学重难点】

教学重点：

掌握和运用形容词和副词的最高级形式来描述人物或事物。

教学难点：

（1）根据思维导图的关键词，自上而下地、发散地从各方面对不同事物进行对比。

（2）根据真实体验进行对比分析和观点分享。

【教学手段】

计算机辅助教学（多媒体的使用）、导学案。

【教学过程】

教学步骤（Steps）	活动设计（Activities Design） 教师活动（Teacher's activities）	活动设计（Activities Design） 学生活动（Students' activities）	设计意图（Explanation）
Warming-up	Introduce myself and have a free talk about hometown. Ask the questions：Who built Dujiangyan 2000 years ago? What do you think of them?	Talk with the teacher	1. 以学生熟悉的家乡人物——李冰引出家乡话题，为学生营造轻松的课堂氛围。 2. 复习Unit 4的语言知识、重点词汇与短语
Step 1：Lead-in	Listen to a Wechat message from a foreigner	1. Try to fill in the mind map. 2. Think about how can we help the foreigner	1. 以任务为驱动，引导学生进入真实语境。 2. 借用思维导图，通过帮助外国人介绍攻略的方式，进入话题讨论。 3. 通过思维导图，引领学生回忆、建构已学知识（形容词、副词的最高级），也为最终的输出任务做好铺垫，初步呈现任务链的框架
	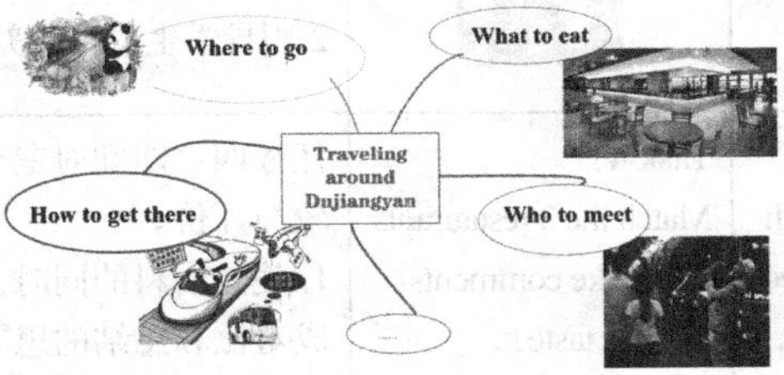Where to go What to eat Traveling around Dujiangyan How to get there Who to meet		
Step 2：Talk about where to go	1. Play a video about Dujiangyan	Task 1：Watch a video and write down the names of fun places in Dujiangyan	任务一：观看视频，找关键词。 1. 带着任务去观看视频，将真实的生活体验与所学知识有机有效地进行结合。 2. 锻炼学生的听、看技能，其后转化为说与写的能力。 3. 增强自豪感，引发学生表达的欲望。 4. 锻炼学生提取信息与处理信息的能力
	2. Show the chart and check the answers	Task 2：Fill in the blanks.（Try to use superlatives）	任务二：用所给词的最高级填空，进行比较

续 表

教学步骤（Steps）	活动设计（Activities Design） 教师活动（Teacher's activities）	活动设计（Activities Design） 学生活动（Students' activities）	设计意图（Explanation）
Step 2：Talk about where to go	 ➢ It is __the most interesting__ (interesting) place in Du Jiangyan. ➢ It is one of __the most useful__ (useful) and __the oldest__ (old) projects in China, because it has worked for more than 2000  ➢ It has __the most beautiful__ (beautiful) forest. ➢ The air on the top is __the freshest__ (fresh). ➢ You can see people doing Taichi here.  ➢ This is __the most comfortable__ (comfortable) place for pandas in Dujiangyan. ➢ It is __the most popular__ (popular) place to visit with kids.		1. 巩固与真实运用本单元所学知识。 2. 真实体现对周围熟悉环境的关注、描述、欣赏与评价
Step 3：Compare what to eat	1. Show them the pictures of three famous restaurants in Dujiangyan	Task 3：Look at the pictures and compare	任务三：观察与比较三个大众点评网最受欢迎的餐馆。 1. 呈现真实语料：大众点评网的标记。 2. 引导学生关注真实的生活环境
	2. Also the scores of each restaurants will be presented by their taste，environment，service and prices	Task 4：Match the 3 restaurants and make comments by their taste，environment，service and prices	任务四：匹配对三个餐馆的比较与评价。 1. 关注语料的同时，让学生形成对比和总结的思维能力。 2. 鼓励与激发学生表达观点，提高学生读、看、说的能力

Project	Mr. Chen's Fried Potatoes	Old Luo's Seeet Spicy Noodles	Xiao Wei's Home
Taste	the most delicious 9.5	9	9
Environment	7	8	the most comfortable 8.5
Service	the worst 6	[illegible]	the friendliest 9
Price	￥20/ each	the lowest ￥8 /each	the highest ￥49 /each

续 表

教学步骤（Steps）	活动设计（Activities Design） 教师活动（Teacher's activities）	 学生活动（Students' activities）	设计意图（Explanation）
Step 3：Compare what to eat	3. Show ideas from 3 friends about these restaurants. Ask students to fill in the blanks. Ask students to answer which restaurant do they like best	Task 5： 1. Fill in the blanks with the correct forms of the words. 2. Match the comments with the restaurants	任务五：用所学形容词或副词最高级知识帮助完善三个人物的评价与观点。 1. 单元语言知识真实再现与操练。 2. 通过三个不同观点，探究个人喜好
	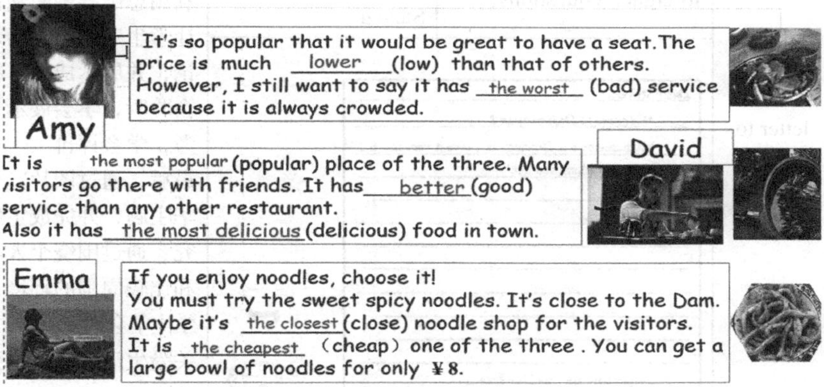Amy It's so popular that it would be great to have a seat. The price is much lower (low) than that of others. However, I still want to say it has the worst (bad) service because it is always crowded. David It is the most popular (popular) place of the three. Many visitors go there with friends. It has better (good) service than any other restaurant. Also it has the most delicious (delicious) food in town. Emma If you enjoy noodles, choose it! You must try the sweet spicy noodles. It's close to the Dam. Maybe it's the closest (close) noodle shop for the visitors. It is the cheapest (cheap) one of the three. You can get a large bowl of noodles for only ¥8.		
Step 4：Discuss how to get there and who to meet	Guide students to share their ideas about the transportation and people in Dujiangyan in their eyes	Compare the three means of the transportation in their eyes. Share the ideas	任务六：小组讨论、比较交通方式的选择。 1. 学生锻炼了说的技能，对交通方式做出比较，并勇敢地表达真实观点。 2. 学生通过对交通工具进行讨论，进一步探究个人喜好

续表

教学步骤（Steps）	活动设计（Activities Design） 教师活动（Teacher's activities）	学生活动（Students' activities）	设计意图（Explanation）
Step 5: Write a letter to Steven	1. Show them the mind map. 2. Guide students to answer: how to introduce Dujiangyan. 3. After discussion, let students write a letter to Steven and answer the foreigner's questions 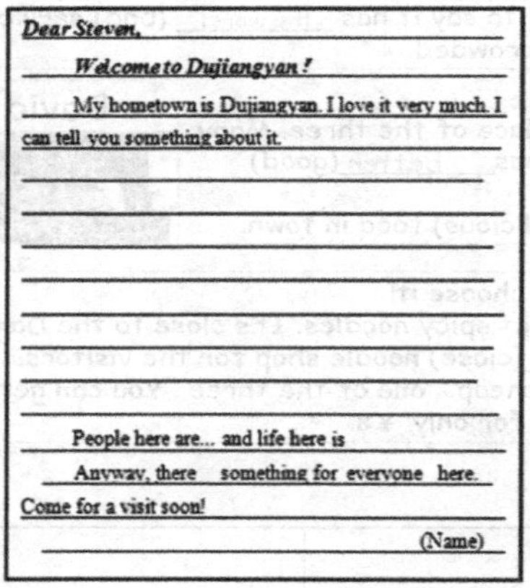 Dear Steven, Welcome to Dujiangyan! My hometown is Dujiangyan. I love it very much. I can tell you something about it. People here are... and life here is Anyway, there something for everyone here. Come for a visit soon! (Name) 	1. Look at the mind map and think about the way to introduce our hometown. 2. Group work: Each of them should pick one part to present. 3. Write a letter to Steven	任务七： 1. 小组活动：讨论、展示成果。 2. 回归和呼应引入部分的任务：帮助外国友人解决实际问题——自豪地介绍家乡都江堰。 利用思维导图归纳话题知识，让学生通过小组活动完成讨论，并展示成果。在过程中学会聆听，学会展示，学会思考，学会评价。 最后，通过图片、名人名言升华主题，并完成主题意义探究：通过围绕个人喜好来评价和比较周围的环境及人物，使学生学会热爱生活，欣赏他人，关爱生活环境，增强民族自豪感
Home-work	Make a video to introduce Dujiangyan to foreigners. Share it with your classmates 		任务八：家庭作业——录制视频输出。 1. 熟练运用本单元所学形容词或副词最高级的知识。 2. 学生语言表达能力展示。 3. 完成主题意义探究：通过围绕个人喜好来评价和比较周围的环境及人物，使学生学会热爱生活，欣赏他人，关爱生活环境，增强民族自豪感

【板书设计】

Unit 4 What's the best movie theater?

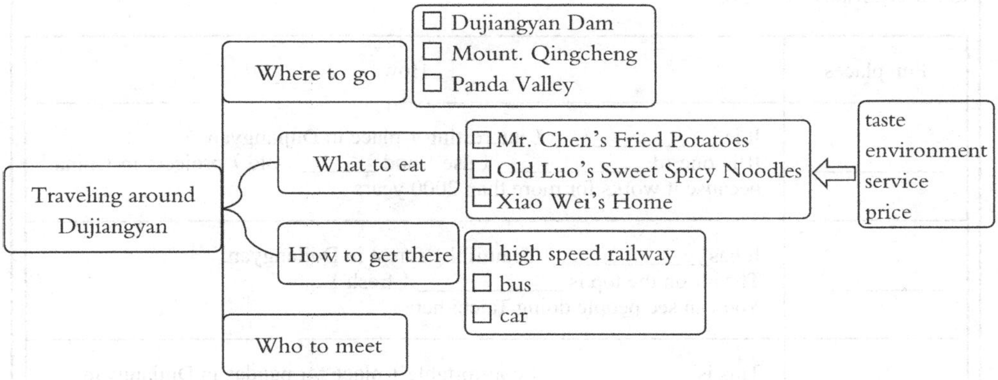
Traveling around Dujiangyan
Where to go
☐ Dujiangyan Dam
☐ Mount. Qingcheng
☐ Panda Valley
What to eat
☐ Mr. Chen's Fried Potatoes
☐ Old Luo's Sweet Spicy Noodles
☐ Xiao Wei's Home
taste
environment
service
price
How to get there
☐ high speed railway
☐ bus
☐ car
Who to meet

【学案】

Revision——Unit 4 What's the best movie theater ?

——Traveling around Dujiangyan

Task 1：Mind mapping.Listen and complete the mind map.

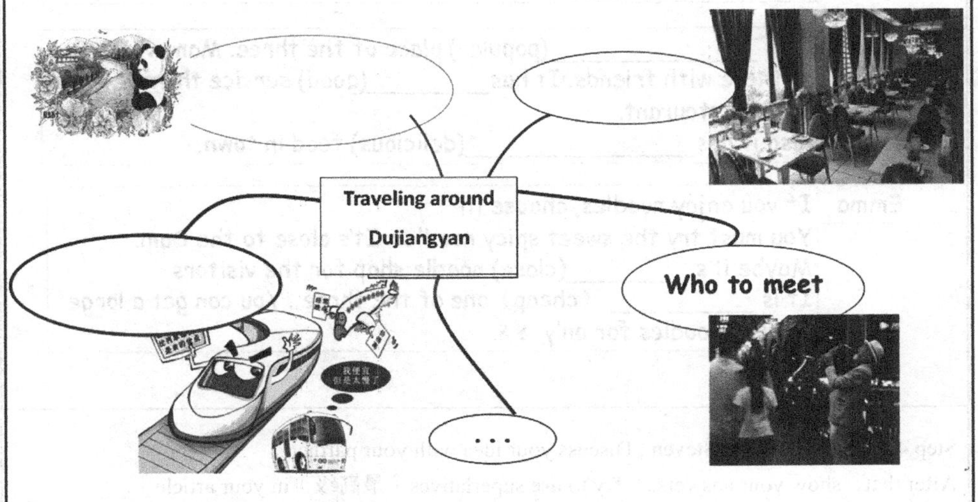
Traveling around Dujiangyan
Who to meet
. . .

续 表

Task 2：Watch a video. Write down the fun places in Dujiangyan，then fill in the blanks.（Try to use superlatives最高级）

Fun places	How
____________	It is ____________（interesting）place in Dujiangyan. It is one of ________（use）and ________（old）projects in China, because it works for more than 2000 years
____________	It has ____________（beautiful）forest in Dujiangyan. The air on the top is ____________（fresh）. You can see people doing Taichi here
____________	This is ____________（comfortable）place for pandas in Dujiangyan. It is ____________（popular）place to visit with kids in Dujiangyan

Task 3：Fill in the blanks with the correct forms of the words.

Amy	It's so popular that it would be great to have a seat.The price is much _________(low) than that of others. However, I still want to say it has _________ (bad) service because it is always crowded.
David	It is _____________(popular) place of the three. Many visitors go there with friends. It has_________(good) service than any other restaurant. Also it has_______________(delicious) food in town.
Emma	If you enjoy noodles, choose it! You must try the sweet spicy noodles. It's close to the Dam. Maybe it's _________(close) noodle shop for the visitors. It is __________ (cheap) one of the three . You can get a large bowl of noodles for only ¥8.

Step 4：Write a letter to Steven . Discuss your idea with your partner.

After that，show your answers.［Try to use superlatives（最高级）in your article］

Homework：Make a short video to introduce Dujiangyan with your classmates.

续表

Dear Steven, **Welcome to Dujiangyan !** My hometown is Dujiangyan. I love it very much. I can tell you something about it. ______ ______ ______ ______ ______ ______ ______ ______ People here are______ and life here is ______.

【课后反思】

本节课选自八年级（上册）Unit 4 What's the best movie theater? 本单元主要围绕"你居住的城镇"这一话题谈论相关的文化、购物和休闲活动。这是一节在单元主题意义探究框架下展开的单元复习教学课，在教学目的方面，除了让学生理解目标单词和目标短语，提高语言技能，还要让学生学习如何评价周围环境和人物特点，使学生学会热爱生活，热爱家乡，欣赏他人，关爱生活环境，增强民族自豪感。本课采用了自主探究学习、小组合作、任务型学习等方式。总体上，我认为本课的教学目标基本达成，但有些细节还需要进一步雕琢。

1. 成功之处

（1）情境主线创设真实：复习课情境围绕向外国友人Steven推荐家乡——都江堰展开，通过子任务，分别探究where to go（最美的地方），what to eat（最美味的餐厅），how to get there（最方便的交通方式），who to meet（最有才艺的人），最后达成以书信或视频的方式为外国友人Steven推荐介绍家乡都江堰的目的。单元话题教学离不开教师与学生在具体的情境中进行互动，本课基本做到了通过情境与单元文本进行深层互动，通过语言情境的设置吸引学生注意，使其能积极参与到具体的实践活动中。在情境中，通过层层任务链的设置，搭建语言平台，最终使学生回到生活中，使其能解决实际问题。

（2）在单元主题意义探讨的整个过程中，建立以学生为中心的主体观，教师扮演了引导者的角色。首先通过学生熟悉的任务——对李冰的讨论激发学生学习的兴趣与热情，使学生能积极发表观点，引入课文主题。接下来的每一项活动都引导学生不断地思考，不断地从练习和文本与图片的对比中形成自己的观点和看法。在此过程中，教师的角色频频转化，时而是引导者，时而是帮助者，目的都是让学生积极地输入和有效地输出。

2. 不足之处

课堂教学衔接过渡可以更加自然，在步与步之间铺设分析，由易到难，循序渐进，最后达成目标。例如，在四个子话题［where to go（最美的地方），what to eat（最美味的餐厅），how to get there（最方便的交通方式），who to meet（最有才艺的人）］之间，再以外国友人Steven反馈的相关信息作为铺垫进行过渡，会使各个子任务更加紧凑，衔接自然，使整个课堂主线更加清晰，前后呼应。

【课例评析】

（1）课堂活动在主题挖掘、判断单元主题意义上比较到位。将单元内容进行重整，并围绕主题意义进行深度教学，发展学生的核心素养能力。一方面包含复习单元内容，帮助学生唤醒本单元的语言知识（形容词或副词的最高级），巩固所学；另一方面，引导学生重现已学知识，通过创设帮助外国友人Steven解决问题的情境来拓展体验，提升实际解决问题的能力。

（2）整个过程都在真实的情境中进行：真实的话题内容、真实的问题解决、真实的互动交流、真实的个人介入、真实的内在动力、真实的思维过程。听力的输入（微信语音，视频介绍）—学生吸收（对关键词组的填写）—学生内化（评价和比较）—输出（介绍都江堰），整个过程让学生能将已学习的知识结构在新情境下加以运用。整个重构过程在本节课的设计中非常完整。

（3）本堂课巧妙设置了任务链，情境的创设非常真实，使学生身临其境，本堂课能将单元主题（描述你居住的城镇）转化为几个子问题（where to go, how to get there，what to eat，who to meet），每个任务都是大任务链上的一环，各个小任务中都有一定的逻辑关系，巧搭支架，各个环节环环相扣，螺旋上升，形成从语言输入到语言内化，最后到语言输出的完整过程，促进了学生语言交际能力的提升。

（四川省周丽名师鼎兴工作室 绵阳外国语学校 张 燕）

Go for it 八年级（下册）Unit 1 What's the matter?

【背景介绍】

活动名称：四川省周丽名师鼎兴工作室走进成都市石室联合中学“园丁杯”赛课活动

授课地点：成都市石室联合中学

授课时间：2019年3月25日上午

授课班级：成都市石室联合中学2018级（8）班

授课教师：成都市石室联合中学　张宇希

【教学设计思路】

本单元话题是健康与急救，功能是使学生了解健康问题及意外事故，并能在学习本单元内容后给予适当的建议或在意外发生时及时施以援手。该单元话题包含在《义务教育英语课程标准（2011年版）》中有关健康（Topic 13：Hygiene and health）和安全与救护（Topic 14：Safety and first aid）的话题中，是其重要的组成部分——身体健康，它是日常生活中的常见话题，与日常生活密切相关。

目前，健康已然成为世界的热议话题。本课有效借助这个语境，结合学生的生活实际，不仅提升了学生的兴趣，更使课堂紧紧围绕健康这一话题进行主题意义的探究，让学生认识到，健康生活能力与急救知识是每个人的必备生存技能，学会健康生活与珍爱生命便能谱写健康的音符，奏响生命的乐章。本课提升了学生对生命意义的理解，强调了生命教育的重要性。

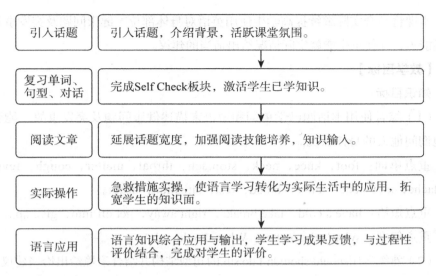

引入话题	引入话题，介绍背景，活跃课堂氛围。
复习单词、句型、对话	完成Self Check板块，激活学生已学知识。
阅读文章	延展话题宽度，加强阅读技能培养，知识输入。
实际操作	急救措施实操，使语言学习转化为实际生活中的应用，拓宽学生的知识面。
语言应用	语言知识综合应用与输出，学生学习成果反馈，与过程性评价结合，完成对学生的评价。

【教学分析】

教材分析：

本课教学内容由两部分组成：第一部分为人教版教材Self Check板块。Self Check板块作为教材原有的内容，其设计意图既是作为学生自主检测的资料，也是教师创设单元话题复习课的教学资料，清晰地呈现了单元复习的重要内容，同时渗透了语境：Self Check 1让学生根据不同的身体部位描述相关健康问题，并补充出更多的疾病，以此复习常见疾病名称；Self Check 2用对话的方式让学生复习相关话题语境下如何说明原因和给出适当建议，以此复习单元目标句型；Self Check 3培养学生的发散思维，给出更多的急救措施和建议。三个部分由浅入深、由词及句，始终围绕“Health”的话题，结合语境使学生能快速复习本单元的重要知识。第二部分为自组内容。通过之前对疾病（disease）的复习，使话题延展到急救（first-aid），让学生阅读一篇介绍心脏复苏术的文章，并进行相关的阅读训练，不仅使话题有所衍生，也结合生活，让学生能在实际生活中运用课堂所学知识。

学情分析：

学生来自成都市石室联合中学八年级，整体英语基础较好，大部分学生性格外向，擅长发散思维，有较高的课堂参与积极性与敏捷的课堂应答能力。他们在之前的学习中已初步掌握了英语中对部分身体部位的描述和就医时的简单对话。学生对身体健康的重视程度增加，对相关话题进行讨论的参与意识强烈。本课将结合实际继续提高学生使用英语对身体部位、健康问题及突发事件的描述能力，并使学生能就实际情况给出适当的建议。

【教学目标】

知识目标：

（1）综合使用本话题已学单词和短语来描述健康问题及突发事故，能够礼貌地询问他人的身体状况。

重点单词：foot，knee，neck，stomach，throat，matter，cough，fever，headache，toothache，nurse，blood，rest，situation，death。

重点短语：have a cold，take breaks，right away，get off/into，give up...

重点句型：What's the matter？What should... do？

（2）熟练运用should/shouldn't do sth.的句型结构并结合语境给出恰当建议。

技能目标：

（1）能听懂与健康相关的科普知识，抓住关键信息，并就关键信息发表自己的观点。

（2）能准确描述自己身体的各部位并能使用本单元目标语言谈论健康问题和突发事件。

（3）能读懂与健康相关的语篇文章，并从文章中快速找出中心语句。

（4）能就具体情境给出适当建议和使用正确的急救措施。

情感态度目标：

（1）能关心自身及他人的身体健康和安全，珍爱生命。

（2）能关心社会热点新闻，培养社会责任感。

学习策略目标：

（1）学会合作：通过讨论、分工、实操完成任务。

（2）学会倾听他人：通过头脑风暴的方式从别人身上学到更多的知识。

（3）使用不同方式寻找文章中心句和构建文章框架。

文化意识目标：

学生能了解并初步掌握国际认可的急救措施。

【教学重难点】

教学重点：

在教师创设的语境下合理运用与健康话题相关的语言表达。

教学难点：

引导学生从文本中快速找到关键词或关键句等信息，梳理出文章结构。

【教学手段】

PPT、智能平板、数字白板、黑板、粉笔。

【教学过程】

教学环节（Procedures）	活动设计（Activities Design）		设计意图（Purposes & Aims）
	教师活动（Teacher's activities）	学生活动（Students' activities）	
Step 1：Warm-up	Talk about the coronavirus	Watch and take notes. Then answer what facts about coronavirus they hear	Activate the class, make students interested in the topic
Step 2：Review	Let Ss discuss about more illnesses and treatments they know	Discuss：more illnesses and treatments	Consolidate and expand the key language
Step 3：Self Check	Let Ss finish Self Check	Finish Self Check and summarize，then make the conversation	Summarize and review the key language
Step 4：Before Reading	Talk about the accident and ask Ss to say more accidents and the meaning of first-aid	Think about more daily accidents and the meaning of first-aid	Learn the new word：first-aid. Lead to the target language
Step 5：While Reading 1	Let Ss observe the passage and find the meaning of the blanks	Observe and answer	Teach the Ss about the reading strategies
Step 6：While Reading 2	Ask Ss to complete the title and subtitles. 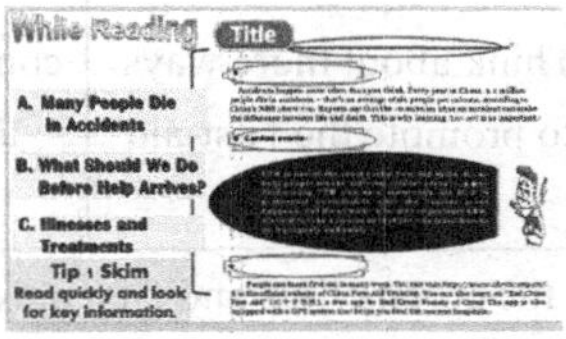 While Reading Title A. Many People Die in Accidents B. What Should We Do Before Help Arrives? C. Illnesses and Treatments Tip：Skim Read quickly and look for key information.	Skim and complete the title and subtitles	Help Ss to find the structure of the passage

续 表

教学环节（Procedures）	活动设计（Activities Design） 教师活动（Teacher's activities）	活动设计（Activities Design） 学生活动（Students' activities）	设计意图（Purposes & Aims）
Step 7：While Reading 3	Guide Ss to observe the pictures，titles and key words. 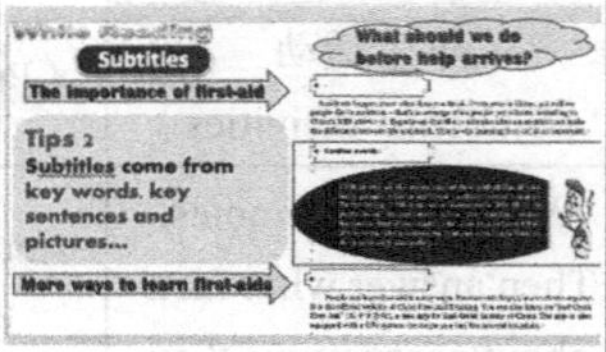While Reading Subtitles The importance of first-aid What should we do before help arrives? Tips 2 Subtitles come from key words, key sentences and pictures... More ways to learn first-aids	Observe the passage	Activate Ss' thought. Find the main ideas in different ways
Step 8：While Reading 4	Guide the Ss to discuss and perform the CPR. While Reading 1.Check for response. 2.Ask others to call 120. 3.Pinch the nose, cover the mouth and blow twice. A B C D E CPR 4.Pump 30 times for about 4cm deep. 5.Begin a CPR cycle.	Discuss the steps of CPR，then perform it while retelling the steps.	Check if Ss mastered the target language
Step 9：Post Reading	Ask Ss to choose one situation to role play. 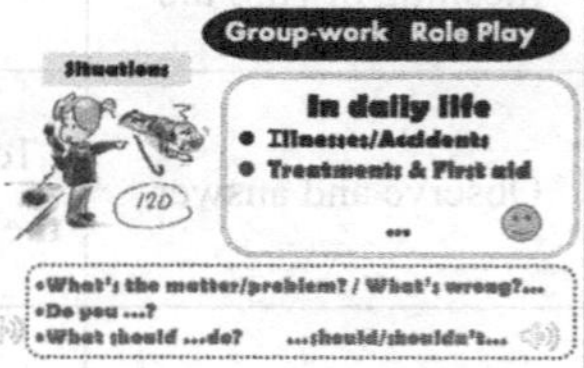Group-work Role Play Situations In daily life Illnesses/Accidents Treatments & First aid 120 What's the matter/problem? / What's wrong?... Do you ...? What should ...do? ...should/shouldn't...	Group work：role play	Output the target language
Step 10：Group-work	Ask Ss to develop the consciousness of self-protection	Think about more ways to promote the first-aid	Develop Ss' comprehensive about the first aids and self-protection
Homework	Tell the people around you about the coronavirus and first aids. Think about more ways to prevent the accidents		

【板书设计】

Unit 1 What's the matter?

Revision

Illnesses	Treatments
have a cold	Have a rest and take some medicine
have a sore back	Take an X-ray
…	…
Accidents	First-aid
Cardiac events	Keep performing CPR
…	…
What's the matter with...? ...should/shouldn't...	

【学案】

◆

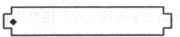

Accidents happen more often than you think. Every year in China, 3.2 million people die in accidents—that's an average of six people per minute, according to China's NBS (国家统计局). Experts say that the 10 minutes after an accident can make the difference between life and death. This is why learning first-aid is so important.

◆ **Cardiac events**

CPR is one of the most useful first-aid skills. It can help people who've suffered cardiac arrest (心脏骤停). Performing CPR can save someone's life if it is performed immediately after the cardiac event happens. But if you want to be able to perform CPR, it's best to take a course so that you can learn how to do it properly and safely.

◆

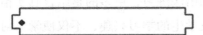

People can learn first aid in many ways. You can visit *http://www.chrctc.org.cn/*. It is the official website of China First-Aid Training. You can also learn on "Red Cross First Aid" (红十字急救), a free App by Red Cross Society of China The App is also equipped with a GPS system that helps you find the nearest hospitals.

【课后反思】

本课是一堂基于主题意义探究的初中英语单元话题复习课，与传统的单元复习课不同，话题复习课更加考验教师的教材整合能力和知识拓展能力，也更能提高学生听、说、读、写的综合能力。整堂课既要全面涵盖教材中话题相关知识，也要联系生活，拓宽学生的知识面，这就使整个课堂设计变得非常紧凑，课堂任务多，学生参与度更高。综合来说，该课有以下亮点。

1. 贯彻“学生本位”的原则

在教学设计的过程中，我较为注重全面关注学生，给学生足够的思考时间和展示机会。因此，本课给了很多的时间和空间让学生看视频、观察描述图片、小组自主合作、小组表演，培养学生的观察力、发散思维和合作能力，更为重要的是培养学生的应变能力，形成校园安全等自我防范意识。这次赛课还使用了一些道具辅助教学，将医院情境移植到了课堂，让学生身临其境，激发了他们的参与热情，为语言交际创造了很好的氛围。

2. 联系生活，从实际出发

本课有效结合了生活实际，对疫情的讨论是本单元话题一个现实的切入点，使学生有话可说，激发了学生对本单元话题学习的兴趣。接着马上回归课本，出现了对多种日常疾病、意外的处理，如感冒、背痛等，不仅复习了本课的目标语言知识，并且贴近学生生活实际，做到“为用学，用中学，学了用”，还做到了以环节推动课程，难度层层递进。

3. 整合教材内容，链接语篇

本课学习材料由单元Self Check及自编文本组成。单元复习课要基于教材，并高于教材，一味地重复旧知识或是一味地拔高都是不可取的。在课程设计过程中，我也尽力做到开阔学生视野，提高复习课品质，并在教学最后自然达成了情感目标：Stay safe and healthy today and everyday.

4. 结合“云技术”，创新教学手段

整堂课并不只局限于对文章的解读和语法练习，更多的是结合真实情境，利用智能平板的各种功能和人体模型激发学生的学习兴趣，不仅使学生对英语知识和技能的掌握更加熟练，也利于学生在日常生活中实施救援。在课程的最后还告知了学生更多地了解first-aid的途径，使课程内容不断延伸。

5. 过程性评价与结果性评价相结合

我将学生分组，并在课堂上对小组表现进行打分，在课堂结束时进行小组综合评价及组内反思。这样做既让学生学会团队合作，也让学生对自己在课堂上的表现有了直观的感受，让学生能学会自我反思，利于激发活跃课堂氛围。

当然，在实际操作中也存在以下不足：

第一次接触话题复习课，没有足够的信心和经验，上课过程中不免有些紧张，肢体语言和语速语调还不够自然。话题复习课内容难度较大，任务紧凑，我对每一个环节的时间把握还不够准确，导致课堂时间延长。同时，不能灵活应对课堂上出现的突发情况，消耗了宝贵的课堂时间。

【课例评析】

本课是人教版教材Go for it八年级（下册）Unit 1 What's the matter? 的单元复习课。本单元话题是健康与急救（Health and first-aid），功能是使学生了解健康问题及意外事故。该单元话题包含在《义务教育英语课程标准（2011年版）》中有关健康（Topic 13：Hygiene and health）和安全与救护（Topic 14：Safety and first aid）的话题中，是其重要的组成部分，对各个子话题内容都有涉及。单元复习课从单元话题入手，提炼切合实际的主题意义话题。围绕这一中心，教师需要设计多层次、多维度的教学活动，同时有意识兼顾综合语言运用能力的训练。

依据以上教学原则，本堂课的设计上有以下三个巧妙之处。

1. 巧妙地将单元话题与社会热点话题相联系

课堂由询问学生2020的寒假生活开始，由此引入话题并加以讨论，此环节意在引导学生结合生活实际，关心社会热点，同时自然建立进入主话题健康（Health）的路径。

2. 巧妙地依托单元Self Check

教师以单元Self Check为依托，回顾巩固本单元目标语言知识。在Self Check的三项活动后，教师有意识地引导学生讨论意外事故以及急救措施，进一步巩固复习单元话题下的核心词汇和句型，并且由此引入该话题下的主题阅读。该阅读材料紧紧围绕本单元话题，旨在提升学生综合运用语言的能力，并体现本单元在日常生活中的实际功能，扩展了急救知识，增强了学生的健康意识。

3. 巧妙地在单元话题中提炼主题意义

教学设计中，一条单元话题主线（健康问题）贯穿始终。对本单元话题以一个现实为切入点，激发了学生对本单元话题学习的兴趣。接着通过Self Check与补充阅读的组合，既紧扣课本，又合理拓展，教学环环相扣，有基础有深度，符合英语学习活动的规律（学习理解—应用实践—迁移创新），发展了学生的思维能力。在教学过程中不断升华和提炼本单元话题下的主题意义：关注健康，关爱他人。

单元话题复习课最终目的是综合复习运用单元话题，通过提炼单元主题意义深化教学内容，最终达到启发学生思维，培养学生能力，塑造学生人格的教育意义。希望我们每一节英语课都能慢慢润物细无声，追寻教育的真谛。

（四川省周丽名师鼎兴工作室　成都市石室联合中学 朱 婷）

Go for it 八年级（下册）Unit 4 Why don’t you talk to your parents?

【背景介绍】

活动名称：四川省周丽名师鼎兴工作室走进成都市武侯区“单元话题复习”教学研讨会

授课地点：四川大学附属中学初中部

授课时间：2019年4月9日上午

授课班级：川大附中初中部2018级（6）班

授课教师：四川大学附属中学　唐 棠

【教学设计思路】

梳理单元话题复习课的语言点和框架，需要通过活动来实现。但如果只有活动，形式上就显得有点散乱。我们需要一根或是几根情境主线，把这些活动串联起来。本节课以陈傲天同学烦恼的两个问题作为情境主线，将整节课所要讨论的内容进行串联。然后引导学生谈论自己与父母、朋友、老师和身边其他人的烦恼，探讨不同的问题及解决方式，以期提升学生的话题语言交际能力。同时作为本单元话题的一个升华，学生在真实的情境体验中得出结论：我们要主动沟通、相互理解、有同理心，用积极乐观的态度去处理生活中的烦恼。学生在提升交际能力的同时，也能体验情感态度、发展思维。

本节课的教学设计基于话题Interpersonal communication。该话题包括有三个子话题：Talk about problems，Give advice，Analyze the causes of interpersonal communication problems。教师要充分挖掘现有文本，引导学生深度思考和深入学习。子话题1Talk about problems，教师引导学生思考：人际交往中和不同

的人打交道会出现不同的问题。教材上主要呈现的是和家人、朋友之间的交往问题。 在实际人际交往中，会出现更多的问题对象：师生之间、邻居之间、陌生人之间。子话题2How to give advice，学生首先进行头脑风暴，复习give advice 的表达方式，这是本单元的一个基本语言目标。然后思考：当出现一个交往问题时，可能有几个建议，面对众多建议，哪个最好呢？我们给别人建议时，该遵循哪些原则？这也是基于子话题深入学习的一个点，学生通过思考、探讨、分享这个问题，可以提升思维。子话题3Analyze the causes of interpersonal communication problems，学生结合自身感悟及他人分享，尝试分析人际交往中问题产生的根源及今后自己应注意的问题。通过这样实施对主题意义的探讨，总结与升华本单元话题的主题意义和情感内涵，提升学生的思维品质。

以下思维导图能更清晰地呈现单元话题设计的思路和缘由：

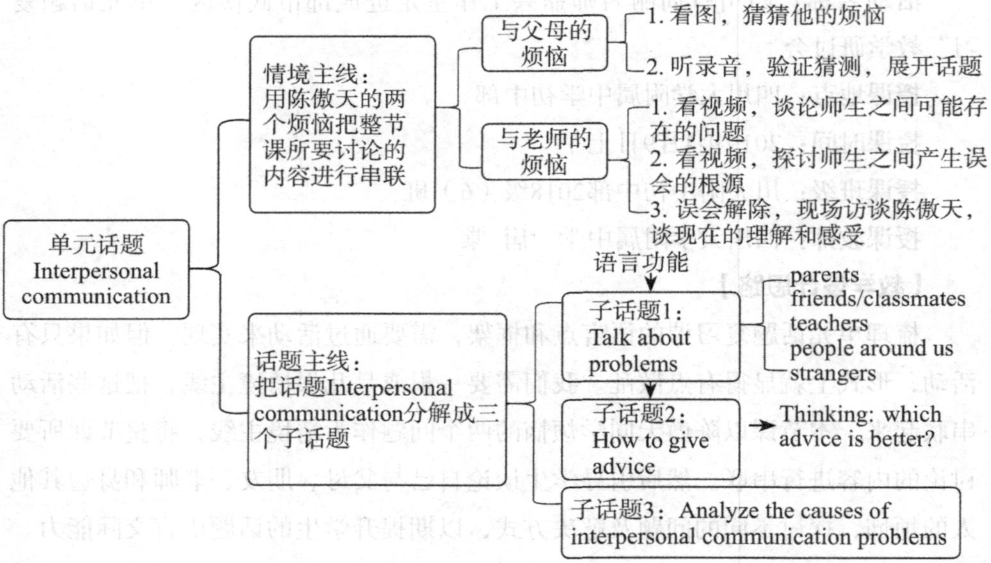
单元话题
Interpersonal communication
情境主线：
用陈傲天的两个烦恼把整节课所要讨论的内容进行串联
与父母的烦恼
1. 看图，猜猜他的烦恼
2. 听录音，验证猜测，展开话题
与老师的烦恼
1. 看视频，谈论师生之间可能存在的问题
2. 看视频，探讨师生之间产生误会的根源
3. 误会解除，现场访谈陈傲天，谈现在的理解和感受
语言功能
话题主线：
把话题Interpersonal communication分解成三个子话题
子话题1：
Talk about problems
parents
friends/classmates
teachers
people around us
strangers
子话题2：
How to give advice
Thinking: which advice is better?
子话题3：Analyze the causes of interpersonal communication problems

【教学分析】

教材分析：

本单元选自人教版教材Go for it八年级（下册）Unit 4 Why don't you talk to your parents？本单元的话题是Interpersonal communication，语言功能是Talk about problems and give advice. 本课时是这个单元的Self Check，即单元话题复习。教材上有两个练习，而且两个练习的素材都非常详细，可供充分挖掘。

Self Check 1 & Self Check 2中所有问题都是人际交往问题。本单元的话题就是Interpersonal communication，包括学生与家人、同学、朋友的问题。就学生而言，师生关系、与身边的人，乃至和陌生人打交道都值得探讨。Self Check 1要求学生选用连词unless，so that，although填空。5个句子涉及了学生生活的5个问题，该练习围绕本单元的语言功能Talk about problems and give advice 进行，部分句子还给出了advice。完成Self Check 1 后，我们特别增补了一个内容：用这三个连词谈论我们与不同人的人际交往问题。这种尝试既测试了学生的思维，也检测了他们是否理解了三个连词的用法；既与话题衔接，又巩固了语法。

Self Check 2除了呈现人际交往的问题，还增加了建议。它的设计非常巧妙：Choose the advice you agree with more. 在日常生活中，我们遇到问题时，可能会有很多建议，哪一个最好呢？学生可以先选择，教师再追问为什么。也许学生不满意教材上的建议，还可以补充最佳建议，并介绍为什么。在Self Check 2的教学中，学生能用所学句型给他人提出合理建议，更重要的是学生能深度思考、探讨，从而揭示话题主题意义的真谛，提升思维品质。

梳理了本单元的框架还不够，为了提升学生的能力、思维、文化和情感意识，还可以跳出教材、高于教材，根据情境主线和话题主线适当补充一些材料或是活动，学生在自己的实际体会或分享中认识人际交往问题、思考解决人际交往问题的途径和方法、发展核心素养。

学情分析：

通过一年多的英语学习，学生具备了一定的语言表达能力和概括能力，能在真实情境中运用所学知识表情达意。本单元的语言结构是Why don't you? although，so that，until，功能是谈论困惑及给予建议。有Section A，Section B和Grammar Focus的铺垫，学生已具有使用目标语言表达的能力。本节课的核心话题与学生的实际生活紧密相连，以同班同学陈傲天所烦恼的两个问题作为情境主线，将讨论的内容串联起来，探讨当代中学生所面临的与父母、与朋友、与老师、与他人的一系列的人际交往问题。学生应该是有话可说、有意愿倾诉的。

但教师借班上课，对学生不太熟悉，如何让学生快速“破冰”，放下心里的戒备，敞开“话匣子”？尤其是那些需要深度思考的问题，每个学生都有发散的独特想法，教师如何做到既尊重学生的表达，又不至于被其带偏？这就要考验教师的课堂设计、专业素养和综合素养了。

我的课前预设：通过新颖合理、紧紧围绕单元话题展开的课堂设计，通过自己的语言专业素养，尊重平和地对待每一位学生，乐于倾听学生的想法，力争达成很好的师生之间的interpersonal communication，从而形成交流、互动的良好的课堂氛围。

【教学目标】

知识目标：

（1）复习连词although，so that，unless的用法，能用相关连词谈论自己的人际交往问题。

（2）梳理并运用给出建议的句型，如Why don't you....？You should / could....

技能目标：

（1）能够正确运用所学连词描述自己在人际交往中出现的问题和烦恼。

（2）能够用所学句型给他人提出合理建议，实现话题交际。

（3）能够将对单元话题和主题意义的理解转化成思维导图和文字，提升学生的学习能力和创新能力。

情感态度目标：

（1）领悟到在生活中出现人际交往问题是正常的，不必烦恼，关键是用怎样的心态面对、解决它们。

（2）通过陈傲天的两则事例以及学生自己或是他人的生活体验，总结出：我们要学会良好的沟通方式，具有同理心，换位思考，学会用积极、阳光、正能量的心态去解决人际交往问题。

文化意识目标：

学生通过对比，思考给别人建议时该遵循哪些原则。通过对这些问题的探讨，来提升学生的文化意识和思维品质。

【教学重难点】

教学重点：

（1）学生运用连词although，so that，unless谈论自己在人际交往中出现的问题。

（2）学生使用目标句型给他人提出合理建议。

教学难点：

揭示单元主题意义，形成一种教育认识，提升思维品质。

【教学手段】

电脑、电子白板、投影仪、希沃教学助手、多媒体课件、音频和视频短片、无线麦克风、摄像机。

【教学过程】

教学环节 （Procedures）	活动设计 （Activities）	设计意图 （Purposes & Aims）
Step 1： Lead-in	1. 展示陈傲天同学的照片四宫格，让学生根据他的表情和动作猜测他的烦恼是什么。 2. 播放录音，检测学生刚才的猜测是否正确，针对听力内容互动问答，细化陈傲天烦恼的原因。 How does he feel in the photos? What happened to him?	以本班同学陈傲天与父母的矛盾作为第一个情境主线，导入话题。话题真实，贴近学生生活实际，最大限度地调动了学生对这一话题的共情以及对这节课的好奇心，从而使学生产生谈论的兴趣
Step 2： Self Check 1	1. 聚焦Self Check 1的题目——用正确的连词填空。 2. 朗读句子，寻找规律，得出结论：每个句子中都包含问题和建议。 3. 用连词填空并勾画出选词的原因。 4. 核对答案，说出理由，并总结用法。 5. 对比：有连词的句子和没有连词的句子哪个效果更好？得出结论：有连词的句子更清晰，表述也更具逻辑性。 6. 用连词描述自己与父母、与兄弟姐妹、与朋友同学在人际交往中出现的问题。 Can you use these conjunctions to describe your problems with others? although & parents so that & sisters or brothers until & friends/classmates	1. 知识梳理，复习本单元的三个连词：although，so that and until及其用法。 2. 对比、体会连词的功效。 3. 明确本环节涉及的子话题：Talk about problems。 4. 运用连词描述人际交往问题和烦恼，提升话题交际的能力

续 表

教学环节 （Procedures）	活动设计 （Activities）	设计意图 （Purposes & Aims）
Step 3：Self Check 2	1. 齐读Self Check 2中罗列的问题，勾画问题发生的对象，归纳共性：They are all about my problems with family and friends. 2. 教师指明：It's normal for everyone to have problems. 随后头脑风暴，快速复习寻求帮助和给出建议的句型。 3. 解读题目要求：Choose the advice you agree with more. Then write your own advice. 思考选择或做出这样建议的原因。 4. 书面完成Self Check。 5. 分享观点，提出建议，并总结、归纳提建议需要考虑的要素 For each problem, choose the advice you agree with more. Then write your own advice. Give reasons: Why do you choose or advise like this? 1. My best friend and I had a fight, and now she won't speak to me. A: You should keep trying to talk to her until she talks to you. B: Why don't you wait a few more days before talking to her? My advice: ______ 2. My friend wants me to go to a party on the weekend, but I want to study for my exams next week. A: Why don't you just go to the party? It'll help you to relax. B: You should study for the exams because they're more important than a party. My advice: ______ 3. My brother watches television while I'm trying to study. A: Why don't you tell him to do something quiet when you're studying? B: You could tell him to turn down the TV. My advice: ______	1. 明确单元话题：Interpersonal communication。本环节子话题：Give advice。 2. 复习巩固单元所学：求助和给出建议的基本句型。梳理回顾知识，构建思路框架。 3. 能用所学句型提出合理建议，运用已知信息来达成话题交际。 4. 思考：当出现问题的多种建议时，什么样的建议最好？给别人提建议时，该遵循哪些原则？通过探讨这些问题，提升学生的思维品质
Step 4：Supplement	1. 根据生活实际思考：除家人、朋友，还会与哪些人产生人际交往问题？ 2. 播放陈傲天第二个烦恼的视频，引出师生之间的相处也可能出现的问题，学生交流。 3. 举例说出与老师在相处过程中产生的烦恼。 4. 观看第二段视频——班长与老师的对话，了解老师这么做的原因。探讨师生之间产生误会的根源是什么。	1. 领悟在人际交往中，与不同的人会产生不同的人际交往问题。 2. 除父母外，与孩子们相处时间最多的就是老师了。所以师生在交往过程中出现问题、分歧很正常。以该烦恼作为情境主线，通过观看两段视频，聆听陈傲天同学的真实感受，引导学生去思考：师生之间产生误会的根源是什么？——缺乏良好的当面沟通；解决问题的方式消极、被动

续 表

教学环节 （Procedures）	活动设计 （Activities）	设计意图 （Purposes & Aims）
Step 4： Supplement	5. 现场访谈陈傲天同学，谈谈现在的理解和感受。 视频1  视频2 	3. 从这一事件上获得认知：通过良好的沟通，学会用积极、阳光、正能量的心态去解决人际交往问题
Step 5： Conclusion	1. 教师提出本课的核心问题：我们为什么会和别人产生人际交往问题？人与人之间要怎样才能建立良好的人际关系？ 2. 学生通过思考、讨论、感悟，尝试总结人际交往问题产生的根源及自己在人际交往中应注意的问题。 Why? → How? ~~be lack of~~ { good communication（skills） empathy be positive …	总结、升华本单元话题的主题意义和情感内涵，提升学生的思维品质。在学生学习分享的过程当中，通过揭示主题意义，达成对学生的教育，在学生的深度思考和体验中自然生成
Step 6： Homework	布置作业： 1. 制作单元思维导图。 2. 根据你抽到的同学匿名写出的求助信，写一封回信并给出合理建议。 Homework 1. Design a mind map of Unit 4. 2. Write a letter to your classmate and give your advice according to his/her problems.	学生结合他们对单元话题和主题意义的理解，将本单元的基础知识框架转化成思维导图和文字

【板书设计】

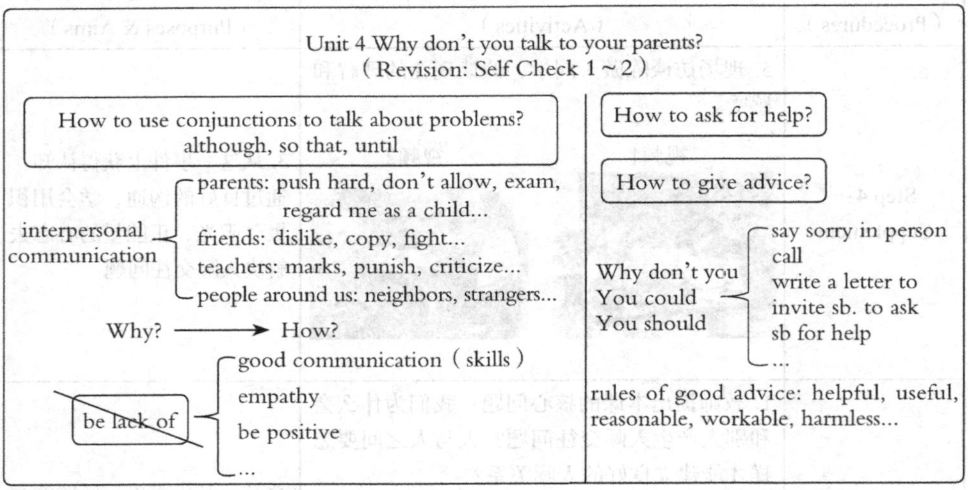
Unit 4 Why don't you talk to your parents?
(Revision: Self Check 1 ~ 2)
How to use conjunctions to talk about problems?
although, so that, until
interpersonal communication
parents: push hard, don't allow, exam, regard me as a child...
friends: dislike, copy, fight...
teachers: marks, punish, criticize...
people around us: neighbors, strangers...
Why?
How?
be lack of
good communication (skills)
empathy
be positive
...
How to ask for help?
How to give advice?
Why don't you
You could
You should
say sorry in person
call
write a letter to
invite sb. to ask sb for help
...
rules of good advice: helpful, useful, reasonable, workable, harmless...

【课后反思】

上完这节课后，我感觉酣畅淋漓。本来我是借班上课，对学生不太熟悉。而这节课的话题涉及讲述自己与父母、朋友、老师之间的问题，如何让学生放下戒备，快速“破冰”，打开“话匣子”？面对深度思维的问题，如何让学生不冷场、有话说，还要从中挖掘出主题意义，提升学生的思维品质？这节课本身是有难度的，也很考验教师的教学设计和控场功力。但整节课的完成，如行云流水，一气呵成。我感动于学生毫无保留的信任和倾诉，他们的回答涉及和家中二孩怎么和平共处，涉及父母的期望与孩子的实际发展之间的矛盾，涉及朋友、同学之间的微妙关系，还涉及师生之间的误会和情绪。和谐、快乐的课堂氛围、课堂中师生平等地对话和交流是学生畅所欲言的重要助力。学生的反应也证明了这节课打磨团队的设计理念是正确的，整节课的活动设计是紧密联系了学生生活实际的。只有结合他们的生活实际，触及他们内心所需的谈论，学生才会有话可说。

1. 整节课氛围是真实的、快乐的，充满了温情和欢笑

这是我的亲身感受，也是老师们对我课堂的点评。怎样做到这一点呢？是教学相长，是学生的金句频出点燃了我的智慧，让我超常发挥。我幽默、亲切的教风也让他们放下戒备，享受课堂。我的感悟：面对课堂生成的一些有挑战性的问题，如果教师有足够的智慧，带给学生更多的欢笑和感动，那么，他们在接受知识的同时，还能会心地笑几次，这是一件难能可贵的事。

2. 抓住学生发言中的契机，揭示话题的主题意义，提升学生的思维品质

这个单元话题复习的主题意义有三点：①实际生活中，人际交往存在多种关系，与不同的人会产生不同的人际交往问题。我敏锐地抓住了一个学生提到bus driver这个话题，引入了重庆公交车司机与女乘客因口角之争导致整车人坠江的事件，点出了我们除了和身边最亲近的人会产生问题，还可能跟周围的人发生矛盾。人际交往问题无处不在，关键是用怎样的心态去面对、解决它们。面对众多建议，什么样的建议更好？给别人建议时，该遵循哪些原则？我及时捕捉到了学生所提建议的亮点，甚至是错误点，现场生成了如下关键词：useful，helpful，workable，reasonable，harmless... ②寻找建立良好人际交往关系的方法。这个主题意义是整节课的精华所在，但对它的揭示应该在学习分享的过程中慢慢推进，自然达成，而不是在最后环节由教师总结一两句话。这样的话，学生没有深度思考和体验，也体会不到什么。所以在课堂中，学生根据自己的实际生活、聆听了同学的问题倾诉，他们谈道：人际交往问题产生的根本原因是缺乏良好的沟通或沟通技巧，缺乏同理心或者说不懂换位思考或是遇事太消极，不愿意主动解决问题。于是，我在学生的总结中记录下了三个关键词：good communication skills，empathy，be positive。这不是建立良好人际交往关系的方法吗？这节课中，揭示话题的主题意义，提升学生的思维品质，效果比较好。

但这节课也出现了一个小问题。我没有掌控好时间，课上了将近50分钟。课后我在观看上课录像时反思：如果在处理Self Check 2时，稍微缩减一点时间，呈现更为典型的案例，可能效果会更好，也能缩减几分钟时间。另外，学生的学习形式略显单一，有些细节可以再丰富些。

这节课是我对单元话题复习课的一个初步尝试，因为得到了很多专家教师的指点和帮助，才有了这样精彩的呈现。在平时每个单元的话题复习课上，我也要按照这个理念去认真设计，上好每一节课，思考每一个点：怎样揭示文本的主题意义？怎样研究学生？怎样让话题设计落地，让学生愿意多思考、多输出？同时，在平时教学中我要继续提升专业素养，因为优秀的语言专业素养有利于提升学生的语言和思维能力，也能为我与学生这种交流、互动提供语言保障。总之，做专业素养过硬的智慧型教师是我的目标，上出深刻、生动、新颖、时尚的课是我的追求，我会为之不懈努力。

【课例评析】

本文以单元话题复习课例为具体案例，阐述了基于核心素养对主题意义进行探究的教学设计。本单元话题为Interpersonal communication，本环节涉及的子话题是Talk about interpersonal problems with family and friends。

1. 立足主题意义，深度挖掘教材

本单元选自人教版教材Go for it八年级（下册）Unit 4 Why don't you talk to your parents? 单元话题是Interpersonal communication，语言功能是Talk about problems and give advice。本课时是这个单元的Self Check部分，即单元话题复习。基于Go for it的教材特点，唐棠老师在进行单元话题复习的教学设计时，深度理解、拓展、拔高教材，基于对主题意义的精辟理解，合理利用Self Check的所有教学内容，呈现了一节优秀的单元话题复习课。

2. 立足主题意义，清晰设计主线

唐老师将语言知识和语言技能talk about problems，give advice融入语境、语篇、语用和主题Interpersonal communication之中，坚持以话题为核心，以功能和结构为主线，让学生在实践运用中通过解决问题的形式掌握知识、运用知识。唐老师在设计教学活动时以学生为主体，以主题意义为抓手，通过丰富的教学活动以陈傲天同学所烦恼的两个问题作为情境主线进行串联。各环节连接如下：

细观陈傲天同学的照片，猜他的烦恼，看视频，检测听前猜测（与父母之间）是否正确，细化陈傲天同学烦恼的原因 → 聚焦Self Check 1题目、句意，寻找规律得出结论：每句都有问题和建议 → 核实答案；用连词描述自己与父母、兄弟姊妹、朋友、同学之间的人际交往问题；朗读Self Check 2的问题，观察、归纳问题对象：They are all about my problems with family and friends；头脑风暴，快速复习寻求帮助和给出建议的句型；选择做出这样建议的原因：当出现一个问题的时候，可能会有很多建议，面对众多建议，什么建议更好？给别人建议时，该遵循哪些原则？除家人、朋友之外，还会与哪些人产生人际交往问题？看视频（师生之间）；学生分享真实师生关系的烦恼 → 看视频（班长与老师之间），了解老师的意图。探讨师生产生误会的根源是什么，访谈陈傲天同学，谈现在的理解和感受→思考核心问题：为什么会产生人际交往问题？怎样建立良好的人际关系？家庭作业：制作单元思维导图；根据你抽到同学的求助信，写一封回信并给出合理建议。

学生真实谈论自己与父母、朋友、老师及身边其他人的烦恼，探讨人际交往问题及解决的方法，不仅提升了话题语言交际能力，也解决了实际交往问题。

3. 立足主题意义，重视高阶思维

学会学习是提升学生核心素养的有效方式。自主学习和反思学习是每位学生应具备的能力。唐棠老师有意识地创设有效的、以学生为中心的语言环境，学生在这种和谐、互助的学习环境中，学会学习，学会思考。教学过程中的深度学习、思维很重要。例如，本节课中精心、巧妙地设计了许多发散性问题，而且都请学生来分享。学生通过思考、推理、探究、归纳、反思等深度学习的过程去体验学习，进而形成未来发展所需的英语综合素养。再如，在本次教学任务完成后，学生对知识点进行自我反思、归纳和总结mind map，可以发展学生思维品质的深刻性与逻辑性，不但实现了对所学知识的归纳与总结，而且完成了自我知识体系的自我建构、自我总结、自我内化，进而更好地实践应用。

（四川省周丽名师鼎兴工作室　成都市武侯区教育科学研究院　唐红梅）

Go for it 八年级（下册）Unit 6 An old man tried to move the mountains.

【背景介绍】

活动名称：四川省周丽名师鼎兴工作室走进成都高新区“单元话题复习”教学研究

授课地点：成都七中初中学校

授课时间：2019年6月16日上午

授课班级：成都七中初中学校2018级（2）班

授课教师：成都七中初中学校　赵　青

【教学设计思路】

本单元谈论的话题是Legends and stories，主题意义为经典故事，传承文化。本节单元复习课的最终目的是学生能够用英语讲述故事，传达坚韧不拔、勇敢无畏等积极向上的故事主旨。因此，我将课堂教学目标定为：复习所学故事、评价所学故事、创造新的故事和分享故事，引导学生一步步总结归纳故事结构，深入体会经典故事所传达的精神内涵。

本节课以外国友校来访成都七中初中学校（以下简称“七初”），参观讲故事俱乐部，七初学子给来访学生讲故事为主线。首先，教师引导学生通过图片和听力复习本单元所学故事，为评价故事做好知识背景和语言上的准备。接着，学生谈论最喜欢的故事，要求学生用英语重组所学信息，在评价分享中理解内化经典故事的深刻内涵，为创作故事做好思想上的准备。然后，以给友校学生讲故事为由，复习讲述故事的主要时态、基本要素和连接词，为创作故事做好语言上的准备。最后，学生通过小组活动，合作创作故事并在全班进行分享，通过故事传递正能量。本节课通过以上四个主要环节，从已知到未知，从理解内化到实践运用，将内涵与形式相结合，让学生深入体会经典故事的精神内核。

引入话题	介绍话题背景，引导学生进入话题并明确讲述故事的目的——用英文给友校学生讲故事
复习故事	通过图片复习本单元的中西方故事名称，并拓展补充新的来自不同国家、地区的故事，丰富学生对世界各地故事的了解
选故事，评故事	通过听力，复习已学故事内容和单元核心词汇；创编两人对话，谈论本单元自己最喜欢的故事并说明原因。通过分享、比较和评价中西方故事，学会欣赏不同文化，增强文化自信
创作故事	熟练运用故事叙述的基本要素、连接词和一般过去时态创作故事，并在故事中融入积极向上的正能量
分享故事	在全班分享故事，进行生生评价，为第二天的讲故事俱乐部活动做好准备。学生通过小组合作、发散思维和生生评价，明确内化经典故事背后蕴含的优秀的价值和文化传统

【教学分析】

教材分析：

本堂课的最终目的是：在总结归纳故事结构、内化所学经典故事的精神内核的基础上，学生能够熟练运用故事叙述的基本要素、连接词和一般过去时创作故事，并在故事创作中融入积极向上的正能量。学生在讲述故事时，既需要正确运用相关连接词，又要使用一般过去时态。因此，这节复习课在充分利用了Self Check中两个活动的基础上补充了额外的学习内容。

补充材料：本节课听力材料为自编文本，主要内容为两位学生就最喜欢的故事展开对话，借此复习所学故事的主要内容、中心思想和单元核心词汇，为评价故事、内化故事内涵做好准备，使学生明确经典故事之所以流传至今，是因为其传达了深刻的精神内涵，也提示学生在进行故事创作时，要为故事创设一个积极向上、传达正能量的故事主旨。

Self Check的两个活动分别从时态和连接词两个方面使学生做好了故事讲述的准备：活动1要求学生补全6个半开放的句子，主要训练学生总结、归纳并熟练运用unless，so...that和as soon as等连接词，为创作新的故事做好语言上的准备。活动2要求学生用所给单词的恰当形式完成《皇帝的新装》的故事梗概，使学生进一步明确叙述故事的时态——一般过去时。

补充材料和Self Check活动从内容和形式上互相补充，相辅相成。通过补充材料和听后评价故事活动，使学生明确一个好的故事需要积极深刻的精神内涵；通过Self Check活动复习故事讲述的形式和基本要素，即时态和连接词。

学情分析：

（1）话题知识：本单元谈论的话题是Legends and stories，既有中国民间传统故事，如《愚公移山》《美猴王》等，也有西方经典童话故事，如《皇帝的新装》。绝大部分学生都在成长过程中熟悉了《愚公移山》《美猴王》和《皇帝的新装》等中外故事的主要内容，但是不知道其英文表达，也不明确经典故事流传至今的主要原因，因此会产生较为浓厚的兴趣，有较高的学习热情。

（2）语言知识：经过一年多的学习，大部分学生已经较为熟练地掌握了一般过去时和动词过去式的变化规则。在本单元接近一周的学习中，绝大部分学生也学习并掌握了so...that，unless，as soon as等连接词的用法，初步感知了经典故事的精神内涵，但没有进行深入思考和内化；学生熟悉了故事讲述的基本要素，但是没有系统性地进行总结归纳。

（3）心理特点：本班大部分学生英语学习能力较强，热情较高，喜欢用英文进行表达；班级学习氛围较好，思维活跃，学生有竞争意识，乐于在小组内分享自己的观点，并特别喜欢跨小组交流分享，以示自己的团队是最棒的。但学生在信息重组以及口语表达上存在问题，较多学生有时还需要教师的鼓励和引导。

【教学目标】

知识目标：

（1）熟练运用so...that，unless，as soon as等连词，以及instead of，once upon a time等常用表达。

（2）掌握故事的基本结构，梳理出故事的基本要素，把握故事的主旨大意和细节信息。

技能目标：

（1）能在思维导图的引导下，总结概括故事构成的主要组成要素，即时间、地点、人物、事件以及故事主题等。

（2）能重组所学内容，以对话的方式对本单元最喜欢的故事进行评价，发表个人观点。

（3）能够运用所给信息，将故事按照自己的想法展开推进，最后形成故事的中心意义。

情感态度目标：

（1）通过分享、聆听，辩证地看待他人的观点，丰富完善自身的观点和提升思维品质。

（2）通过创作、分享故事，能够深刻理解一个好的故事所蕴含的勇敢无畏、坚韧不拔等积极向上的精神和内涵，并愿意通过自身努力也具备这些品质。

【教学重难点】

教学重点：

（1）引导学生总结、归纳本单元重点词汇及句型，熟练使用so...that，unless，as soon as，instead of 等连词。

（2）引导学生在任务链的驱动下利用思维导图梳理故事的基本要素，并学会倾听故事和自我创作有意义的故事。

教学难点：

引导学生梳理、总结本单元所学故事内容及其内涵，掌握故事基本结构，促进学生运用所学知识概括、分析和创作故事的能力的发展。

【教学手段】

教材、PPT、学习卡。

【教学过程】

教学阶段 （Stages）	教学过程 （Procedures）	解释 （Explanation）
Lead-in	Step 1：Students observe some pictures and speak out the names of the stories in these pictures. Step 2：The teacher encourages students to voice out some other famous stories from other parts of the world；if not，the teacher will tell them some	To guide students into the main topic and activate their background knowledge—classic stories. To broaden their knowledge spectrum of well-known stories from other parts of the world
Listening	Step 3：Students listen to a conversation in which two students talk about their favorite stories and the reasons. They listen carefully and check the names they hear. Step 4：Students listen again and fill in the blanks	To review the main contents and spirit of stories learned in this unit. To review key words and phrases in this unit. To lay the foundation for the following discussion and sharing favorite stories
After-listening	Step 5：Students work in pairs and make their own conversations about their favorite stories in this unit. **Pair work** A: What is your favorite story in this unit? B: ... A: Why do you like this story? B: ... A: Who is your favorite main character? B: ... 	To freely use key words and phrases to talk about their favorite stories in this unit，express their own opinions and build critical thinking by hearing different opinions about the same stories. To internalize the spirit of classic stories through sharing and listening. To instill the concept that classic stories never die because they have a good spirit and we should always include a good spirit when we make a story
Speaking	Step 6：Students summarize the key elements of a story through mind maps. Step 7：Students review and use transition words such as unless，so...that and as soon as in contexts by completing six sentences. Step 8：Students read the summary of the story—The Emperor's New Clothes and use the correct forms of the verbs in the bracket to complete the summary	To get students to freely use transition words such as unless，so...that and as soon as，thus getting themselves well prepared for making their own stories linguistically. To make students further understand that simple past tense is the main tense when telling a story，thus preparing themselves for creating their own stories in grammar

续 表

教学阶段 （Stages）	教学过程 （Procedures）	解释 （Explanation）
Speaking	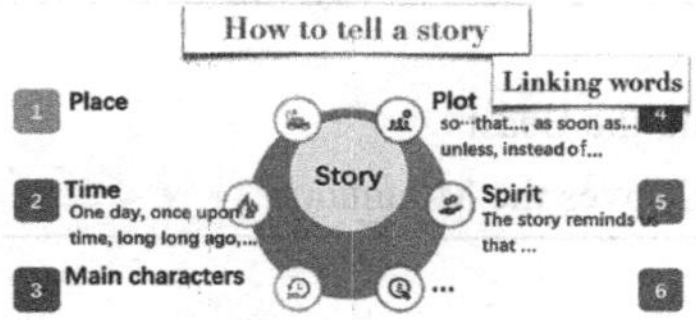How to tell a story Linking words 1 Place Plot so…that..., as soon as... unless, instead of... Story 2 Time One day, once upon a time, long long ago,... Spirit The story reminds us that ... 3 Main characters ... 4 5 6Work in groups and tell a story. Time: on a dark night Main characters: a rabbit, a turtle, (you can add others) Place: ? Plot: ? Spirit: ?	To get students to summarize the main elements of a story through a mind map, equipping themselves for their own stories in structure
Sharing	Step 9：Students use key elements of stories，transition words and simple past tenses to make up a story. The teacher should remind students that they should include a good spirit in their stories. Step 10：Students share their stories and make comments on stories from other groups	To share their stories and the good spirit. To get students to comment on other stories. In this way，students will further understand what makes a good story—a good spirit

【板书设计】

Unit 6 An old man tried to move the mountains.

（Revision）

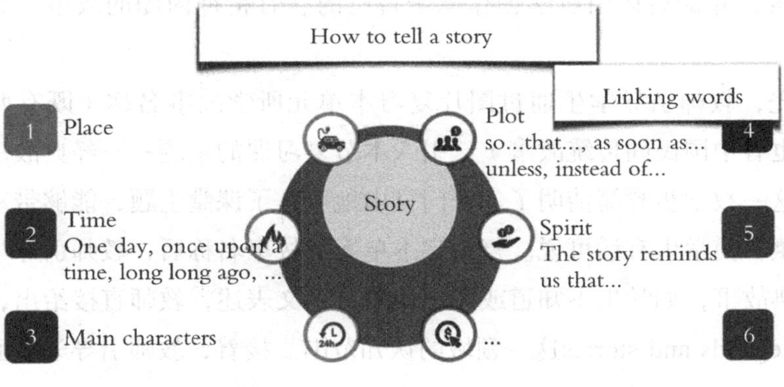
How to tell a story
Linking words
1 Place
Plot
so...that..., as soon as...
unless, instead of...
4
Story
2 Time
One day, once upon a time, long long ago, ...
Spirit
The story reminds us that...
5
3 Main characters
...
6

【学案】

Learning card Name：____________ Class：____________
1. Listen and check the stories you hear. □ Hansel and Gretel   □ Beauty and the Beast □ The Monkey King   □ Yu Gong Moves the Mountains
2. Listen again and fill in the blanks. Yu Gong moves the mountains always 1 ______ Meimei that you can never know what's possible 2 ______ you try to make it happen. But there are different opinions that Yu Gong could try to build a road or move his house 3 ______ . But Alan thinks it is the spirit of a story that matters. Alan 4 ______ watching the Monkey King at an early age. He loves him because he uses a 5 ______stick to help the 6 ______ . Meimei 7 ______ him to join them at the story telling club. They will meet at the Students' Center the next day
3. Work in groups and tell a story. Time：on a dark night Main characters：a rabbit，a turtle，... Place：... Plot：... Theme：...

【课后反思】

本节课的一大亮点是以给外国来访学生讲故事为主线，设置用英文讲述故事的情境，为学生搭建语言运用的平台。本节复习课通过复习所学故事、评价所学故事、创作新的故事和分享故事四个主要环节，从已知到未知、从理解内化到实践运用，将内涵与形式相结合，一步步引导学生深入体会经典故事的精神内核，并最后运用所学创作属于自己的、有精神内涵的故事。具体分析如下：

首先，教师引导学生通过图片复习本单元所学故事名称（既有西方经典童话，也有中国民间传统故事），引入本节复习课的主题——经典故事，传承文化。这一教学步骤简洁明了，开门见山地引入了课堂主题，能够带动、活跃课堂气氛，使学生有话可说。复习完本单元的故事名称后，教师引导学生说出其他经典故事，如学生不知道或者不知道其英文表述，教师直接给出，拓宽了学生在Legends and stories这一领域的认知范围。接着，教师引导学生通过听力复习本单元所学故事的主要内容、中心思想和单元核心词汇，为听后评价故事做好知识背景和语言上的准备。接着，学生两人小组谈论最喜欢的故事及其原因，学生运用英语重组所学信息，学生在评价分享中必然谈及故事主要内容和思想，通过分享自身的观点、聆听他人观点，不同学生从不同方面对所学故事进行评价，既培养了学生的批判性思维，也使学生理解内化了经典故事的深刻内涵。在这些故事既有西方童话，也有中国民间传统故事，学生进行了文化比较，这增强了学生对中华优秀文化的认同感，也加深了学生对西方优秀文化及多元文化的认识和了解。然后，以给友校学生讲故事为由，通过思维导图总结归纳故事讲述的基本要素，并且充分利用Self Check中的两个活动来复习讲述故事的主要时态和连接词，补充完成句子，既复习了连接词，也培养了学生的发散性思维。最后，学生通过小组活动，合作创作半开放性的故事，这一步留给了学生很大的想象空间和自由发挥的舞台。学生在全班进行分享后进行生生评价，再次明确了经典故事的核心在于其传达的思想文化和价值观，学会通过故事来传递正能量。

本节课不足之处有二：其一，教学步骤之间的衔接过渡还不够自然，略显生硬。究其原因，听力情境设置应该更为真实，贴近生活实际，学生才能更有代入感。教师应该进行更加深入的思考，如学生在何种情境下，才会谈论最喜欢的故事和原因。其二，创作故事环节可将故事主角更换为中国元素，这样更能彰显中华文化，更能培养学生的文化认同感和自信心。

【课例评析】

本篇教学设计是人教版教材Go for it八年级（下册）Unit 6 An Old Man Tried to Move the Mountains的单元话题复习课。作为一堂复习课，首先要考虑复习内容之间的关联性、整体性和层次性，并思考是否符合本单元主题下的话题要求。这节课的设计就充分体现了以上要点。教师巧妙创设情境，以情境发展为纽带，将本单元的内容进行了有机结合，帮助学生通过多种类型的活动有效地复习了该单元的目标知识，训练了目标技能，最后实现对本单元主题意义的探究。

1. 在进行本节课的教学设计之前对教材进行了深度剖析，解析出单元话题的主题意义

教师对教材Section A和Section B所有文本内容进行深刻研究以后，提炼出

本单元的主题意义——经典故事，传承文化。学生通过对不同类型故事的赏析来了解故事的组成要素，从而达到自己可以读故事、写故事、欣赏故事，拥有提取故事意义能力的目的。

2. 利用情境推动课堂教学，结合Self Check引导复习

在怎样的情境下学生才会有讲故事的需要呢？在怎样的情况下学生能将课本内的和课本外的中外故事结合在一起呢？教师经过充分思考，创设出外国友好学校的同学将要到校进行交流并参加讲故事俱乐部活动，同学们为此要做一些准备为背景来进行课堂设计。整个课堂设计环环相扣，层层递进，按照任务的需要和情境的发展全方位地对本单元知识内容进行复习。

（1）学生通过听两位同学谈论故事以及喜欢的缘由对本单元的故事以及故事传递的意义进行梳理，激发自我感知，进而主动谈论自己对所学故事的了解和看法。（听、说）教师巧妙地利用这个任务对本单元所学的知识内容进行复习，并将主题意义也传递给学生。

（2）教师利用Self Check和思维导图指导学生总结故事的组成要素和基本要求，为下一个层级的任务做好充分准备。

（3）学生在复习完课本故事，了解故事的基本构成和要求以后，自然而然地就有自我编故事的冲动。教师为学生搭建的故事框架并非全然包括所有故事要素，而仅仅是一些情境点，如时间on a dark night，主要角色a rabbit，a turtle，并配上不同感觉的图片以促进学生多元化创造。

我们可以看到，在这节复习课中，教师用本单元的主题意义作为指引，将话题贯穿始终，任务情境创设非常聚焦，具有明显的层次感，而且在知识技能复习的同时充分关注学生思维品质的培养，使学生在复习课中能够真正参与课堂活动并主动获取知识，以思维整合的方式将本单元内容串联在一起，使学生内化成自我能力。

（四川省周丽名师鼎兴工作室　成都七中初中学校　吴晓霞）

Go for it 八年级（下册）Unit 7 What's the highest mountain in the world?

【背景介绍】

活动名称：四川省周丽名师鼎兴工作室吴晓霞子工作室 “初中英语单元话题复习”教学研究

授课地点：成都高新大源学校初中部

授课时间：2020年4月7日上午

授课班级：成都高新大源学校八年级（6）班

授课教师：成都高新大源学校 凌 静

【教学设计思路】

本课为单元话题复习课。本节课采取任务型教学基本途径，采用以任务为中心，以活动为载体，以学生为主体，以教师为主导的形式，教师设置情境，布置任务，安排活动，学生参与活动，完成任务，最后合力达成本节课的教学目标。本节课包含制作旅行计划等任务活动，学生通过两两对话、小组合作等方式完成这些任务及活动，在完成这些任务及活动的过程中探索主题意义。本节课的任务链如下：

Task 1: Let's compare Mount Qingcheng, Mount Emei and Mount Gongga	1. 引入并创设情境。 2. 看图比较三座名山	用图片及语言创设情境，让学生感受自然之美，并让学生通过讨论和比较，归纳总结形容词副词比较级和最高级
Task 2: Let's learn more about the three mountains	1. 听一段关于三座名山的资料并完成表格。 2. 小组讨论，选择第一天旅行的目的地	在语境中复习本单元核心词组，做出第一天旅行计划，为高级产出做铺垫，并了解人类挑战极限、挑战自我的精神
Task 3: Let's meet pandas	1. 展示第二天旅行的目的地——熊猫基地。 2. 读一篇谈论熊猫和熊猫基地的文章	在语境中复习描述动物的表达并了解保护熊猫以及其他濒危动物的重要性
Task 4: Let's make the travel plan	1. 小组合作，讨论旅行方案。 2. 展示小组旅行方案	综合运用本节课所学语言并学会分工和合作

【教学分析】

教材分析：

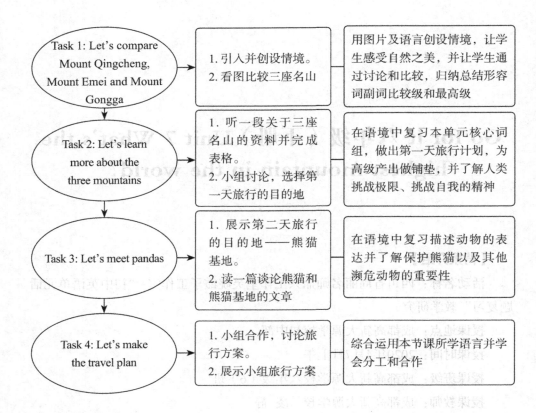

本课选自人教版教材Go for it八年级（下册）Unit 7。本单元的话题是世界知识（Facts about the world），功能是谈论地理与自然（Talk about geography and nature），学生需要掌握的主要语言知识是描述地理与自然的形容词副词原级、比较级和最高级的句型。因此，本节复习课围绕话题，将本单元主要单词短语、语法句型、语言功能和Self Check的内容整合在一起。为了更好地对本单元内容实现知识的巩固、迁移和运用，创设情境帮助学生运用目标语言，给学生提供更多听说读写的机会。本课补充了关于四川三座名山和熊猫基地的图片、音频、文本等多模态语篇。

Self Check活动：活动1通过表格填写，复习形容词的比较级和最高级形式，对形容词的比较级和最高级形式进行归纳和总结，为描述地理与自然做好语言上的准备。但是这个表格没有和具体的语境相结合，因此在设计时需要补充情境材料。活动2要求学生归纳三个动词的搭配，并组成语块，添加更多的宾语，扩充语块搭配。本部分内容既是对原有动词搭配的巩固，更是对这些动词搭配加深理解和拓展。为了帮助学生在更丰富的语境中巩固理解这些语块，在设计时补充了相关的听力材料。

补充材料：本节课的听力材料和阅读材料为自编文本。听力材料主要内容是描述四川三座名山——青城山、峨眉山和贡嘎山的地理知识，借此复习本单元描述自然景观的核心句型和短语，给学生提供语境，让学生对三座名山进行比较，也为最终产出提供语言材料，并通过了解和比较，让学生感受家乡自然之美。阅读材料的主要内容是一篇有关熊猫和熊猫基地的文章。学生通过阅读文章和回答相应问题，复习和巩固描述动物的核心句型及表达，了解保护熊猫的措施和方法，理解保护濒危动物的重要性。

学情分析：

经过一年多的英语学习，我班学生的学情如下。

（1）知识储备：八年级下学期大部分学生已初步具备一定的英语听、说、读、写能力和良好的英语学习习惯，但是仍有部分学生需要老师和同学的帮助。因此，在设计任务和问题时要兼顾不同层次的学生。另外，在八年级（上册）Unit 3已学过形容词、副词原级和比较级的用法，在八年级（上册）Unit 4学过形容词、副词最高级的用法，为学习本单元的主要语法结构打下了良好的基础。

（2）心理特点：大部分学生思维活跃，喜欢表达，英语学习兴趣浓厚；部分英语拔尖、组织能力较强的学生能在班级分享和小组合作活动中起到示范和引领的作用；还有部分学生不太自信，不喜欢在全班同学面前分享和交流，需要老师和同学的鼓励与帮助。

（3）话题知识：学生通过课内外的学习和阅读，已经知道一些地理与自然的英语名称，对有关地理与自然的话题很感兴趣。很多学生有旅游的经历，也有助于本课的学习。

【教学目标】

知识目标：

（1）准确表达较大数字，并用来描述地理事实。

（2）熟练使用high，long，wide，weigh，meter，nature，bamboo等描述自然与地理的词汇来谈论地理与自然。

（3）综合运用形容词和副词的比较级与最高级来谈论地理与自然。

（4）熟练使用reach，risk，achieve的常见搭配和at birth，or so等单元重要表达。

能力目标：

（1）能在复习结束以后谈论自己了解或感兴趣的地理知识并产生敬畏之心。

（2）通过具体数据和客观描述对地理事实进行比较，能够更深层次地认识和了解大自然。

（3）能通过为他人制订旅行计划这个学习任务，掌握如何根据客观事实和要求去分析和解决问题的能力。

情感目标：

（1）了解关于四川的地理和“自然地理之最”的相关知识，感悟自然之美。

（2）感悟人类在和自然相处的过程中，具有勇于克服困难、挑战极限的精神。

（3）了解国宝大熊猫以及加强保护动物和生态系统的重要性。

学习策略目标：

（1）通过独立思考、小组讨论和全班分享的方式，在复习过程中学会自我归纳总结的方法。

（2）在顶层任务的引领下，学会制定任务框架，分配个体小目标并结合所学知识合力完成课堂任务。

文化意识目标：

了解四川地理知识，感悟四川自然资源的丰富，增强文化自信，培养民族自豪感。

【教学重难点】

教学重点：

（1）引导学生在设置的情境中复习归纳与地理自然相关的词汇和表达。

（2）引导学生通过完成课堂任务恰当灵活地使用形容词或副词的比较级和最高级，最终内化为自身知识框架。

教学难点：

设计恰当的任务和情境，将本单元的目标知识、话题串联起来，引导学生在任务链的驱动下主动对知识进行整合和灵活运用。

【教学手段】

多媒体辅助课件、电子白板、黑板、粉笔。

【教学过程】

教学环节 （Steps）	教学过程 （Procedures）	解释 （Explanation）
Step 1： Lead-in	教师引入主任务：A group of Canadians will come to Chengdu to travel. We will make a two-day travel plan for them as guides	创设情境，导入话题，激发学生兴趣，明确本节课的主要任务
Step 2： Review words and sentence patterns	1. Show pictures of three famous mountains in Sichuan and ask：which mountain would you like to go？ Let's compare them. 2. Show pictures of three famous mountains with different height，and ask：how high is... / Is...higher than...？ / What's the highest mountain in Sichuan？ Is it higher than any other...？ 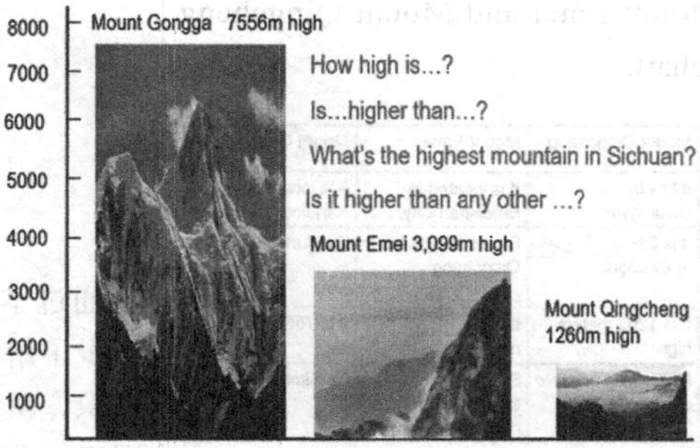Mount Gongga 7556m high How high is...? Is...higher than...? What's the highest mountain in Sichuan? Is it higher than any other ...? Mount Emei 3,099m high Mount Qingcheng 1260m high 8000 7000 6000 5000 4000 3000 2000 1000 3. Then the teacher asks：which mountain is the most dangerous？ And why？ Students can have their own ideas and reasons. 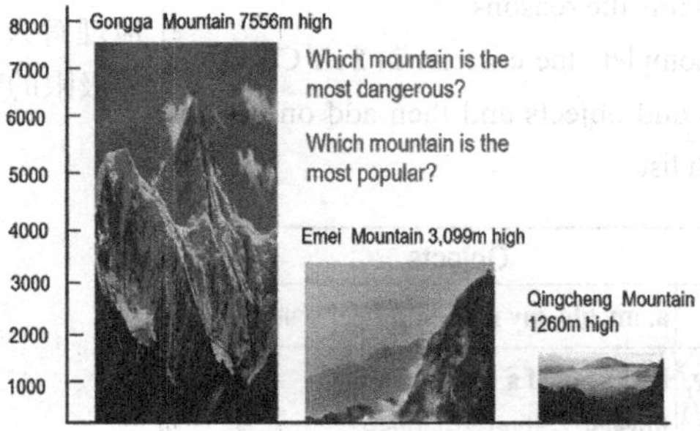Gongga Mountain 7556m high Which mountain is the most dangerous? Which mountain is the most popular? Emei Mountain 3,099m high Qingcheng Mountain 1260m high 8000 7000 6000 5000 4000 3000 2000 1000	1. 用图片及语言创设情境，引导学生谈论四川境内三座名山。通过比较四川境内的三座名山——青城山、峨眉山、贡嘎山，复习有关描述自然的语言表达，如运用形容词的比较级和最高级对地理事实进行比较。 2. 通过对地理事实的了解，感受自然之美，自然之雄奇。 3. 通过和学生的互动问答，总结单元形容词原级、比较级和最高级的变化规律及主要结构，并板书在黑板上

续 表

<table>
<tr><th>教学环节
（Steps）</th><th>教学过程
（Procedures）</th><th>解释
（Explanation）</th></tr>
<tr><td>Step 2:
Review words and sentence patterns</td><td>4. Students complete the chart in Self Check.
<table><tr><th>Adjectives</th><th>Comparatives</th><th>Superlatives</th></tr><tr><td>high</td><td>higher</td><td>highest</td></tr><tr><td>dangerous</td><td>more dangerous</td><td>the most dangerous</td></tr><tr><td>long</td><td>longer</td><td>longest</td></tr><tr><td>popular</td><td>more popular</td><td>the most popular</td></tr></table></td><td>4. 明确本节课的主题，为最后的高级产出做铺垫</td></tr>
<tr><td>Step 3:
Listening</td><td>1. The teacher says: let's learn more facts about the three mountains.
2. Students listen to a passage about Mount Gongga, Mount Emei and Mount Qingcheng and fill in a chart.
<table><tr><th>facts \ mountains</th><th>Mount Qingcheng</th><th>Mount Emei</th><th>Mount Gongga</th></tr><tr><td>Location</td><td>It lies in Dujiangyan.</td><td>It is located in Emeishan City.</td><td>It is located in Kanding.</td></tr><tr><td>Distance from Chengdu</td><td>It is 3.the closest to Chengdu.</td><td>Further than Mount Qingcheng.</td><td>The furthest</td></tr><tr><td>1.Height</td><td>It is 1260 meters high.</td><td>It is 4.3099 meters high</td><td>It is 7556 meters high.</td></tr><tr><td>2.Ways to reach the top</td><td>By walking or cable car</td><td>By walking or taking a bus and a cable car.</td><td>By climbing.</td></tr><tr><td>3.Feeling about reaching the top</td><td>It's safe and relaxing.</td><td>It's a bit challenging.</td><td>It's very challenging. You may risk your life</td></tr></table>3. Each group discusses and decides which mountain they would like to go on the first travel day and explains the reasons.
4. Students complete the exercise in Self Check: match verbs and objects and then add one more object to each list
<table><tr><th>Verbs</th><th>Objects</th></tr><tr><td>1. reach</td><td>a. my life, my money,... my health</td></tr><tr><td>2. achieve</td><td>b. the top of a mountain, the library,... the farmhouse</td></tr><tr><td>3. risk</td><td>c. my dream, success,... the ends</td></tr></table></td><td>1. 通过本活动，使学生进一步了解三座名山的地理知识，巩固本单元的核心词组，如reach the top, risk one's life等。
2. 通过进一步比较，做出合理的旅行目的地选择。
3. 通过了解贡嘎山，更好地理解人类挑战自我、挑战极限的精神</td></tr>
</table>

续 表

教学环节 （Steps）	教学过程 （Procedures）	解释 （Explanation）
Step 4： Reading	1. The teacher says：the Canadians want to see pandas on the second travel day. Let's go to the Chengdu Panda Base and learn more about pandas. 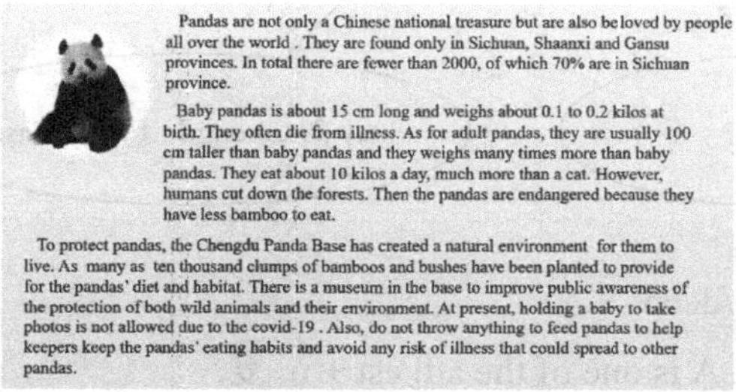 Pandas are not only a Chinese national treasure but are also be loved by people all over the world . They are found only in Sichuan, Shaanxi and Gansu provinces. In total there are fewer than 2000, of which 70% are in Sichuan province. Baby pandas is about 15 cm long and weighs about 0.1 to 0.2 kilos at birth. They often die from illness. As for adult pandas, they are usually 100 cm taller than baby pandas and they weighs many times more than baby pandas. They eat about 10 kilos a day, much more than a cat. However, humans cut down the forests. Then the pandas are endangered because they have less bamboo to eat. To protect pandas, the Chengdu Panda Base has created a natural environment for them to live. As many as ten thousand clumps of bamboos and bushes have been planted to provide for the pandas' diet and habitat. There is a museum in the base to improve public awareness of the protection of both wild animals and their environment. At present, holding a baby to take photos is not allowed due to the covid-19 . Also, do not throw anything to feed pandas to help keepers keep the pandas' eating habits and avoid any risk of illness that could spread to other pandas. 2. Students read a passage about pandas. 3. Students match the paragraphs with the main ideas. 4. Students read the passage again and answer the questions. 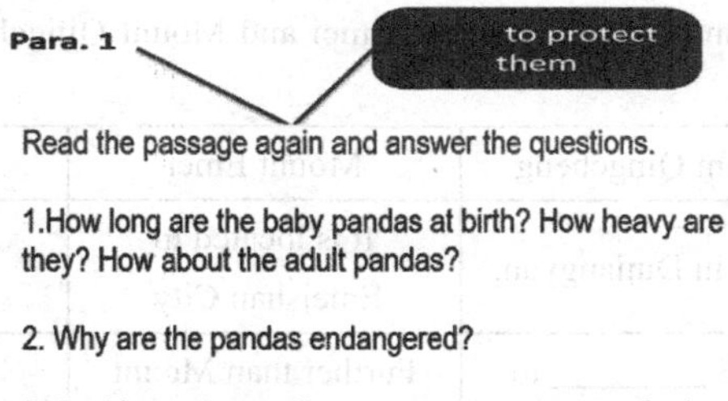 Para. 1 to protect them Read the passage again and answer the questions. 1.How long are the baby pandas at birth? How heavy are they? How about the adult pandas? 2. Why are the pandas endangered? 3. Could you please tell some ways to protect pandas?	1. 通过阅读一篇有关熊猫和熊猫基地的文章，增进对熊猫的了解，巩固有关描述动物的表达。 2. 了解保护熊猫的措施和方法，并理解保护濒危动物的重要性。 3. 为完成主任务做好信息储备
Step 5： Group-work	1. Students decide what they want to be，the guide or the visitor? 2. The visitors write down the questions you want to know. The guides prepare to answer the questions and explain the travel plan. 3. Students show out their two-day travel plan	1. 通过完成本活动，学生能综合运用本节课所学目标语言。 2. 通过完成本活动，学生能够体会分工合作的乐趣和重要性

【板书设计】

Unit 7 What's the highest mountain in the world?

Reviewing

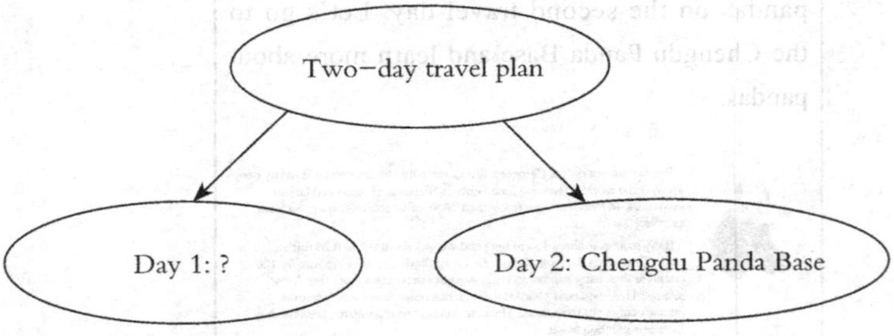
Two−day travel plan
Day 1: ?
Day 2: Chengdu Panda Base

A is... high/long/wide/deep.

A is the adj.est in/of... A is one of the adj.est + n. 复.

A is adj.er than B/ any other + n.单.

【学案】

Unit 7 What's the highest mountain in the world?

Reviewing

Activity1 Listening

Listen to a passage about Mount Gongga，Mount Emei and Mount Qingcheng and fill in the blanks below.

Facts	Mount Qingcheng	Mount Emei	Mount Gongga
Location	It lies in Dujiangyan.	It is located in Emeishan City.	It is located in Kanding
Distance from Chengdu	It is 3.________ to Chengdu	Further than Mount Qingcheng	The furthest
1.________	It is 1260 meters high.	It is 4.______ meters high	It is 7556 meters high.
Ways to 2.________	By walking or cable car	By walking or taking a bus and a cable car	By climbing
Feelings about reaching the top	It's safe and relaxing	It's a bit challenging	It's very challenging. You may 5.________

续表

Activity 2 Reading

Pandas are not only a Chinese national treasure but are also be loved by people all over the world . They are found only in Sichuan, Shaanxi and Gansu provinces. In total there are fewer than 2000, of which 70% are in Sichuan province.

Baby pandas is about 15 cm long and weighs about 0.1 to 0.2 kilos at birth. They often die from illness. As for adult pandas, they are usually 100 cm taller than baby pandas and they weighs many times more than baby pandas. They eat about 10 kilos a day, much more than a cat. However, humans cut down the forests. Then the pandas are endangered because they have less bamboo to eat.

To protect pandas, the Chengdu Panda Base has created a natural environment for them to live. As many as ten thousand clumps of bamboos and bushes have been planted to provide for the pandas' diet and habitat. There is a museum in the base to improve public awareness of the protection of both wild animals and their environment. At present, holding a baby to take photos is not allowed due to the covid-19 . Also, do not throw anything to feed pandas to help keepers keep the pandas' eating habits and avoid any risk of illness that could spread to other pandas.

1. Read the passage and match the paragraphs with the main ideas.

Para 1. Ways to protect them.

Para 2. Facts about pandas.

Para 3. Reasons for protecting them.

2. Read the passage again and answer the questions.

(1) How long are the baby pandas at birth? How heavy are they? How about the adult pandas?

(2) Why are the pandas endangered?

(3) Could you please tell some ways to protect pandas?

【课后反思】

本节课虽然只有40分钟，但是背后历经了三次磨课，与团队伙伴不断碰撞、思考，长达一个月的反复修改，最终形成本节课的设计。在此过程中，我受益匪浅。上完课后，经过反思，我认为有以下亮点和不足。

1. 亮点

本节课有以下两个亮点：

（1）创设生活化的情境，并将情境贯穿始终。

本节课创设了制订旅行计划这个生活化的主情境，以此为主线，将一个个课堂活动串成一条清晰的话题脉络，融汇交际功能和语言结构，很好地落实了《义务教育英语课程标准（2011年版）》的理念，即“能用英语做事情”。情境的始终贯彻将整节课变成一个有机的整体。同时，借助情境，将本单元的主要语言点和语言结构融入各个活动，对单元语言现象进行回放和归纳，让学生在获得语言知识和技能的同时，习得学习策略，实现课堂英语向生活英语的迁移，促进学生深度学习。

（2）巧妙渗透主题意义。

如果说制订旅行计划是本节课的明线，那么，对主题意义的探索就是本节课的暗线。首先，学生借助四川境内三座名山的图片和听力材料，描述和比较三座名山，在此过程中，感受家乡自然之美和自然之雄奇；同时，通过了解攀登贡嘎山的难度，更好地理解人类挑战自我、挑战极限的精神。其次，通过提供的熊猫基地的图片和语篇，了解保护熊猫的措施和方法，理解保护濒危动物的重要性。本节课通过完成制订旅行计划的主线任务，将主题意义巧妙地渗透到各个课堂活动中，使整个课堂形成有意义的整体。

2. 遗憾和不足

（1）对学生全体关注不足，课堂组织能力有待加强。

在互动中，积极活跃的学生更多地吸引了我的注意力，得到了更多发言和表达的机会，尤其是在看图片描述和比较三座名山时，师生互动较多，举手特别多、声音响亮的学生得到回答问题的机会更多。一些自信不足、基础差一些的学生，举手较少，或者默默地不说话，我给予的关注较少。而且这一环节学生特别活跃，花费了比预计更多的时间，因此，在以后的教学中，我应该给自信不足或基础差一点的学生提供更多的帮助和鼓励，并提高课堂组织能力。

（2）课堂点评单一，课堂气氛张力不足。

在上课的过程中，我总是惦记下一步的教学活动，因此，在和学生互动时，口头点评不够具体和精准，学生回答问题后，常常说“good”或“great”，缺乏针对性。在最初的活跃过后，课堂气氛感染力和张力不够，跟我走过场式的点评是分不开的。在以后的教学中，我一定要修炼自己的语言，使自己的课堂用语更丰富，同时要仔细聆听学生的回答，有针对性地去点评。

【课例评析】

本篇教学设计是人教版教材Go for it 八年级（下册）Unit 7 What's the highest mountain in the world? 的单元话题复习课。复习课有自身特点，既要涵盖本单元的目标内容，又要在此基础上有所拓展。学生在复习课中不单单进行知识点的梳理，更要在高阶思维品质方面得到充分的培养。在复习课的设计中，需要在准确抓住目标知识语言的前提下，将文化品质、思维品质融入其中。本节课的一大特点就是将四川的自然风光、国宝大熊猫放进了复习课里，使学生通过本堂课了解家乡、了解四川，培养本土情怀。

1. 运用体验式教学完成对本单元主题意义的探究

学生在语言的学习过程中一旦将自己变为语言运用的主体，就能更好地从自身语言需要出发去达到语用的目的。本节课教师让学生成为旅游计划的制订者、四川风景名胜的观察者和宣传者，让他们在这样的身份下主动去完成语言的搜索、组织和使用，最后形成一个整体的语用框架和符合他们认知的情感、态度价值观。

2. 利用任务链和Self Check完成教学活动

（1）创设情境，制定任务，帮助学生迅速融入课堂教学活动。教师以来自加拿大的旅游者要到四川旅游，我们需要根据他们的兴趣制订两天的旅行计划为背景展开教学。第一天，登山。第二天，参观熊猫基地。

（2）在制订登山计划的过程中，学生需要了解四川的一些著名山脉，其中有贡嘎山、峨眉山和青城山。学生通过听和说两种形式的活动对它们的情况做了一个基本了解并进行比较。最后做出适合本次游客的旅游计划。教师参考Self Check的内容对三座山脉进行比较，如高度、危险程度、受欢迎程度等。在这样的任务驱动下，学生需要使用比较级、最高级才能很好地完成活动目标。

（3）通过对比三座名山，学生可以了解其中的感人故事，如每年登贡嘎山的爱好者络绎不绝，这是为什么？引导学生去思考人与自然的关系，也对本单元珠穆朗玛登山者的精神进行回顾。

（4）在制订参观熊猫基地计划的过程中，教师利用一篇课外的文本将课本内容提升并扩容，让学生在复习语言知识，完成阅读策略复习的同时了解更多学科以外的知识，有效地培养了学生的文化品质。

（5）在完成登山和熊猫基地的计划任务以后，教师并没有强制学生实施，而是让学生根据游客的实际情况和自身情况进行自我选择，这里充分地体现了以学生为主体的教学理念。

本节复习课的设计用心巧妙，在主题意义的指引下聚焦话题，浸润式的教学方法让学生一直保持浓厚的兴趣，不过对于本单元一些目标语言知识和写作的具体复习指导还需要进一步加强。

（四川省周丽名师鼎兴工作室　成都七中初中学校　吴晓霞）

Go for it 八年级（下册）Unit 9 Have you ever been to a museum?

【背景介绍】

活动名称：四川省周丽名师鼎兴工作室走进成都市青羊区“基于主题意义探究的初中英语单元话题复习课”教学展评活动

授课地点：成都市泡桐树中学

授课时间：2019年5月28日上午

授课班级：成都市泡桐树中学2018级（2）班

授课教师：成都市石室联合中学　余添羽

【教学设计思路】

本单元的话题是好玩的地方（Fun places），功能是谈论过去的经历（Talk about past experiences）。通过创设真实情境，教师引导学生运用现在完成时态来分享自己过去的经历。该课的设计紧紧抓住“Fun”这条主线，从回顾教材中的Fun places谈起，然后回到生活中，借助短视频展现老师去过的好玩的地方，激发学生回忆他们自己的经历，体味不同地方带来的不同感受和影响，引发学生对Fun places内涵的思考，引导学生去发现生活中的美好，激发学生对家乡的热爱之情。

设计由以下几个板块组成：

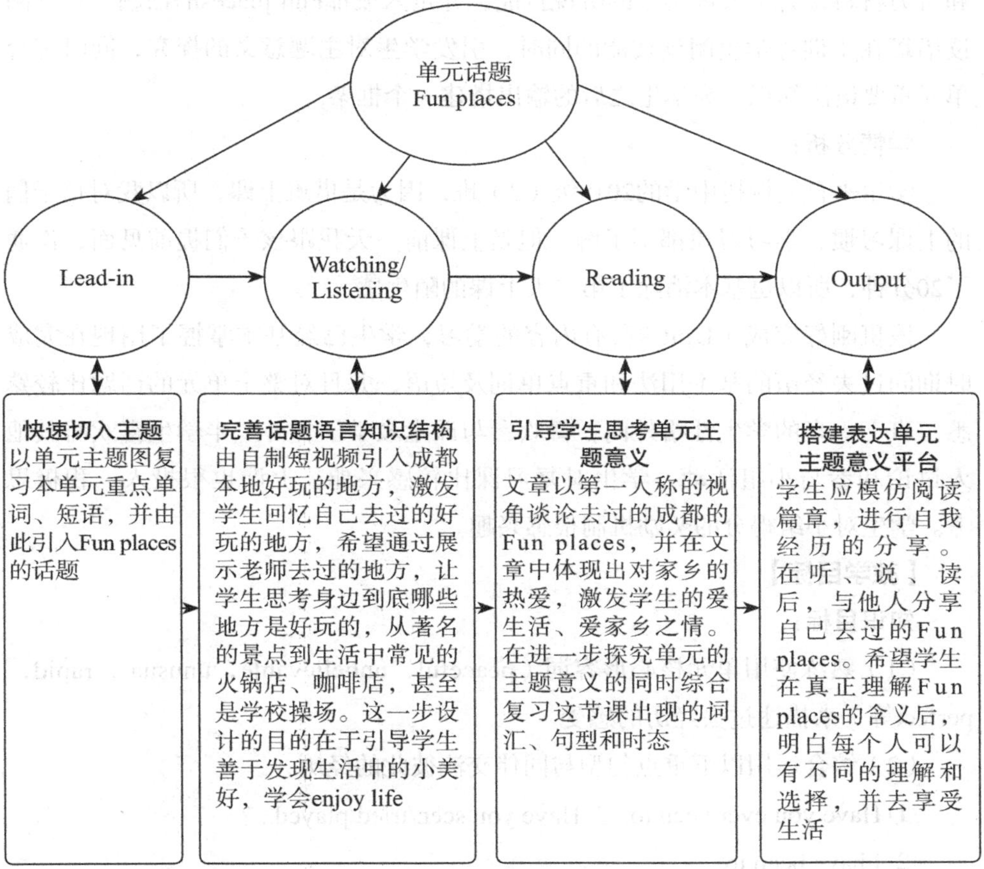
单元话题
Fun places
Lead-in
Watching/
Listening
Reading
Out-put
快速切入主题
以单元主题图复习本单元重点单词、短语，并由此引入Fun places的话题
完善话题语言知识结构
由自制短视频引入成都本地好玩的地方，激发学生回忆自己去过的好玩的地方，希望通过展示老师去过的地方，让学生思考身边到底哪些地方是好玩的，从著名的景点到生活中常见的火锅店、咖啡店，甚至是学校操场。这一步设计的目的在于引导学生善于发现生活中的小美好，学会enjoy life
引导学生思考单元主题意义
文章以第一人称的视角谈论去过的成都的Fun places，并在文章中体现出对家乡的热爱，激发学生的爱生活、爱家乡之情。在进一步探究单元的主题意义的同时综合复习这节课出现的词汇、句型和时态
搭建表达单元主题意义平台
学生应模仿阅读篇章，进行自我经历的分享。在听、说、读后，与他人分享自己去过的Fun places。希望学生在真正理解Fun places的含义后，明白每个人可以有不同的理解和选择，并去享受生活

【教学分析】

教材分析：

本单元围绕Fun places的话题，呈现了两篇阅读材料——世界有名的博物馆和花园城市新加坡。对话和听力材料都在引导学生讨论过去的经历，从而使学生掌握现在完成时的用法。整个单元每个环节都层层递进，让学生一步步地探讨Fun places的意义。一般的单元复习课都是依托Self Check 来进行，但是本单元的Self Check没有完整的听、说、读、写技能复习活动，并且没有更多的拓展，跟我设计的Fun places 主线没有太大的关系，所以本节复习课脱离了教材Self Check 的内容，基本都是自主材料，内容如下：

教材单元材料中与Fun places有关的所有图片、自编的听力材料、自拍的短

视频作为引入话题的材料，选取了《21世纪报》上的文章片段。自制的短视频和听力材料是为了锻炼学生的听说技能，并走入成都Fun places的话题，自选阅读语篇在于训练学生阅读技能的同时，引发学生对主题意义的探究，同时综合单元重要语法知识，为学生之后的输出搭建一个框架。

学情分析：

学生来自泡桐树中学的2018级（2）班，因为是借班上课，所以我对孩子们的上课习惯、学习习惯都不了解。但是上课前一天我跟孩子们提前见面，沟通了20分钟，所以也基本消除了第二天上课的陌生感。

该班刚好完成了Uint 9所有内容的学习，学生已经基本掌握了用现在完成时询问过去经历的基本用法和重点单词及短语，并且对整个单元的话题比较熟悉。班上一半的学生性格外向，喜欢参与课堂教学。另外一半学生喜欢听其他人讨论和参与小组活动。学生对复习课比较感兴趣，上课也很投入，积极思考。学生对小组得分的奖励机制很感兴趣。

【教学目标】

知识目标：

（1）熟练使用单元核心形容词（peaceful，unbelievable，unusual，rapid，perfect等）来描述过去经历的感受。

（2）综合运用以下重点句型与同伴交流彼此的经历：

① Have you ever been to...？ Have you seen/tried/played...？

② I have been to...

③ I have never been to ...

④ I have seen/ tried/played...

⑤ Me，too. = So have I./Me neither. = Neither have I.

技能目标：

（1）能模仿新闻节选内容与句型框架，讨论自己曾经去过的最喜欢的地方。

（2）能够使用阅读后提炼出的框架结构向他人介绍、推广自己的家乡。

情感目标：

（1）能够发现身边不同的、有趣的地方，学会感受身边的美好。

（2）学会合理使用现代媒体，乐于分享生活中的美好。

（3）以家乡的美好为傲，抒发对家乡的热爱之情。

学习策略：

（1）通过阅读提取文本结构框架。

（2）利用调查问卷收集过去的游玩信息。

（3）使用短视频软件制作一个好玩的地方的短片。

文化意识：

了解地方传统文化在一个历史名城形成中的重要作用。

【教学重难点】

教学重点：

用现在完成时态分享去Fun places的经历。

教学难点：

该课设计没有教材上现成活动材料作为支撑，教师自编的材料要创设真实情境，从而让学生自然而然地融入课堂，同时每一个环节都需要展开形式多样且符合逻辑的活动，不仅要达到激趣的目的，还要帮助学生自如地进行环节转换。

【教学手段】

PPT、希沃系统、数字白板、黑板、粉笔。

【教学过程】

教学环节（Steps）	活动设计（Activity Designs）		设计意图（Purposes）
	教师活动（Teacher's activities）	学生活动（Students' activities）	
Step 1: Warm-up	1. Provide students with some pictures from this unit to review the key places. 2. Guide the students to put them into different groups. 3. Provide some key words of this unit to describe these places. Review museums	1. Recall the names of different fun places in this unit. 2. Put these fun places into different groups. 3. Try to make some sentences with the key words of this unit	以图片形式复习本单元重点地名、形容词、名词，让学生轻松地回忆，并自信地进入这节复习课

续 表

<table>
<tr><td rowspan="2" colspan="2">教学环节
（Steps）</td><td colspan="2">活动设计（Activity Designs）</td><td rowspan="2">设计意图
（Purposes）</td></tr>
<tr><td>教师活动
（Teacher's activities）</td><td>学生活动
（Students' activities）</td></tr>
<tr><td rowspan="2">Step 2</td><td>Brain storm</td><td>Guide students to do a brain storm about the fun places in Chengdu.（You have learned about so many fun places in China and around the world./ How about Chengdu? / What fun places in Chengdu have you been to? ）</td><td>Try to find as many fun places as possible in Chengdu</td><td>引导学生找出生活中有趣的地方，不一定是比较出名的景点，生活中一些小地方也可以很有趣，如书店、火锅店、咖啡店等，为最后升华单元主题意义做准备</td></tr>
<tr><td>Enjoy a video and check the places</td><td>Play a short video .（I have shared a short video. Let's enjoy and check out the places Miss Yu has been to.）</td><td>Enjoy a short video and check out the places Miss Yu has been to</td><td>为下面的调查报告做准备，提供成都有趣的地方这个话题</td></tr>
<tr><td rowspan="2">Step 3</td><td>Do a survey</td><td>1. Guide students to do a survey about the places they have been to and what they have done there.
2. Set a conversation model by asking some students about the result.
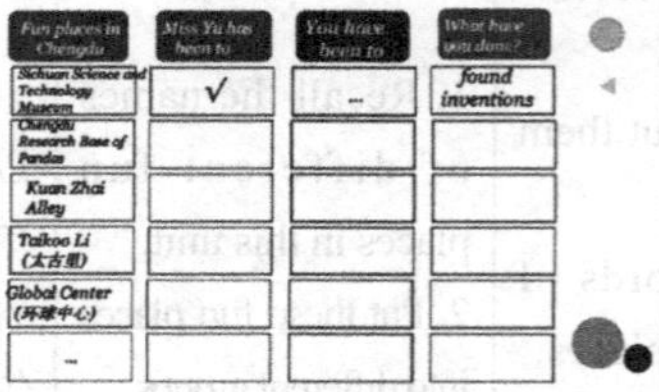
Fun places in Chengdu
Miss Yu has been to
You have been to
What have you done?
Sichuan Science and Technology Museum
√
...
found inventions
Chengdu Research Base of Pandas
Kuan Zhai Alley
Taikoo Li (太古里)
Global Center (环球中心)
...</td><td>1. Do the survey.
2. Review the sentence structures of this unit</td><td>1. 为pair work积累话题。
2. 复习这个单元的重点句型</td></tr>
<tr><td>Pair-work</td><td>1. Guide students to do pair work.
2. Invite two pairs of them to show their conversations</td><td>1. Do pair-work.
2. Show their conversations</td><td>1. 训练口语，并复习本单元的重点句型。
2. 为下面的听力做好素材准备</td></tr>
</table>

续 表

教学环节（Steps）	活动设计（Activity Designs） 教师活动（Teacher's activities）	学生活动（Students' activities）	设计意图（Purposes）
Step 4: Pre -Listening	1. Guide students to guess what questions may appear in the comments. 2. Guide students to read these questions together.	1. Guess what questions may appear in the comments. 2. Read these questions together	1. 为听力做好素材准备，降低了听力的难度。 2. 从课本中的一般疑问句拔高了知识，高度上升到了特殊疑问句
Step 5: While-Listening	Play a listening material. 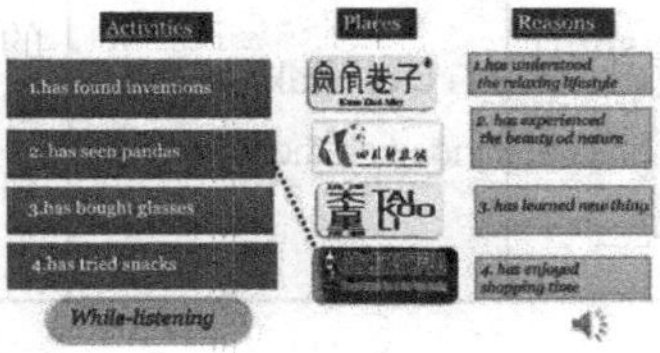 Activities Places Reasons 1.has found inventions 2. has seen pandas 3.has bought glasses 4.has tried snacks While-listening 1.has understood the relaxing lifestyle 2. has experienced the beauty od nature 3. has learned new thing 4. has enjoyed shopping time	Listen and check	1. 训练听力，并练习第三人称单数的现在完成时。 2. 再次铺垫成都有趣的地方，为最后学生的输出做好准备
Step 6: After-Listening	Guide students to do a small summary about the topic of this unit	Do a small summary about the topic of this unit	在听力之后，帮助学生点明单元主题意义，有助于后面阅读节选的理解，并为主题意义升华做好准备
Step 7: Reading	Guide students to read a piece of the news. 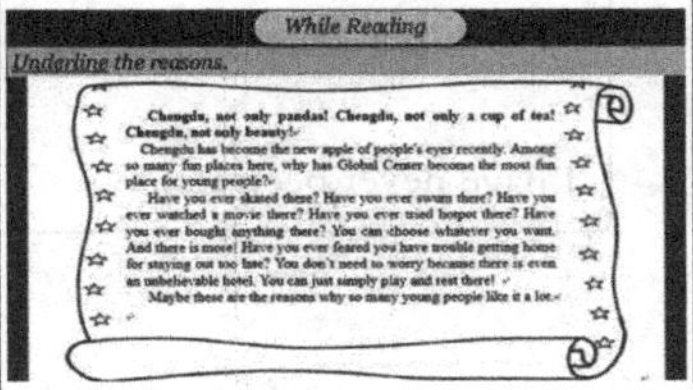 While Reading Underline the reasons. Chengdu, not only pandas! Chengdu, not only a cup of tea! Chengdu, not only beauty! Chengdu has become the new apple of people's eyes recently. Among so many fun places here, why has Global Center become the most fun place for young people? Have you ever skated there? Have you ever swum there? Have you ever watched a movie there? Have you ever used hotpot there? Have you ever bought anything there? You can choose whatever you want. And there is more! Have you ever feared you have trouble getting home for staying out too late? You don't need to worry because there is even an unbelievable hotel. You can just simply play and rest there! Maybe these are the reasons why so many young people like it a lot.	Read a piece of the news and find out the reason	综合复习这节课出现的词汇、句型和主题意义

续 表

教学环节（Steps）	活动设计（Activity Designs）		设计意图（Purposes）
	教师活动（Teacher's activities）	学生活动（Students' activities）	
Step 8：After-reading	Guide students to share fun places in their eyes and try to imitate the news above. 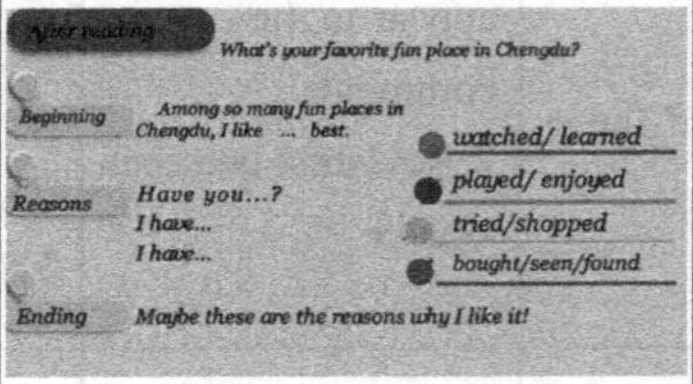What's your favorite fun place in Chengdu? Beginning Among so many fun places in Chengdu, I like ... best. Reasons Have you...? I have... I have... watched/ learned played/ enjoyed tried/shopped bought/seen/found Ending Maybe these are the reasons why I like it!	Share fun places in their eyes and try to imitate the news above	最后模仿新闻节选的模式，练习完成时的口头输出，并进行主题意义升华
Step 9：Homework	Ask students to make a short video with what we have reviewed in this class	Try to make a short video on the weekends	真正理解Fun places的含义，每个人都可以有不同的理解和选择，并去享受生活

【板书设计】

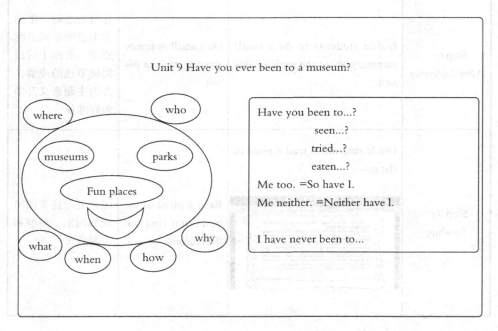

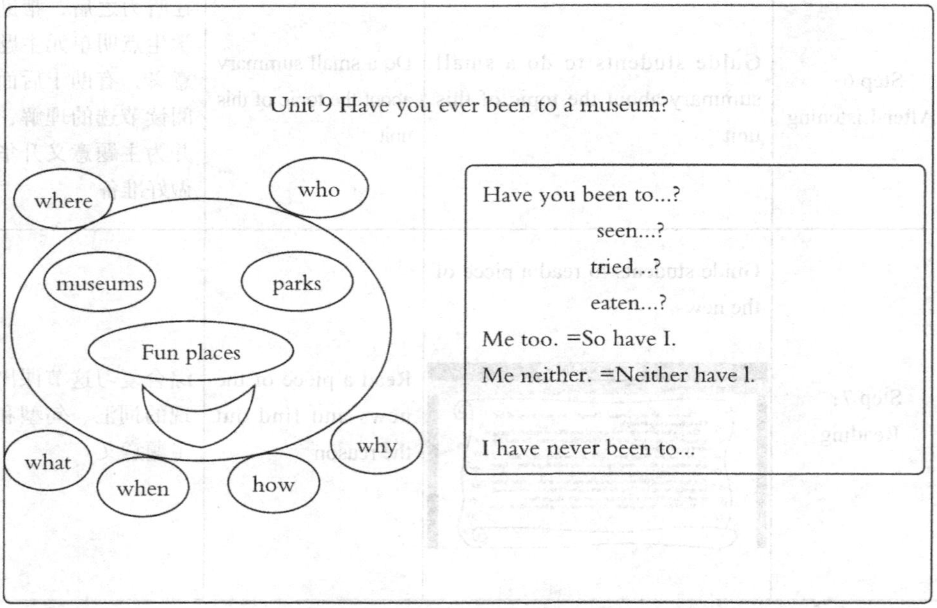
Unit 9 Have you ever been to a museum?
where
who
museums
parks
Fun places
what
when
how
why
Have you been to...?
seen...?
tried...?
eaten...?
Me too. =So have I.
Me neither. =Neither have I.
I have never been to...

【学案】

Task 1 Watch and Check（√）, and then do a survey.

Fun places in Chengdu	Miss Yu has been to	You have been to	What have you done there?
1. Sichuan Science and Technology Museum	√		found inventions
2. Chengdu Research Base of Ciant Panda Breeding			
3. Kuan Zhai Alley			
4. Tai Koo Li（太古里）			
5. Global Center（环球中心）			
6. ...			

Task 2 Listen and Match.

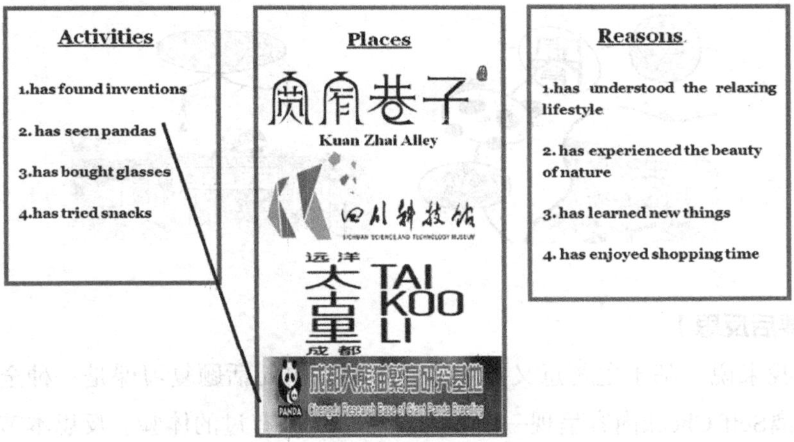
Activities
1.has found inventions
2. has seen pandas
3.has bought glasses
4.has tried snacks
Places
宽窄巷子
Kuan Zhai Alley
四川科技馆
远洋
太古里
TAI KOO LI
成都
成都大熊猫繁育研究基地
Chengdu Research Base of Giant Panda Breeding
Reasons
1.has understood the relaxing lifestyle
2. has experienced the beauty of nature
3. has learned new things
4. has enjoyed shopping time

Task 3 Read and underline the reasons why Global Center is the most fun place.

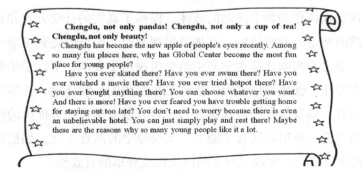

Chengdu, not only pandas! Chengdu, not only a cup of tea! Chengdu, not only beauty!

Chengdu has become the new apple of people's eyes recently. Among so many fun places here, why has Global Center become the most fun place for young people?

Have you ever skated there? Have you ever swum there? Have you ever watched a movie there? Have you ever tried hotpot there? Have you ever bought anything there? You can choose whatever you want. And there is more! Have you ever feared you have trouble getting home for staying out too late? You don't need to worry because there is even an unbelievable hotel. You can just simply play and rest there! Maybe these are the reasons why so many young people like it a lot.

Task 4 Share your favorite fun place in Chengdu in your group.

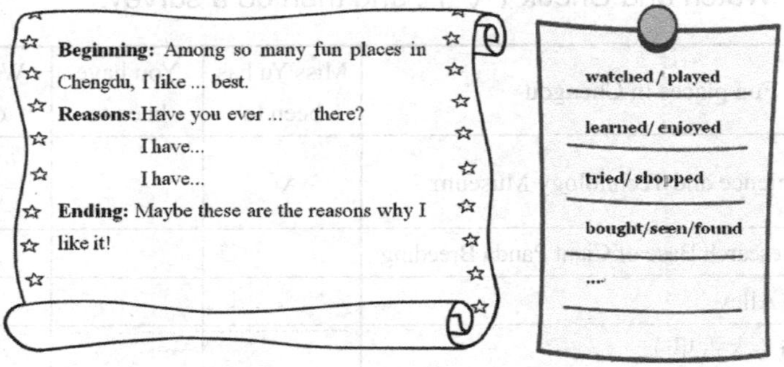
Beginning: Among so many fun places in Chengdu, I like ... best.
Reasons: Have you ever ... there?
I have...
I have...
Ending: Maybe these are the reasons why I like it!
watched / played
learned/ enjoyed
tried/ shopped
bought/seen/found
...

Task 5 Make a short video of one fun place and share it on the Tik Tok as your homework.

【课后反思】

对我来说，基于主题意义探究的初中英语单元话题复习课是一种全新的尝试，脱离Self Check内容呈现一节复习课更是从未有过的体验。反思本节课，我认为有以下可取之处。

1. 有效利用现代信息技术，呈现别样课堂精彩

使用社交媒体作为教学活动的载体，模拟了真实的社交方式和日常对话，让学生自然而然走入课堂话题。在播放短视频时，明显感觉到了学生的关注度大大提高。加之看视频之前在学案中给学生提出了要求，所以学生带着任务看视频也非常专注。使用微信创设的活动是短视频的后续活动，让学生假设自己是聊天的一方，以发语音的方式聊天，更容易激发学生思考提出的问题，也引发了他们的兴趣。使用希沃教学助手，实现师生的高效互动，如把现场学生的答案投放在大屏幕上，实现了答案的同步化及分享的有效性。

2. 活动创设紧扣主题，眼里始终有学生

从整节复习课的第二个活动开始，让学生回忆去过的附近有趣的地方，再到自制的视频涉及的都是学生的地方，有小景点和小吃街，并不是国外或者省外有名的景点，而是有一些学生真正体验过的Fun places。这样的活动引入容易引起学生的共鸣，目的是在情感教育方面引导学生去思考自己身边的美好，从而使学生更加热爱自己的家乡和自己的生活，而不一定是把Fun places 定义为远方，或者是著名的景点。Fun places也可以是身边的地方。

本课在实际操作中存在以下不足：

教师没有类似的课堂经验的情况下，加之借班上课，对学生也不够了解，上课中有时会乱了节奏，有两个环节都超时，差点影响后面的进度。任务很多，线索需要教师时刻记在心中，遇到对话环节，需要教师真正地融入课堂，参与学生的对话，这样整个课堂才生动有趣。有部分学生还是有畏难情绪，不敢主动分享自己的想法。

【课例评析】

该课例是人教版教材*Go for it*八年级（下册）Unit 9 Have you ever been to a museum? 的单元话题复习课。根据这个单元的特点，本课从单元话题Fun places出发，脱离单元Self Check部分，在复习内容上进行了适当的补充和完善，在教学活动设计上也有所创新。本课主要有以下三个亮点。

亮点一：一根主线自然贯串始终。围绕单元话题Fun places，以探寻学生家乡——成都有趣的地方为真实情境主线，自然结合与学生实际生活相关的话题，前后呼应，带动学生主动探索，深化学生对单元话题的理解，自然提炼了本单元话题下的主题意义，即增强对家乡的了解和热爱，发现普通生活中的真实乐趣，Enjoy the life around you。

亮点二：三项活动巩固拓展单元复习内容。教师通过一个调查活动，一个听看活动，一个阅读活动进行复习输入唤醒，整合本单元的重点单词、短语和句型，以口头谈论和写作为输出，设计了多层次思维能力训练的活动，在问题设置上注重培养和构建学生的高阶思维，如分类思维和分析归纳思维。整体来讲，综合运用了单元目标核心内容，深化了单元内容。

亮点三：与时代紧密联系，使新媒体与英语教学无缝结合，极大地激发了学生兴趣。教师利用短视频软件自拍自演了一段探索成都最好玩的地方的小视频，自然运用到了引入环节，激发学生对谈论此话题的兴趣。教师还在听力活动中展示了微信上和外国朋友聊Fun places的对话，情境设置真实自然，课堂时尚有趣，抓人眼球，是单元话题复习课的一次突破性尝试。

要设计好一节单元话题复习课，我们认为教师首先要做的是考虑三个关于“知道”的问题：学生已经知道了什么？学生不知道什么？学生需要知道什么？然后，根据这三个问题以及课堂想传达什么样的情感价值观（主题意义）来确定整堂课的设计方向。最后，才是梳理主题意义下单元话题复习课包含的单元目标句型、语法、单词。可以适当地添加或者改编以单元话题为核心的听力或阅读材料。整节课的活动设计要符合英语学习活动观，即学习理解、应用实践、迁移创新。另外，适当考虑单元复习课的趣味性，会有利于增强学生学习的积极性，降低复习课带来的重复感。

（四川省周丽名师鼎兴工作室　成都市石室联合中学　朱　婷）

Go for it 八年级（下册）Unit 9 Have you ever been to a museum?

【背景介绍】

活动名称：成都市青羊区“基于主题意义探究的初中英语单元话题复习课”课堂教学展评活动

授课地点：成都市泡桐树中学

授课时间：2019年5月28日上午

授课班级：成都市泡桐树中学2018级（1）班

授课教师：成都市泡桐树中学　陈 斌

【教学设计思路】

本单元的话题是Fun places，功能是用现在完成时态来谈论自己过去的旅行经历（Talk about past experiences）。该话题属于《义务教育英语课程标准（2011年版）》中旅游与交通（Topic 17：Travel and transport）的话题，其子话题为旅行（Travel）。在谈论过去的经历时，一定要与所到的地方（places）紧密相关，因为旅行时的地方承载着相关的历史、文化等，也承载着个人在这些地方旅行时的学习、娱乐以及不同的感受等。因此，该话题既归属于人与社会的主题语境，也可以延伸到人与自我的主题语境中。旅行是一个感受生活的过程，通过本节课的学习，引导学生善于观察与思考，从旅行中的所见、所闻、所做、所感中发现生活的乐趣。

基于以上分析，本节课主题语境主要以Ken这个人物为主线，他来到了泡桐树中学访学，与大家相互交流，交流的主题为谈论自己曾经去过的地方（places），通过谈论所见、所闻、所做、所想、所学等来突出不同地方的趣味性（fun）所在。围绕这个主题的活动设计有：Ken与泡洞树中学的学生相互谈论，Ken与班级同学交流他在澳大利亚悉尼去过的地方，泡洞树中学的学生向Ken推荐自己曾经去过的地方等。本节课对单元主题意义的探究主要通过听力、阅读和口语输出三个板块逐步推进来实现。

以下思维导图能更清晰地呈现设计思路和缘由：

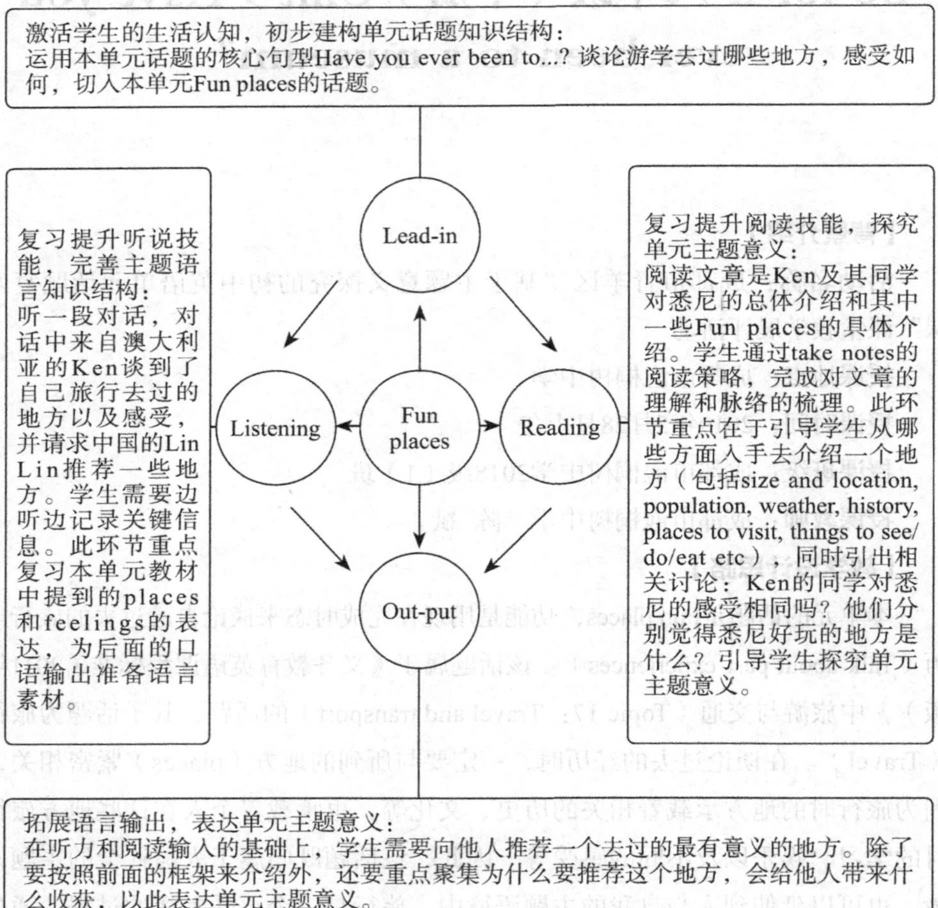
激活学生的生活认知，初步建构单元话题知识结构：
运用本单元话题的核心句型Have you ever been to...? 谈论游学去过哪些地方，感受如何，切入本单元Fun places的话题。
复习提升听说技能，完善主题语言知识结构：
听一段对话，对话中来自澳大利亚的Ken谈到了自己旅行去过的地方以及感受，并请求中国的Lin Lin推荐一些地方。学生需要边听边记录关键信息。此环节重点复习本单元教材中提到的places和feelings的表达，为后面的口语输出准备语言素材。
Lead-in
Listening
Fun places
Reading
Out-put
复习提升阅读技能，探究单元主题意义：
阅读文章是Ken及其同学对悉尼的总体介绍和其中一些Fun places的具体介绍。学生通过take notes的阅读策略，完成对文章的理解和脉络的梳理。此环节重点在于引导学生从哪些方面入手去介绍一个地方（包括size and location, population, weather, history, places to visit, things to see/do/eat etc），同时引出相关讨论：Ken的同学对悉尼的感受相同吗？他们分别觉得悉尼好玩的地方是什么？引导学生探究单元主题意义。
拓展语言输出，表达单元主题意义：
在听力和阅读输入的基础上，学生需要向他人推荐一个去过的最有意义的地方。除了要按照前面的框架来介绍外，还要重点聚集为什么要推荐这个地方，会给他人带来什么收获，以此表达单元主题意义。

【教学分析】

教材分析：

Unit 9单元主题意义提取：

Section A 1a~1c 通过图文及听力导入单元话题，学习常见的主题公园和博物馆的英文名称及相关的话题词汇。

Section A 2a~2d 通过听说的方式引导学生进一步熟悉如何询问和谈论曾经去过的主题公园和博物馆，加入了简单的细节描述和感受描述。

Section A 3a~3c通过三个学生对三个不同的博物馆的叙述，呈现了三种不同特色的博物馆及三种不同的感受（interesting，unusual，relaxing &peaceful）。文章还加入了三个博物馆分别承载的历史和文化。

Section B 1a~1d 拓展到旅游景点［四个有着深厚的历史文化背景的中国著名景观（长城、兵马俑、故宫、鸟巢）］，加入了更多的细节，如品尝过的当地特色美食等，逐渐丰富对旅游所到地方的介绍。

Section B 2a~2e 阅读语篇从地理位置、语言、食物、动物园、天气等方面来介绍新加坡的文化、习俗等。文章结构清晰、完整，为单元结束后学生有效地将去旅行过的地方介绍给他人搭建了完整的框架。

教材编排层层递进，最终达成单元学习的目标，实现主题意义的探究：在生活中的任何地方，只要你认真观察、仔细思考，就会有感受，就能够找到这些地方的趣味性所在。

本节课在课本教材内容的基础之上，自编听力材料和阅读材料，辅助单元主题意义的探究。听力材料围绕Ken和Lin Lin的对话展开，在对话中，Ken和Lin Lin分别谈论了他们去过的地方（places）以及对这些地方的感受（feelings）。这部分涵盖了话题所需的语言词汇及核心语言结构“Have you ever done...？”阅读材料和本单元Section B部分的阅读文章结构相似，着重介绍了悉尼的基本概况及几位学生对悉尼印象深刻的地方。每位学生着重介绍自己看到了什么，想到了什么，做了什么，学到了什么，重点突出fun的含义，最后推荐大家值得一去的地方。

学情分析：

本次授课对象为借班上课的学生，通过提前与班级教师交流，了解到该班学生英语学习基础较好，大约80%的学生在课堂上愿意表达自己的观点。具体而言，该班级学生已完成Unit 9整个单元的学习，已基本掌握单元目录中列出的目标语言。同时，学生均有过到全国各地的游学经历，对于单元话题“Fun places”有切身的感受和分享表达的欲望。

【教学目标】

知识目标：

（1）正确运用“Have you ever done...？”“I have（never）done...”“If you go... you can/will...”“One great thing about... is...”等结构来谈论自己去某地的经历，向他人推介有趣的地方。

（2）恰当运用“peaceful，perfect，safe，unbelievable，unusual”等形容词来描述自己对某个地方的感受。

技能目标：

（1）能够在听力中获取本单元所学到的重要地点及相关的描述感受的形容词。

（2）能够在阅读中归纳文章结构，形成思维导图，并借助思维导图有结构、成体系地向他人推荐一个地方。

情感态度：

敢于分享、乐于分享且有能力用英语分享自己的旅游经历。

积极帮助他人，用自己的亲身经历和已有经验为他人出行提供参考。

文化意识：

了解中国各地的历史、人文、自然景观，热爱本土文化和风土人情。同时兼容并包，了解世界上其他的旅游名城，如悉尼。

【教学重难点】

教学重点：

引导学生在听力中准确识别单元目标语言（places and feelings），在阅读中有效提取谈论这一话题所需的框架结构和语言素材，并运用这一框架结构和语言素材表述自己的亲身经历。

教学难点：

学生在推荐一个地方时，能综合并准确地运用现在完成时、一般现在时和一般过去时来描述自己去某地的经历。

【教学手段】

综合运用音频、视频、图片、文字材料和PPT等媒介和手段展开教学。

【教学过程】

教学环节 （Teaching Steps）	教师活动 （Teacher's Activities）	学生活动 （Students' Activities）	设计意图 （Design Intention）
Step 1: Lead-in	Play a video about students' school trip and weekend/ holiday activities. Ask Ss: Where have you been on your school trip/on your weekend/holiday? What did you do/see there? What do you think of it? What other places have you ever been to? Do you like it? Why?	Watch the video and answer: I have been to... I took many photos. I ate delicious food. I saw... I think it's... 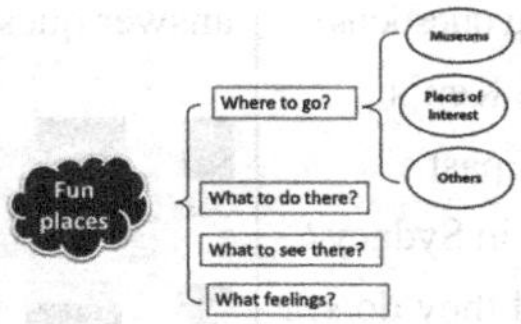 Fun places Where to go? Museums Places of interest Others What to do there? What to see there? What feelings?	导入话题，利用本单元的核心句型“Have you ever been to...”提取学生生活认知，将学生个人经历和单元主题“Fun places”以及对这些地方的“feelings”联系起来。在和学生口语互动的过程中，有意识地将学生提到的地点进行分类：museum，fun park，places of interest，research base等。从课堂一开始便架构本节课的mindmap，最后一个问题为后面学生介绍一个去过的地方做铺垫
Step 2: Listening	Ken, a student from Sydney, is on his school trip in Paotongshu Middle School. He made friends with Lin Lin. Listen to a conversation between them and complete a chart. 1st listening: What places has Ken ever been to? What places are suggested by Lin Lin? 2nd listening: What are their feelings about these places?	Listen and complete the chart. 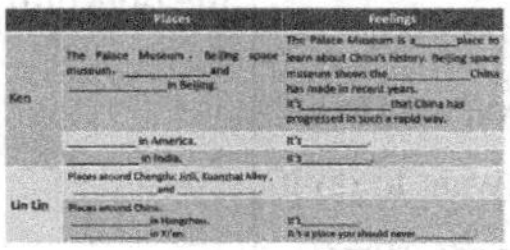 Places Feelings Ken Lin Lin Answer T with full sentences: Ken has been to... He thinks it's... If he goes to... he can...	以听力的方式复习本单元所学到的“Fun places”和描述“feelings”的形容词，如unusual，peaceful，unbelievable等。同时，也是对关键词块“the achievement China has made”“China has progressed in such a rapid way”以及核心句型“...have/has been to...”的强化巩固。 教师在这个过程中和学生一起继续完善思维导图

续 表

<table>
<tr><th>教学环节
（Teaching Steps）</th><th>教师活动
（Teacher's Activities）</th><th>学生活动
（Students' Activities）</th><th>设计意图
（Design Intention）</th></tr>
<tr><td>Step 3：1st reading</td><td>Lin Lin's school is going to have a school trip around Sydney, Australia. Here is an article from Ken. Please read the article and take notes</td><td>Read the article and take notes.
Take notes
Size and location: ______
Population: ______
Weather: ______
History: ______
Places to visit: ______</td><td>主题阅读训练：
阅读一篇有关Sydney的文章，引导学生利用“take notes”的阅读策略，梳理文章脉络，引导学生关注怎样介绍一个地方（包括size and location，population，weather，history，places to visit）</td></tr>
<tr><td>Step 4：2nd reading</td><td>Read again and answer the following questions：
1. What are Ken's classmates' past experiences in Sydney?
2. What did they do/see there? What have they learned?</td><td>Read the article again and answer questions.
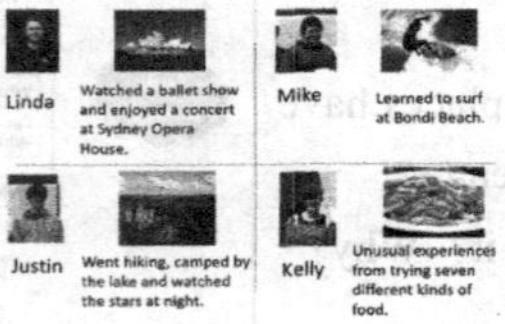
Linda
Watched a ballet show and enjoyed a concert at Sydney Opera House.
Mike
Learned to surf at Bondi Beach.
Justin
Went hiking, camped by the lake and watched the stars at night.
Kelly
Unusual experiences from trying seven different kinds of food.</td><td>深入阅读文章，引导学生关注不同的人对同一个地方关注点不一样，感受也各不相同</td></tr>
<tr><td>Step 5：Discussion</td><td>1. Do Ken's classmates have the same feeling about Sydney?
2. What does each of them think is fun about Sydney?
3. Where do you want to go/what do you want to do if you go to Sydney? Why?</td><td>Work in a group to discuss the question</td><td>探究单元主题意义：
不同的人对同一个地方会有不同的感受，只要在生活中善于观察和思考，你在生活中的任何地方都会发现乐趣，发掘其不同的内涵</td></tr>
<tr><td>Step 6：After reading</td><td>How to introduce a place according to the passage?</td><td>Take notes
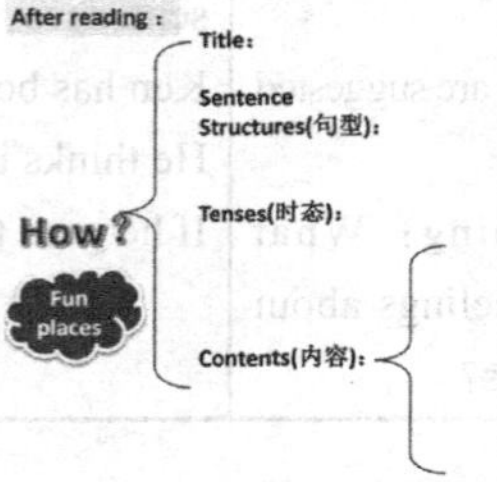
After reading：
Title：
Sentence Structures(句型)：
Tenses(时态)：
Contents(内容)：
How?
Fun places</td><td>引导学生关注文章结构和目标语言，为后一部分口语输出做铺垫</td></tr>
</table>

续 表

教学环节（Teaching Steps）	教师活动（Teacher's Activities）	学生活动（Students' Activities）	设计意图（Design Intention）
Step 7：Pair work	I know you have been to many places. Which place do you want to share with Ken? Why?	Ss talk with their partner about the places they want to share and explain their reasons	将单元主题与学生实际生活相结合，让学生明白学完这个单元可以用英语向他人推介自己去过的好玩的地方，包括对这些地方的所思、所想、所感等，并引导学生利用本单元所学的语言知识来达成这一目的
Step 8：Presentation	Choose several students to show their introduction	Students introduce the places	通过不同学生的介绍，完成单元主题意义的建构
Assignment			
Write an article or make a poster to introduce one place you have ever been to and explain the reasons why you want to introduce it			

【板书设计】

Unit 9 Have you even been to a museum?

（Revision）

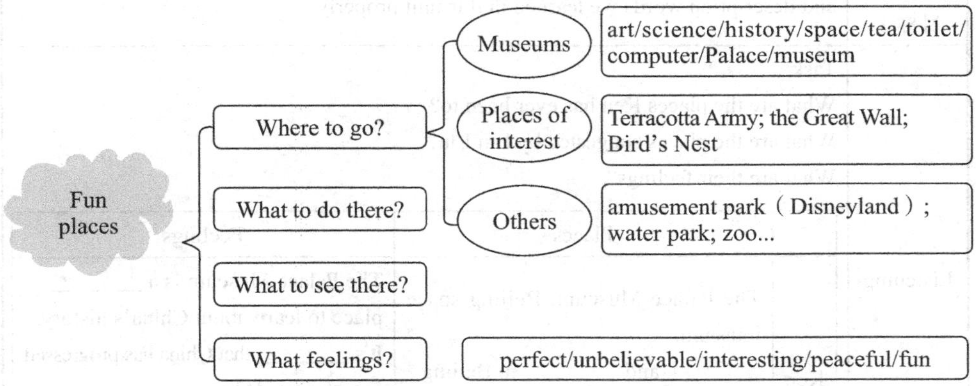
Fun places
Where to go?
What to do there?
What to see there?
What feelings?
Museums
Places of interest
Others
art/science/history/space/tea/toilet/computer/Palace/museum
Terracotta Army; the Great Wall; Bird's Nest
amusement park（Disneyland）; water park; zoo...
perfect/unbelievable/interesting/peaceful/fun

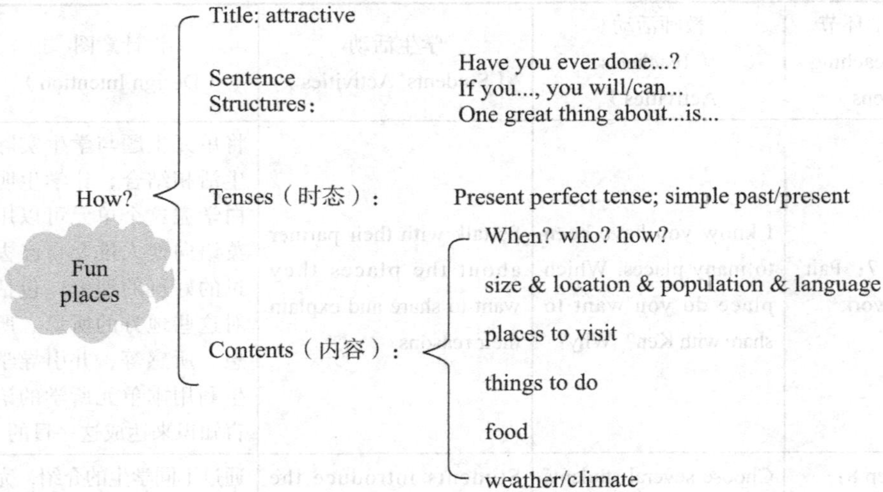
Fun places
How?
Title: attractive
Sentence Structures:
Have you ever done...?
If you..., you will/can...
One great thing about...is...
Tenses（时态）:
Present perfect tense; simple past/present
Contents（内容）:
When? who? how?
size & location & population & language
places to visit
things to do
food
weather/climate

【学案】

八年级（下册）Unit 9 Have you even been to a museum?

单元话题复习课导学案

Lesson type	Revision
Learning Objective（学习目标）	By the end of this period, we'll be able to make a speech to introduce one place with the help of the mind map. we'll be able to use different tenses, sentence structures and description words we learned in this unit properly
	Task: What are the places Ken has ever been to? What are the places suggested by Lin Lin? What are their feelings?

Listening		Places	Feelings
	Ken	The Palace Museum, Beijing space museum. ________ and ________ in Beijing	The Palace Museum is a ________ place to learn about China's history. It's ________ that China has progressed in such a rapid way
		________ in America	It's ________
		________ in India	It's ________

续 表

<table>
<tr><td colspan="2">八年级（下册）Unit 9 Have you even been to a museum?
单元话题复习课导学案</td></tr>
<tr><td>Lesson type</td><td>Revision</td></tr>
<tr><td>Listening</td><td>
<table>
<tr><td>Lin</td><td>Places around Chengdu:
Jinli, Kuanzhai Alley.____ —Guose Tianxiang and ______</td><td></td></tr>
<tr><td>Lin</td><td>Places around China:
________ in HangZhou.
________ in Xi'an</td><td>It's______.
It's a place you should never ______</td></tr>
</table>
</td></tr>
<tr><td>Reading</td><td>
Sydney——A Place You Should Never Miss!
Have you ever been to Sydney? It's the best place I have ever been to so far! Last summer, I went there with my schoolmates on our school trip. It took us three hours to get there by plane. It was really tiring but worthy（值得的）.
Sydney is the largest city in Australia as well as the state capital of New South Wales. It is a wonderful, modern city with a population of more than four million people. Sydney was established（建立）in 1788 as the first British colony（殖民地）in Australia. There are many places of interest in Sydney. Here are some of my schoolmates' comments about it
<table>
<tr><td>I like the Sydney Opera House best. It's such a fantastic building. It was opened in 1973 and is now one of the busiest performing arts centers in the world. I watched a ballet show at Joan Southland Theatre and enjoyed a concert at the Concert Hall. The sound effects and lighting were the best I've ever experienced. If you go to Sydney, be sure to visit it and watch a performance there.
—Linda</td></tr>
<tr><td>I like Boudi Beach best. It is Australia's most beautiful beach. If you go to Sydney, you should pay a visit to it. There are many things you can do at Bondi Beach, including learning to surf（冲浪）and diving（潜水）. I learned how to surf during my last visit. It is the most exciting I have ever done. I shall never forget it.
—Mike</td></tr>
<tr><td>One great thing about Sydney is that if you get tired of being in a city and want to go somewhere quiet and peaceful. You can go to the Greater Blue Mountains Area. It is made up of seven beautiful national parks. It is just about a 90-minute drive from Sydney. I went hiking in the mountains, camped by the lake and watched the stars at night. It's the most relaxing part of my trip.
—Justin</td></tr>
</table>
</td></tr>
</table>

续 表

<table>
<tr><td colspan="2">八年级（下册）Unit 9 Have you even been to a museum?
单元话题复习课导学案</td></tr>
<tr><td>Lesson type</td><td>Revision</td></tr>
<tr><td>Reading</td><td>Have you ever tried different kinds of food in Sydney? If you are a foodie like me, I am sure Sydney won't let you down. I tried seven different kinds of food from different countries. Each of them had its unique（独特的）flavor but all of them were quite delicious. If you miss Chinese food, you can go to areas like Chinatown for all kinds of Chinese food. Besides, you can also try Australian, Greek and African food. I believe they will bring some unusual experiences to you.
—Kelly

Sydney has four seasons. Its coldest month is usually July, and its warmest month is usually January. No matter which month you choose to go, there will always be some fun and exciting activities for you in Sydney.
If you come to Australia, be sure to visit me. I can be your guide and I can show you around my neighborhood and the city. If you are interested in animals, I can take you to the zoo. If you like buying things, I can take you to the Market Fair.
All in all, Sydney is such a perfect place that you should never miss!

1. What are Ken's classmates' past experience in Sydney?
2. What did they do/ see there? What have they learned?

Take notes
Size and location: ________
Population: ________
Weather: ________
History: ________
Places to visit: ________
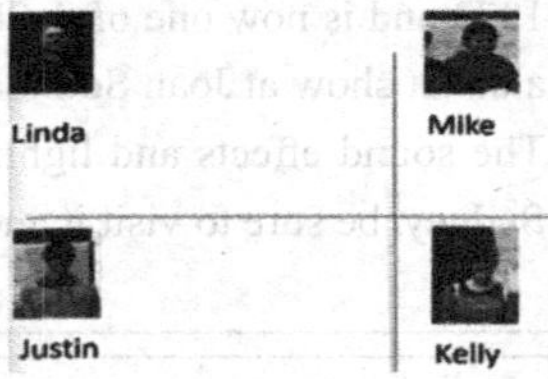
Linda
Mike
Justin
Kelly</td></tr>
<tr><td>Mind map</td><td>Fun places
How?
Title: attractive
Sentence Structures（句型）:
Tenses（时态）:
Contents（内容）:</td></tr>
</table>

【课后反思】

1. 情境真实，主线突出，内容贴合学生亲身经历

我课前特意剪辑了一段该班学生游学经历的视频，并将该视频引入课堂，建立起学生亲身经历与主题语境的联系。紧接着创设Ken到我校访学，并与学生交流的情境。通过听力练习，让本单元核心语言在这一情境中得到真实呈现。后面的阅读、口语输出、写作都紧紧围绕Ken和学生相互谈论与推荐去过的地方展开。

2. 听、说、读、写层层递进，且聚焦单元主题意义的探究

在课堂教学时，我始终抓住单元的话题“Fun places”，突出对其中不同地方趣味性的挖掘。引入环节，通过口语对话，激活学生的生活认知，让学生初步建构单元话题知识结构。听力环节，复习提升听说技能，完善话题语言知识结构。阅读环节，复习提升阅读技能，探究单元主题意义。口语输出环节，运用单元所学，拓展语言输出，表达单元主题意义。

3. 应更加注意各板块内容详略的把握，让课堂更有节奏感

课堂前半部分的听力文段较长，有3分钟之久，所需记录的信息也较多，让一部分学生产生了畏惧情绪和挫败感，影响了课堂氛围。阅读部分，提取信息板块应该稍加弱化，而更多地聚焦学生读后的讨论，引发学生深度思考，让单元主题意义的探究体现得更加充分，同时，留出更多的时间用于最后的口语展示。

【课例评析】

本篇教学设计是人教版教材Go for it八年级（下册）Unit 9 Have you ever been to a museum? 的复习课。单元复习课不同于新课教学，是综合性的复习课教学。在单元复习课教学中，需要有机融合听、说、读、看、写五种基本技能进行语言实践，发展学生的语言技能，为真实语言交际打下基础。基于主题意义探究的单元话题复习课则需要设计多层次、有针对性的教学活动，让学生在已有经验的基础上探究单元话题的主题意义，从而提升学生综合运用语言的能力、思维品质以及文化意识。在此理念下，该教学设计清晰地呈现了以下几点：①基于主题意义探究；②紧扣单元话题；③体现了复习课的综合性。其创新点主要体现在以下几个方面：

（1）在进行本课的教学设计之前进行了单元文本的解读，提取了单元话题的主题意义。

教材文本将生活、观察、学习三者关联在了一起，让学生在生活中学会观察，观察即学习。主题意义在于：在你曾经去过的任何地方，只要你善于观察、学习和思考，你一定能了解和发现这些地方不同的趣味及其文化内涵。主题意义的提取使整体的教学设计变成了“有魂”的设计，目标很聚焦。

（2）在整体的教学设计中，教师创设了与主题意义密切相关的语境。

教师在设计时主要以Ken这个人物为主线，他来到了泡桐树中学访学，与大家进行相互交流，交流的主题是：谈论自己曾经去过的places，通过谈论所做、所看、所想、所学等来突出fun的含义。

（3）根据话题的语境设计了一系列体现探究主题意义的教学活动。

① Ken与泡桐树中学的学生Lin Lin之间的对话，对话的内容为Ken谈论自己在北京去过的地方，Lin Lin给Ken推荐了她去过的有趣的地方。（听、说）

② Ken和他的同学跟Lin Lin班级的同学交流他们在悉尼school trip的经历。不同的同学谈论了不同的地方，不同的同学有不同的感受。（读、讨论——包含阅读策略take notes的再次训练及主题意义的探究）

③ 泡桐树中学的学生与Ken交流了自己曾经去某地的经历并进行了推荐。（说、写——主题意义的表达及升华）

这些活动具有逻辑性和递进性，采用不同的方式来开展，通过听、说、读、写等综合技能的训练来完成本节课的复习教学，探究主题意义，表达并升华主题意义。

（4）思维导图的设计贯穿始终。

在设计的整个教学过程中都注重采用思维导图的方式来建构单元话题语言知识。“思维导图入、思维导图出”，思维导图的方式贯穿整个教学的始终。

该教学设计可以概括为以主题为主线、以语言为暗线、以主题意义为魂、以思维导图为形式的教学设计。

（成都市青羊区教育科学研究院　王玉梅）

Go for it 九年级 Unit 10 You're supposed to shake hands.

【背景介绍】

活动名称：四川省周丽名师鼎兴工作室唐红梅子工作室“初中英语单元话题复习”教学研究

授课地点：成都西川中学

授课时间：2020年1月9日上午

授课班级：成都西川中学2018级（2）班

授课教师：成都西川中学　陈正平

【教学设计思路】

本单元的主题意义在于深入理解礼仪的重要性，单元话题属于《义务教育英语课程标准（2011年版）》中的人际交往（Topic 8：Interpersonal communication）。基于该主题意义的教学设计应引导学生关注各国不同的礼仪，学习必要的文化礼仪常识，理解文化差异，提升跨文化意识，从而做到入乡随俗。

本课通过回顾各国问候礼仪的小测试引入教学。用what，how，when完成填表，回顾西方用餐礼仪；思考中西方用餐礼仪的异同、两人对话；根据表格罗列中西方用餐礼仪中的“Dos”和“Don'ts”，对话合作巩固学生礼仪常识；在情境中思考假如要去西方国家留学，还有什么其他礼仪是需要知道的，小组合作为即将出国留学的同学提供参考建议；最后是写作环节，告知同伴自己印象最深刻的2～3条西方礼仪习俗，同时表达自己在国外的适应情况。

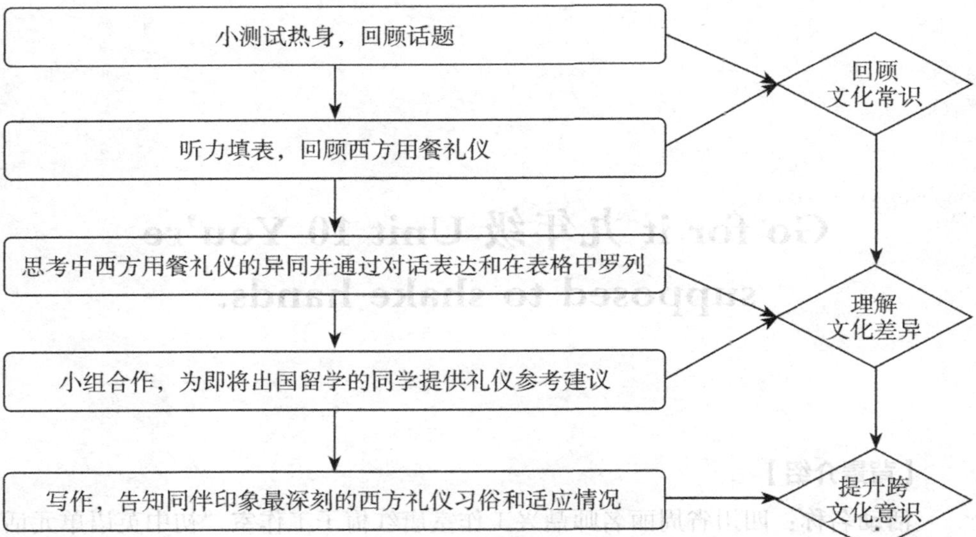
小测试热身，回顾话题
听力填表，回顾西方用餐礼仪
思考中西方用餐礼仪的异同并通过对话表达和在表格中罗列
小组合作，为即将出国留学的同学提供礼仪参考建议
写作，告知同伴印象最深刻的西方礼仪习俗和适应情况
回顾
文化常识
理解
文化差异
提升跨
文化意识

【教学分析】

教材分析：

本单元的话题是习俗（Customs），功能是谈论不同国家的习俗和应该做的事（Talk about customs and what you are supposed to do）。本节课的教学内容由教师自创，依据回顾文化常识（复习重点词汇句型）—深入理解文化差异（强化目标语言）—提升文化意识（巩固并拓展语言表达）的教学思路来编写内容，以单元话题为线索，将单元内容与其他活动整合，帮助学生梳理、内化、活用本单元各课时重要内容，发展学生听、说、读、看、写等综合能力。本课第一部分为Listen and fill in the blanks（听录音填空）。听力练习中如table manners，give a call等关键信息的填入有利于学生回顾、重温本单元的文化常识、重点词汇和句型；第二部分为Find the differences between Chinese and French table manners and the differences in other customs（找出中法两国之间在用餐礼仪以及其他文化习俗之间的差异）。学生通过填写中西方餐桌礼仪异同的表格和讨论其他文化异同可以更深入地理解文化差异，在较为真实的语境中运用目标语言；第三部分为写作。学生通过写作，巩固和拓展与文化习俗相关的语言表达，活用语言，提升跨文化意识。

学情分析：

学生进入初三，语言表达能力更强了。同时礼仪、习俗是学生比较感兴趣的话题。在国际交流频繁的时代，较多学生对各国礼仪的背景知识比较了解，所以表达较顺畅。但少部分学生在词汇记忆和用英语自由表达上有困难。教师要注意学情差异，设计的教学活动要有一定梯度，做到既巩固旧知，又鼓励不同层次的学生更好地展示自己，都能进行深度学习。

【教学目标】

知识目标：

（1）总结归纳重点词汇和常用表达，如exchange，suggestion，drop by，get mad，go out of one's way，get used to等。

（2）巩固并熟练运用be supposed/expected to do 和It is adj to do等核心句式，拓展其他的习俗，进行对话、写作表达。

技能目标：

（1）能在听力练习中，借助上下文，通过预测获取信息。

（2）能借助笔记和归纳要点的方式，加强语言记忆，使短时记忆转化为长期记忆。

（3）能通过对话和小组合作等方式在语境中加深对中外文化的理解。

情感目标：

能深入理解各国文化背景、礼仪习俗，进一步学习在不同场合的得体表现，提升跨文化意识。

【教学重难点】

教学重点：

（1）引导学生总结归纳重点词汇和常用表达。

（2）引导学生在特定的语言环境中灵活运用be supposed/expected to...，/it is adj to do...等核心句式自由谈论他国礼仪习俗。

教学难点：

激励学生用所学语言结构重组语言、交流思想并自由表达。

【教学手段】

使用黑板和多媒体等辅助工具。

【教学过程】

教学环节 (Steps)	教师活动 (Teacher's activities)	学生活动 (Students' activities)	设计意图 (Explanation)
Step 1: Quiz	Ask students how people in some countries are supposed to greet each other for the first time	Review how people in different countries are supposed to greet each other for the first time by finishing the quiz	To help Ss review the ways of greeting in different countries and get ready for the class
Step 2: Listening	1. Ask students if they know something about the table manners of foreign countries like Japan or India, and to predict the listening material about the table manners at a dinner party. 2. Play the audio and ask Ss to fill in the blanks. 3. Ask Ss to share the answer. *Task 2 Listen and fill in the blanks* 1. Table manners at a dinner party What to know? — You are supposed to know how to use knives and forks, when to drink a toast and 2. how to behave at the table. How to use tableware at table — There are 2 pairs of knives and forks on the table, forks on the left and knives 3. on the right of the plate. The big spoon is for the 4. soup and the small one is for the dessert. What to bring — You'd better bring 5. drinks like juice or beer. When to arrive — Arrive on time or no more than 5 minutes late. If you are sure to be late, you are supposed to 6. give a call/call them.	1. Review the table manners in some foreign countries and predict the missing words. 2. Listen and fill in the blanks. 3. Check the answers	1. To review some information about table manners. 2. To learn to predict through context
Step 3: Pair work	1. Tell students that both China and France pay more attention to table manners and if they know the differences between them. 2. Ask students to finish the information gap. 3. Have Ss make a conversation according to their charts with the information gap. *Task 3 Do you know about the difference between Chinese and French table manners? Work in pairs and make a conversation.* Student A from China　Student B from France (France / China) 1. dining tools 2. point at anyone with your tools 3. stick your dining tools into your food 4. cut your food up 5. eat first 6. talk when you are eating 7. put you elbows on the table 8. put your bread	1. Think about the differences in table manners. 2. Finish the information gap. 3. Make a conversation according to the charts with the information gap	1. To review the different table manners between China and France, which may stand for the eastern and western culture. 2. To recall the usage of key words and sentences by making conversations

续 表

教学环节（Steps）	教师活动（Teacher's activities）	学生活动（Students' activities）	设计意图（Explanation）
Step 4: Report	Have students make a report about the table manners in China and France	Make a report about the table manners in China and France	1. To consolidate the usage of key words and sentences orally. 2. To develop logical thinking through describing. 3. To get a deeper understanding about the cultural differences between 2 countries
Step 5: Group work	Tell Ss one of them is going to France to study and have them: 1. Make a discussion about other customs in France and list them. 2. Work in groups to give suggestion about the customs in France	1. Have a discussion about other customs in France and list them. 2. Work in groups to give suggestion about the customs in France	1. To widen their knowledge of western customs and manners by working in groups. 2. To encourage Ss to talk freely with the key information in a friendly environment
Step 6: Writing	Have students imagine they have studied in France for a period of time. Write a letter to a friend who is studying in the UK and tell her/him 2～3 customs that impress them most and if they are used to them	Use their imagination and write a letter to a friend and share 2～3 customs that impress them most and if they are used to them	1. Consolidate the key words and key sentences. 2. To express their better understanding of the culture of foreign countries

【板书设计】

Unit 10 You're supposed to shake hands.（Revision）

Customs
bow
shake hands
kiss

eat with chopsticks/hands
hit an empty bowl

It's impolite to...
It's important to...
You're supposed to...
You're expected to...

	France	China
1. Dining tools	Knives and forks	Chopsticks
2. Point at anyone with your tools	No	No
3. Stick your dining tools into your food	No	No
4. Cut your food up	Yes	No
5. Eat first	Don't eare	The elders
6. Talk when you are eating	OK	OK
7. Put you elbows on the table	No	OK
8. Put your bread	On the table	On the dish or in a bowl

【学案】

Unit 10 You're supposed to shake hands.（Revision）

Task 1：Listen and fill in the blanks.

	______1______ in a dinner party
What to know?	You are supposed to know how to use knives and forks，when to drink a toast and ______2______ at the table
How to use tableware at table	▲ There are 2 pairs of knives and forks on the table，forks on the left and knives ______3______ the plate. ▲ The big spoon is for the______4______ and the small one is for the dessert
What to bring	▲You'd better bring ______5______ like juice or beer.
When to arrive	▲ Arrive on time or no more than 15 minutes late. ▲ If you are sure to be late，you are supposed to ______6______

Task 2：Do you know about the difference between Chinese and French table manners? Work in pairs，finish the table and make a conversation.

Project	France	China
1. Dining tools		
2. Point at anyone with your tools		
3. Stick your dining tools into your food		
4. Cut your food up		
5. Eat first		
6. Talk when you are eating		
7. Put you elbows on the table		
8. Put your bread		

Task 3：Writing. Supposed you have studied in France for a period of time. Write a letter to your friend Linda who is studying in the UK and tell her 2 ~ 3 customs that impress you most and if you are used to them.

____

____

____

____

____

【课后反思】

在之前的单元复习课中，我过多重视词汇、句型和语法的过手练习，忽视了基于单元主题意义的深入研究与整合教材，在教学中学生的主体地位发挥不够充分。本次教学设计以礼仪习俗为主题整合教材，以学生回顾文化常识、理解文化差异、提升跨文化意识为主线贯穿全课，学生在课堂上参与度较高，学习兴趣浓厚，教学效果大为改观。

对教材的反思：重新整合教材，设计了七个教学环节，更利于学生在听、说、读、看、写等方面得到体验和适当提升，同时使学生的学习策略、思维品质得到提升。作为一线教师，在备教材时应更加深入地理解教材的主题意义，思考如何在复习课中提升学生的学科核心素养，从而更好地激发学生的学习动力和热情，达到事半功倍的教学效果。

对教学的反思：英语教学的目的在于培养学生运用英语进行交际的能力。学生的学习存在个体差异，不同学生在学习同一内容时，认知基础、情感准备、学习能力倾向不同，决定了需要的帮助不同。从这次教学中我感受到，本节课的教学设计符合学生的认知规律，由浅入深、层层推进，基于主题意义设计的教学给予学生更多用英语陈述事实、表达观点、分享感受的机会。

【课例评析】

本单元选自人教版教材Go for it九年级Unit 10 You're supposed to shake hands。本课时的教学内容是这个单元的Self Check部分，即单元复习课。陈老师在进行该单元话题复习时，从探究主题意义出发，整合、拓展、拔高了教材，创设了一节优秀的单元复习课。围绕该单元的话题，本节课着重引导学生关注各国的不同礼仪，学习必要的文化礼仪常识，理解文化差异，提升跨文化意识，从而做到入乡随俗。

1. 立足主题意义，清晰设计主线

陈老师将语言知识和语言技能（Talk about customs and what you are supposed to do）融入语境、语篇、语用和主题，坚持以话题为核心，以功能和结构为主线，让学生在实践运用中通过解决问题的形式掌握知识、体验知识。陈老师在设计教学活动时以学生为主体，以主题意义为抓手，通过丰富的教学活动以中外习俗异同作为情境主线串联。本堂课教学内容通过七个教学task进行串联，各环节连接如下：

Review the ways of greeting in different countries and get ready for the class → Predict the material about the foreign table manners at a dinner party，Listen，check → Review the different table manners between China and France，recall by making conversations → Make a report about the table manners in China and France →

Group work：have a discussion about other customs in France，give suggestion → Writing：imagine you have studied in France，write a letter to a friend in the UK about the customs.

以上七个教学任务中，前三个教学活动是帮助学生回顾基本的文化常识，巩固本单元的重点词汇和目标句型的使用，教学活动4～6的目的是帮助学生更深入地理解文化差异，在较为真实的语境中运用语言以及拓展其他的习俗及相关的语言表达，这些教学活动能够帮助学生提升跨文化意识，活用语言。

2. 立足主题意义，品味浓浓文化

新课标提出培养学生文化意识的切入点是中外优秀文化，学生的文化意识应是基于文化知识建构的文化意识，是通过对文化知识的学习、内涵的理解和文化传统的比较而形成的。本文以主题语境customs为引领，帮助学生进一步感知各国文化背景、礼仪习俗，学会在不同场合得体表现。陈老师以活动为载体，以促进学生语言综合表达能力为导向，设计了科学、合理的教学目标，以及与之匹配的听、说、读、看、写学习活动。陈老师在设计教学活动时以学生为主体。活动设计遵循由易到难的原则，丰富的教学活动内容与单元主题和学生生活相关联，紧密围绕“人与社会”的主题语境，既培养了学生综合运用语言的能力，也在融入英语学科核心素养的基础上培养了学生归纳、分析、对比、评价等思维品质。另外，陈老师不仅设计了环环相扣的教学活动，也深挖了中法、美法礼仪文化的异同。

（四川省周丽名师鼎兴工作室　成都市武侯区教育科学研究院　唐红梅）

Go for it 九年级 Unit 14 I remember meeting all of you in Grade 7.

【背景介绍】

活动名称：四川省周丽名师鼎兴工作室唐红梅子工作室“初中英语单元话题复习”教学研究

授课地点：成都武侯外国语学校

授课时间：2020年4月23日

授课班级：成都武侯外国语学校2018级（3）班

授课教师：成都武侯外国语学校　李建峰

【教学设计思路】

本节单元话题复习课以School days（在校时光）为主题线索，将Self Check内容和教师创设的活动进行整合，以回顾“难忘的在校时光”的任务驱动学习，以听“一位学生的毕业演讲”和“设计自己的毕业演讲稿”为情境链和任务链，在真实语境中帮助学生回顾、梳理、总结单元知识点，整合、内化单元内容，在听、说、读、看、写活动中，提升学生的能力与素养。在这种意义、形式兼顾的复习课中，学生不仅通过整合、运用知识点进行交流，而且可以产生情感和思维的共鸣，达到知行合一的目的。

具体操作如下：

（1）布置课前任务：制作本单元思维导图。要求学生课前自主复习，根据话题梳理本单元知识点。

（2）引入话题：教师出示Free talk问题，学生借助课前制作的思维导图来回顾单元主题背景与表达，预热单元核心表达，唤醒旧知。

（3）创设情境，激活旧知：听前，勾画题干并预测问题，激活已学知识；听中，根据录音完成对话，复习核心词汇与表达；听后，检查答案，朗读原文，使用思维导图梳理知识体系，并创编对话。

（4）完成Self Check练习：根据练习题干要求，使用目标语言完成练习。

（5）进行语篇写作，学生互评，教师点评。

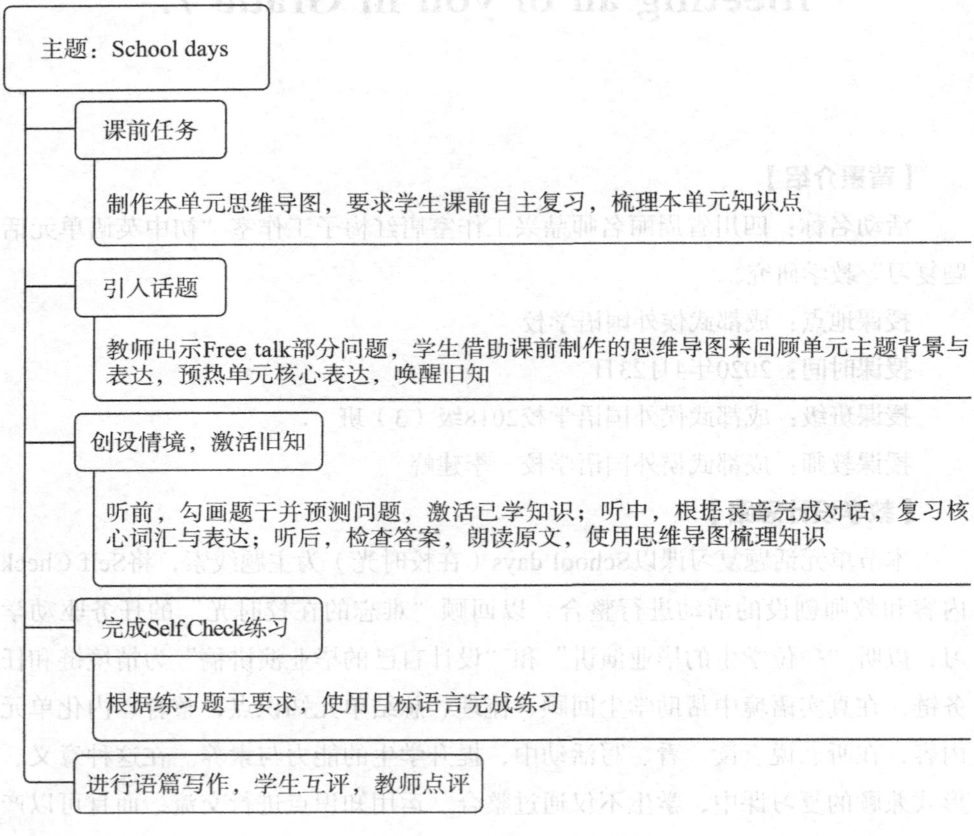
主题：School days
课前任务
制作本单元思维导图，要求学生课前自主复习，梳理本单元知识点
引入话题
教师出示Free talk部分问题，学生借助课前制作的思维导图来回顾单元主题背景与表达，预热单元核心表达，唤醒旧知
创设情境，激活旧知
听前，勾画题干并预测问题，激活已学知识；听中，根据录音完成对话，复习核心词汇与表达；听后，检查答案，朗读原文，使用思维导图梳理知识
完成Self Check练习
根据练习题干要求，使用目标语言完成练习
进行语篇写作，学生互评，教师点评

【教学分析】

教材分析：

本节课教学内容为人教版Go for it教材2019版九年级下册Unit 14 I remember meeting all of you in Grade 7. Self Check部分。本单元主题是School days，功能是

分享过去的回忆与经历（Share past memories and experiences），展望未来（Look ahead to the future）。

教材Self Check练习1要求学生通过按照题干要求，讨论、回顾在校时光（School days），写下不同经历的感受，鼓励学生分享自己的答案与感受，教师点评。Self Check练习2要求先学生快速阅读短文了解大意，进行短文填空，核对答案时学生应说出填写该动词的理由。然后集体朗读，根据短文结构和重点词汇仿写短文。此部分的训练进一步巩固目标语言的使用并加深学生对初中生活的印象。Self Check中的练习1和练习2之间的关系为进一步复习→巩固，反馈→语言输出。

本单元话题复习课除了复习核心单词、短语和句式、回顾初中生常见的校园活动及经历，还要口头和笔头描述过去、展望未来，写出毕业演讲稿。

对于学有余力的学生，可以推荐观看TED中的名人毕业演讲来开阔学生视野，发展学生的思维品质与增强学生的表达能力。本单元强调基于主题意义的探究，以解决问题为目的，整合语言知识和语言技能的学习与发展，通过对不同观点的讨论，提高学生的鉴别和评判能力。此外，通过对中外文化的比较，培养学生的逻辑思维和批判性思维，引导学生构建多元文化视角，让学生体验不同的生活，丰富学生的思维方式。

学情分析：

本节课是四川省周丽名师工作室鼎兴工作室唐红梅子工作室“单元话题复习”教学研究活动的一节公开课，学生为授课教师本班学生。绝大多数学生性格开朗，虽然是九年级的学生，但是他们仍对英语学习抱有很大的兴趣，学习积极性高；多数学生有良好的英语学习习惯，基础知识掌握尚可，能够按照要求通过独立或小组合作完成对应练习。此外，一方面，由于疫情，学生对生命、友谊、成长都有了新的认识与理解，对本话题内容有了更多的共鸣、共情，学生有更加强烈的意愿表达自己的感受与体验；但另一方面，也正是因为疫情影响，部分学生的英语口语表达退步，语言输出想象力不够，新词汇和表达积累不足，不能熟练使用学过的词汇表达、描述自己的感受，不能在新情境中灵活运用，课堂生成受到影响。

【教学目标】

知识目标：

（1）词汇：使用excited，happy，worried，sad，tired，proud，shy等形容词来描述对初中生活的感受。

（2）运用一般现在时、过去时和现在完成时谈论对初中生活的回忆和经历。

技能目标：

（1）能够通过图片与表格预测听力具体内容。

（2）能够使用思维导图归纳总结单元知识点内容，并把它用在表达和交流中。

（3）能够模仿发言稿，结合思维导图来创作自己的毕业演讲稿。

情感态度：

感恩老师的教导、同学的帮助、父母的付出，珍惜校园生活；鼓励学生认识自我、提升自我、发展兴趣、展望未来。

文化意识：

（1）国外毕业生会通过毕业晚会的形式来回忆初中生活和经历。

（2）使用书信来感恩曾经帮助过你的人。

【教学重难点】

教学重点：

（1）引导学生将课前的知识归纳与本单元的主题意义相结合，分类归纳表达。

（2）引导学生结合课堂的目标句型进行对话，并进行语言输出。

教学难点：

（1）围绕单元话题，通过“描述自己的不同回忆和经历”“自己的改变”和“展望未来”来梳理目标语言，深度理解重点语言知识，综合运用核心知识。

（2）正确使用时态来描述不同阶段的变化与感受。

（3）灵活使用对应的听力策略和技能理解听力材料，听的过程中捕捉关键词，归纳中心思想。

【教学手段】

PPT、人工语音合成音频。

【教学过程】

教学过程和时间安排（Procedures and time allocation）	教师活动（Teacher's activities）	学生活动（Students' activities）	设计意图（Explanation）
Task one: Greeting & Warming up（2 min）	Greet the students and ask students to have a free talk about the contents. We will review with the help of their mind maps and the thematic meaning of this unit. 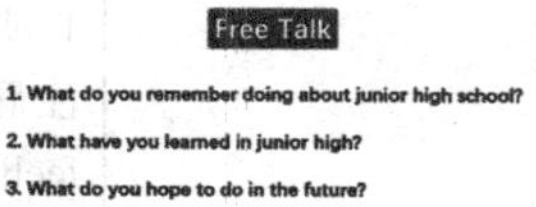 Free Talk 1. What do you remember doing about junior high school? 2. What have you learned in junior high? 3. What do you hope to do in the future?	Greet the students and ask students to have a free talk about the contents. We will review with the help of their mind maps and the thematic meaning of this unit. 1. What do you remember doing in junior high school? 2. What have you learned in junior high? 3. What do you hope to do in the future?	结合课前复习与学生总结的思维导图进行Free talk，激活学生基于单元主题意义的背景知识、主题词，预测本堂课的教学内容。如果学生无法及时呈现，教师提供微语境，调动和激活学生所学知识
Task two: Listening（15 min）	Show a thank-you letter from graduates and ask students to predict what she remembered in the past three years and what the coming future will be. 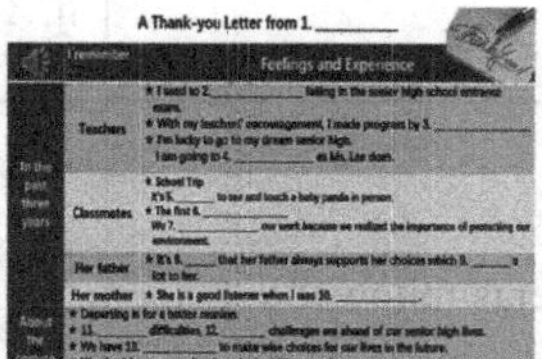 A Thank-you Letter from 1. Feelings and Experience Teachers Classmates Her father Her mother	Students read the picture and chart and predict the contents/main idea they are going to catch. Students listen and fill in the chart. Students listen and summarize the sentence pattern and thematic meaning of this topic	1. 根据图片和表格，将听力内容归类，明确听力内容（feelings and experiences），有针对性地预测文章信息。 2. 关注主题意义下的重点词汇与表达，提取和加工听力材料。 3. 感恩老师、同学、家长的付出、关心与陪伴，分享成长中的喜悦与自豪，在展望未来时勇于面对挑战与困难

续 表

教学过程和时间安排（Procedures and time allocation）	教师活动（Teacher's activities）	学生活动（Students' activities）	设计意图（Explanation）
Task three: Make a summary in groups and complete the knowledge （5 min）	Help students to improve their mind maps with the help of the thematic meaning. 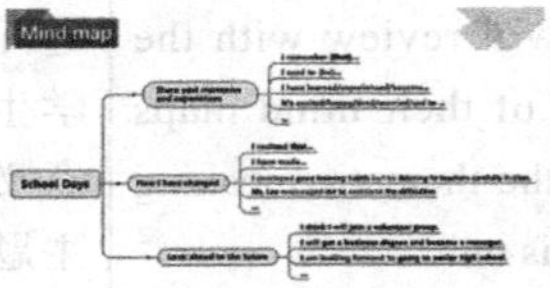 Mind map School Days	Students work in groups to improve their mind maps	再次利用听力材料，结合单元主题意义，总结如何分享过去、展望未来，点评、完善学生的思维导图
Task four: Self Check 1 （5 min）	Ask students to describe their feelings, memories/ experience in junior high school with the help of the thematic structure. Lead the students to work together to work out the task one. Give an example: 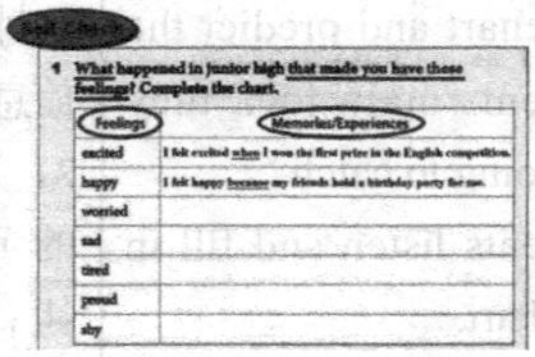 1 What happened in junior high that made you have these feelings? Complete the chart. Feelings: Memories/Experiences excited: I felt excited when I won the first prize in the English competition. happy: I felt happy because my friends held a birthday party for me. worried: sad: tired: proud: shy:	Students work in pairs and finish the task together with the help of the thematic context structure	1. 明确任务要求，关注题干中的关键词feelings，memories，experiences。 2. 以excited为例，讨论初中哪些回忆和经历让大家excited，并给出例句。 3. 学生完成表格。 4. 分享感受，回忆体验。 5. 可增加feelings部分的形容词，完成更多讨论
Task five: Self Check 2 （12 min）	Ask students to fill the blacks with the correct forms of the verbs in brackets. Summarize the key point by discussing in groups. Lead the students to make more conversations or write similar passage by giving more questions about task 2.	Students follow the instructions to work out the task two. Share answers and give reasons.	1. 阅读指令，明确要求：填写正确形式的动词。 2. 讨论、订正答案后，请学生给出理由。

续 表

教学过程和时间安排（Procedures and time allocation）	教师活动（Teacher's activities）	学生活动（Students' activities）	设计意图（Explanation）
Task five: Self Check 2（12 min）	Follow the sample in task two, describe their own feelings, memories and experiences by using thematic context structure. 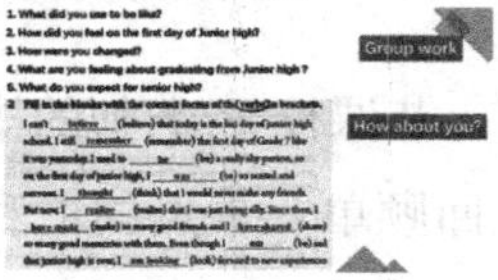 1. What did you use to be like? 2. How did you feel on the first day of Junior high? 3. How were you changed? 4. What are you feeling about graduating from Junior high ? 5. What do you expect for senior high? Group work How about you?	Students work out their own report by using thematic context structure or conversations	3. 出示阅读后的问题，学生再次了解细节，强化主题意义下的结构与功能。学生仿照task two回顾初中生活并展望未来。交流的形式可以是对话形式，也可以是报告形式
Task six Homework	Explain the homework and give advice. 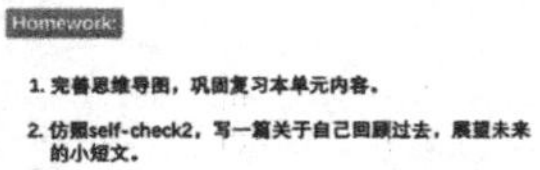 Homework 1. 完善思维导图，巩固复习本单元内容。 2. 仿照self-check2，写一篇关于自己回顾过去，展望未来的小短文。	Listen to the directions	完善习作，巩固思维导图

【板书设计】

Unit 14 I remember meeting all of you in Grade 7.

（Revision）

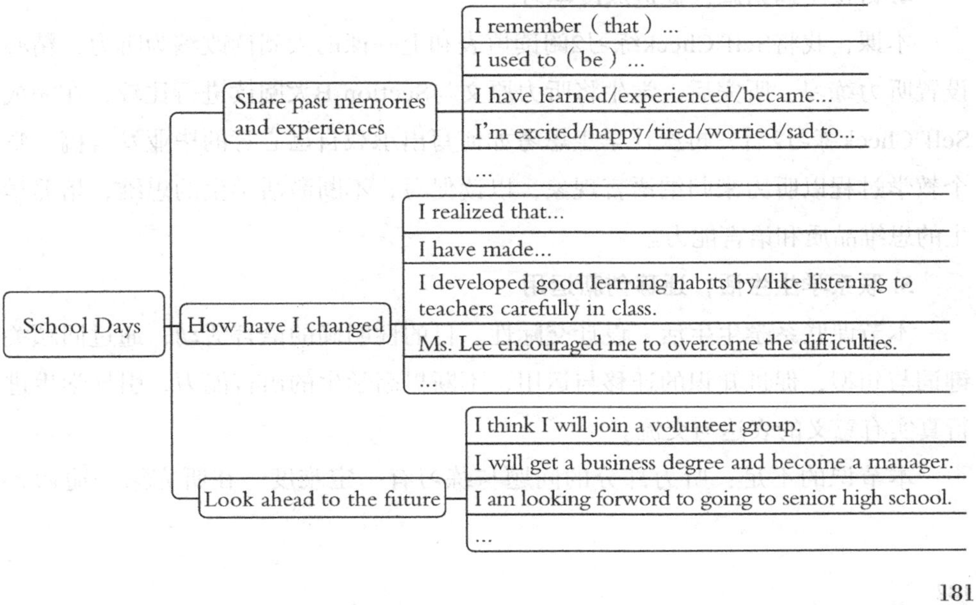
School Days
Share past memories and experiences
I remember（that）...
I used to（be）...
I have learned/experienced/became...
I'm excited/happy/tired/worried/sad to...
...
How have I changed
I realized that...
I have made...
I developed good learning habits by/like listening to teachers carefully in class.
Ms. Lee encouraged me to overcome the difficulties.
...
Look ahead to the future
I think I will join a volunteer group.
I will get a business degree and become a manager.
I am looking forward to going to senior high school.
...

【课后反思】

基于主题意义探究的初中英语单元话题复习课是一种全新尝试，反思本节课，我认为有以下可取之处。

1. 严格按照课程要求，设置多层目标

在设计教学活动时，充分注意到不同层次学生的差异，使用分层设计，照顾不同层次学生的实际情况；活动设计考虑到伸缩性，让每个层次的学生都能得到训练。

2. 整合教材内容，设计主题活动，创设真实情境，引导学生进行有意义的语言实践

本节课紧扣“School days”主题，从上一节课校长/老师的毕业致辞来创设新的语境：听一段学生代表的毕业演讲稿，回顾单元重点词汇和句型结构，激发学生参与课堂活动的兴趣；循序渐进，每一个活动都为下一个活动搭好了支架，借助梳理完的知识点，鼓励学生仿写一封自己的毕业发言稿，学生不仅在感情上得到共鸣，能力上也得到了提升。

3. 聚焦形式，学生归纳总结语法规则

学生完成Self Check练习以后，观察句子结构，发现并归纳主句与从句间的时态关系，小组讨论归纳语法规则后学生绘制思维导图，总结提炼知识点，充分发挥主体作用。

4. 链接主题语篇，促进深度学习

本课，我将Self Check练习2阅读填表和上一课的大阅读改编为听力，精心设置听力练习。听完后，学生将听力原文与Section B大阅读进行比较，在完成Self Check练习2后，再次让学生思考如何写出承载自己心意的毕业发言稿。整个教学过程以听力来归纳语言现象，以读促写，不断激活学生的思维，培养学生的思维品质和语言能力。

5. 联系学生生活，迁移创新运用

本节课联系学生生活，设计交际性、目的性明确的语言活动；通过回顾关键词与句型，促进知识的迁移与运用，不断提高学生的语言能力，引导学生进行真实有意义的表达与交流。

本节课的不足：听力部分的问题与练习有一定难度。在听完第一遍后，部分学生没有听懂，正确率较低，我及时调整了教学方法，鼓励学生使用听力“微策略”来帮助理解。听了三遍后，学生正确率明显提升。在用思维导图总结知识点、结构时，部分学生依赖教师和小组组员，有畏难情绪，不敢主动分享自己的思维导图。写作部分由于时间关系，点评较略。

【课例评析】

新课标要求教师根据教材单元提供语境和语言材料，构建起落实英语学科核心素养的学习活动场所。本教学案例是作者对单元话题复习课的教学尝试，带给了我们以下几方面的启示。

1. 立足主题意义，深度挖掘教材

教材是发展学生核心素养的有效载体，以促进学生发展为出发点。Go for it教材特色如下：①有整体性、连贯性、衔接性；②强调学生思考问题的多维性、多元化；③根据主题语境，采用子任务、游戏体验和合作学习等多元化教学方式；④采用多元评价方式，做到客观公正。作者在充分理解教材的基础上，创设了该单元话题复习课，深度理解、拓展、拔高教材，合理利用Self Check的所有教学内容，展开了对主题意义的探究，呈现了一节优秀的单元话题复习课。

2. 立足主题意义，清晰设计主线

作者将语言知识和语言技能share past memories and experiences，look ahead to the future融入语境、语篇、语用和主题School days，坚持以话题为核心，以功能和结构为主线，让学生在实践运用的过程中通过解决问题掌握知识、体验知识。作者在设计教学活动时以学生为主体，以主题意义为抓手，通过丰富的教学活动将School days情境主线串联起来，既培养了学生听、说、读、看、写的能力，也在融入英语学科核心素养的基础上提升了学生构建思维导图、预测、归纳、总结、探究等思维品质。另外，作者设计了环环相扣的教学活动，涉及个人、家庭、社区和学校生活、未来规划等。通过欣赏情深意切的诗歌，学生更加感恩老师、家长、同学的付出与关心，感悟成长中的喜悦与自豪。

3. 立足主题意义，重视情感态度价值观的培育

本节课紧扣“School days”主题，根据上一节课校长的毕业致辞来创设新的语境：听上届学生的毕业演讲稿，回顾单元核心语言点，激发学生参与课堂

活动的兴趣；回顾初中生涯常见的校园活动及经历，描述过去、展望未来，感恩老师的教导、父母的付出、同学的帮助，珍惜校园生活；认识自我、提升自我，写出自己的毕业演讲稿。学会以书信的形式表达感恩，家庭作业安排的是仿写毕业发言稿，学生不仅感情得到了共鸣，能力也得到了提升。

（四川省周丽名师鼎兴工作室　成都市武侯区教育科学研究院　唐红梅）

3 第三篇

认识篇

——教材主题意义解读

Go for it 七年级（上册）Unit 1 My name's Gina.

本单元话题是结交新朋友（Making new friends），功能是介绍自己的姓名（Introduce yourself），能够简单问候初识的朋友（Greet people），能够询问和告知初识的朋友自己的电话号码（Ask for and give telephone numbers）。该单元话题包含在《义务教育英语课程标准（2011年版）》（以下简称《课程标准》）有关个人情况（Topic 1：Personal information）和人际交往（Topic 8：Interpersonal communication）的话题中。同时，结交新朋友除了介绍个人信息（姓名、电话号码等），还涉及在社会交往中相互打招呼的礼貌用语，因此该话题又归属于《普通高中英语课程标准（2017年版）》所提出的三大主题之一——人与社会的主题。

本单元的主题意义：友谊无国界，礼貌交朋友。

教材通过不同的场景、对话、语篇诠释了主题意义。

Section A，首先，主题图提供了场景（1a）——开学第一天，老师和学生在学校走廊里认识彼此。接着，通过三组对话（1b），学生学会了礼貌地问候他人（Hello/Good morning/ Nice to meet you.）及自我介绍（I'm/My name is...），并询问对方的姓名（What's your name？），从而了解结交新朋友的基本方式，理解西方初次见面的礼节，营造出了友好的氛围。2a ~ 2d提供了更丰富的场景（2a ~ 2c：公交站台、教室储物柜旁、教室；2d：操场），让学生学习使用更丰富的语言问候他人（Good afternoon），用更多方式询问他人信息（Excuse me. Are you...？ / What's her name？ / Is he...？）。同时，结合2a 中的第四个对话，让学生理解基本的称呼礼仪，如同辈之间称呼彼此的名字则可，而老师或者年长者，需要用Mr./Ms.来称呼，呈现了一幅互尊互爱的画面。

Section B，首先，对个人信息进行了丰富和拓展（1a ~ 1f），学生学习并掌握如何询问和告知电话号码（Ask for and give telephone numbers）。学生在此过程中体会中西方电话号码呈现方式的异同，理解文化差异。然后，综合呈现个人信息（姓名、电话号码等）（2a ~ 2c）。通过对该部分的学习，学生可以了解中西方姓名的差异，即中国是姓在前，名在后，而英文中则是名在前，姓在后。其中在2b第三则信息中，Mary Brown的朋友来自中国，名字叫Zhang Mingming，也意在引导学生领会友谊无国界这一主题。通过写作学习（3a ~ 3b），学生理解学生卡也是进行自我介绍的一种方式。

以下思维导图清楚地呈现了本单元教材内容及单元主题意义探究过程之间的联系：

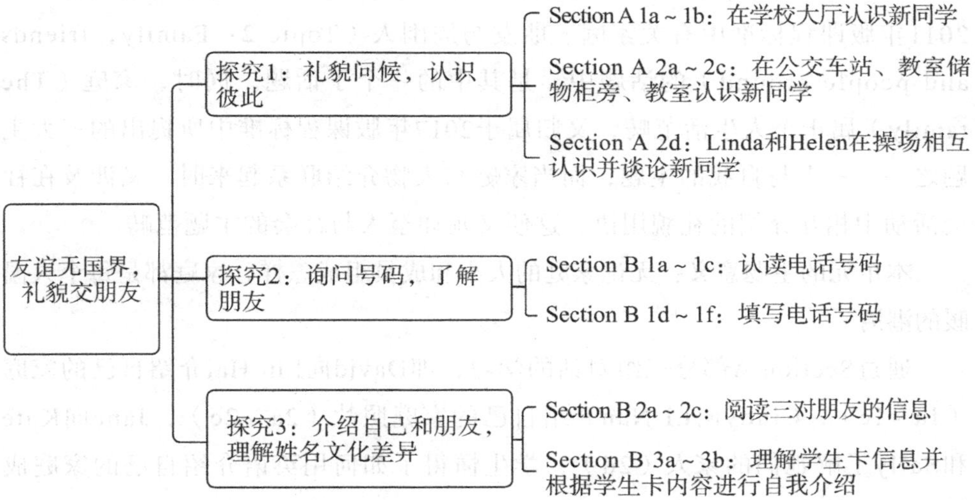
友谊无国界，礼貌交朋友
探究1：礼貌问候，认识彼此
Section A 1a ~ 1b：在学校大厅认识新同学
Section A 2a ~ 2c：在公交车站、教室储物柜旁、教室认识新同学
Section A 2d：Linda和Helen在操场相互认识并谈论新同学
探究2：询问号码，了解朋友
Section B 1a ~ 1c：认读电话号码
Section B 1d ~ 1f：填写电话号码
探究3：介绍自己和朋友，理解姓名文化差异
Section B 2a ~ 2c：阅读三对朋友的信息
Section B 3a ~ 3b：理解学生卡信息并根据学生卡内容进行自我介绍

Go for it 七年级（上册）Unit 2 This is my sister.

本单元话题是家庭（The family），功能是简单介绍家庭成员之间的关系（Introduce people）、指认人物（Identify people）。该单元话题包含在2011年版课程标准中有关家庭、朋友与周围人（Topic 2：Family，friends and people around）的话题中，是其中的一个子话题。同时，家庭（The family）属于个人生活范畴，又归属于2017年版课程标准中所提出的三大主题之一——人与自我的主题，而当家庭与人物介绍联系起来时，又涉及在社会活动中相互介绍的礼貌用语，这便又延伸至人与社会的主题范畴。

本单元的主题意义：无论家庭的大小和成员组成怎样，家庭都是每个人温暖的港湾。

通过Section A部分三组对话的学习，即David向Lin Hai介绍自己的家庭（1a～1c），Cindy向Li Nan介绍自己的家庭照片（2a～2c），Jane向Kate和Sally了解她们的家人（2d），学生懂得了如何用英语介绍自己的家庭成员以及如何询问他人的家庭成员。在此过程中，教师有意识地引导学生通过对话内容和观察图片（全家福）体会全家人在一起的幸福时光，以彰显团圆和睦的天伦之乐。

Section B部分，首先通过补全家谱中所缺失的信息（1a～1c）及听力选图，学生加深理解家庭成员之间的纽带关系，从而明白家庭对于每个人的重要性。然后学生阅读有关珍妮家庭的文章（2a～2c），关注珍妮在介绍家庭成员时，将宠物狗也包含其中，体现了西方文化中人与动物之间的亲密关系，从而理解西方国家家庭的观念。

以下思维导图清楚地呈现了本单元教材内容及单元主题意义探究过程之间的联系：

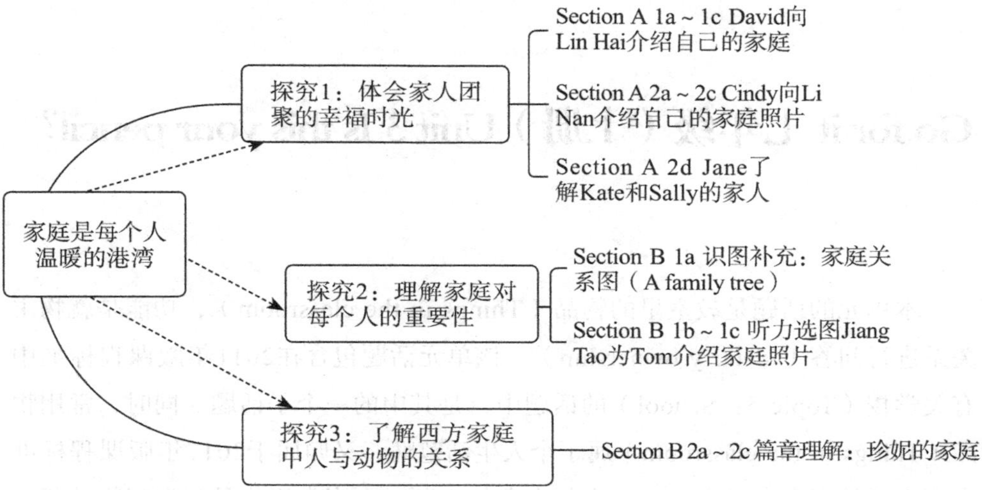
家庭是每个人温暖的港湾
探究1：体会家人团聚的幸福时光
Section A 1a ~ 1c David向Lin Hai介绍自己的家庭
Section A 2a ~ 2c Cindy向Li Nan介绍自己的家庭照片
Section A 2d Jane了解Kate和Sally的家人
探究2：理解家庭对每个人的重要性
Section B 1a 识图补充：家庭关系图（A family tree）
Section B 1b ~ 1c 听力选图Jiang Tao为Tom介绍家庭照片
探究3：了解西方家庭中人与动物的关系
Section B 2a ~ 2c 篇章理解：珍妮的家庭

Go for it 七年级（上册）Unit 3 Is this your pencil?

本单元的话题是教室里的物品（Things in the classroom），功能是就物主关系进行问答（Identify ownership）。该单元话题包含在2011年版课程标准中有关学校（Topic 5：School）的话题中，是其中的一个子话题。同时，常用物品（Things in the classroom）属于个人生活范畴，又归属于2017年版课程标准中所提出的三大主题之一——人与自我的主题，而当常用物品与询问物品所有者联系起来时，又涉及在社会活动中良好的人际关系与社会交往这一语境，所以这便又延伸至人与社会这一主题范畴。

本单元的主题意义：拾金不昧，物归原主。

Section A中的主题图呈现了课间教室内的情境，通过学习三组对话，即孩子们在教室里询问物品的所属（1a ~ 1c），Tom，Cindy，Grace三个孩子通过相互帮助，最终找到不同物品的主人（2a ~ 2c），老师在Anna的帮助下找到了丢失物品的学生（2d），学生懂得了如何用正确的英语来询问和辨认物品的所有者。在此过程中，教师引导学生树立团结友爱、帮助同学的助人为乐的精神，培养学生正确的价值观。

Section B部分拓展了话题语境，聚焦失物招领处，对丢失物品进行辨认。首先，呈现了两位学生正在学校失物招领处认领物品的情境，学习谈论校园内经常丢失的物品，将学生带入真实的语境（1a ~ 1b）。然后，听另外两位学生在失物招领处与工作人员的对话（1c ~ 1d），引发学生思考拾金不昧的助人态度。最后，通过阅读学校公告栏的失物招领和寻物启事（2b ~ 2c）及撰写一则失物招领或寻物启事（3a ~ 3b），教师引导学生思考如何寻找丢失物品及帮助找到物品失主，强调解决问题的方法。同时反思自我：学习物品要注意保管和收纳，不要丢三落四。

以下思维导图清楚地呈现了本单元教材内容及单元主题意义探究过程之间的联系：

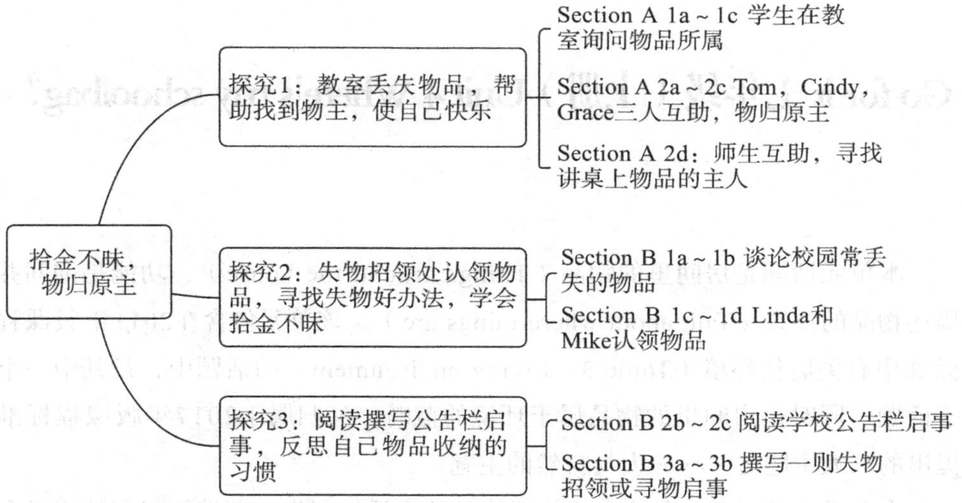
拾金不昧，物归原主
探究1：教室丢失物品，帮助找到物主，使自己快乐
Section A 1a ~ 1c 学生在教室询问物品所属
Section A 2a ~ 2c Tom，Cindy，Grace三人互助，物归原主
Section A 2d：师生互助，寻找讲桌上物品的主人
探究2：失物招领处认领物品，寻找失物好办法，学会拾金不昧
Section B 1a ~ 1b 谈论校园常丢失的物品
Section B 1c ~ 1d Linda和Mike认领物品
探究3：阅读撰写公告栏启事，反思自己物品收纳的习惯
Section B 2b ~ 2c 阅读学校公告栏启事
Section B 3a ~ 3b 撰写一则失物招领或寻物启事

Go for it 七年级（上册）Unit 4 Where's my schoolbag?

本单元话题是房间里的物品（Things around the house），功能是询问并描述物品的位置（Talk about where things are）。该单元包含在2011年版课程标准中有关居住环境（Topic 3：Living environment）的话题中，是其中一个子话题。同时，房间里的物品属于环境的范畴，又归属于2017年版课程标准提出的三大主题之一——人与自然的主题。

本单元主题意义：养成合理放置物品的生活好习惯，营造更优美的生活和学习环境。

Section A聚焦居家环境，围绕学生日常生活物品展开活动。通过三组对话的学习，即Tom在家里询问父亲自己物品的位置（1a ~ 1c），Tom在家里询问Helen物品的位置（2a ~ 2c），Jack出游前在家里询问妈妈物品的位置（2d），学生练习了使用目标句型（Where's/Where're...？）询问物品的位置以及正确使用介词（on，in，under）描述物品所在的位置。在此过程中，教师有意识地引导学生关注对话内容和观察图片，关注在家里丢三落四这一不良习惯，引发学生自我反思。

Section B，首先，通过关注Tom凌乱不堪的房间（1a），学生从视觉上进一步感受缺乏收纳习惯对自己生活环境所造成的影响。然后，学生听一段Tom要求妈妈把一些学习用品拿到学校的对话（1c ~ 1d），体会到丢三落四所引起的麻烦。之后阅读有关Kate和Gina房间的文章（2b ~ 2c），学生了解到Kate是一个生活井井有条的孩子，她的整洁和妹妹（姐姐）的杂乱无章形成了鲜明对比。通过阅读这篇文章，教师帮助学生反思日常行为，养成良好的生活习惯。最后，通过描写自己房间内物品的位置（3a ~ 3b），再次强调有序摆放、收纳物品对自己生活环境的影响。

以下思维导图清楚地呈现了本单元教材内容及单元主题意义探究过程之间的联系：

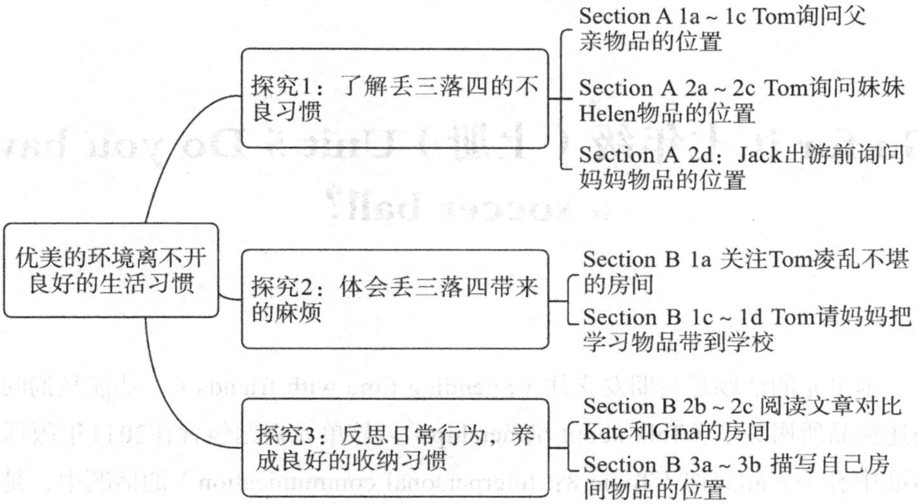
优美的环境离不开良好的生活习惯
探究1：了解丢三落四的不良习惯
Section A 1a ~ 1c Tom询问父亲物品的位置
Section A 2a ~ 2c Tom询问妹妹Helen物品的位置
Section A 2d：Jack出游前询问妈妈物品的位置
探究2：体会丢三落四带来的麻烦
Section B 1a 关注Tom凌乱不堪的房间
Section B 1c ~ 1d Tom请妈妈把学习物品带到学校
探究3：反思日常行为，养成良好的收纳习惯
Section B 2b ~ 2c 阅读文章对比Kate和Gina的房间
Section B 3a ~ 3b 描写自己房间物品的位置

Go for it 七年级（上册）Unit 5 Do you have a soccer ball?

本单元的话题是与朋友交往（Spending time with friends），功能是询问并描述物品所属关系（Talk about ownership）。该单元话题包含在2011年版课程标准中有关人际交往（Topic 8：Interpersonal communication）的话题中，是其中一个子话题。同时，与朋友交往属于个人生活范畴，又归属于2017年版课程标准所提出的三大主题之一——人与社会的主题中的良好的人际关系与社会交往，而当与朋友交往与体育活动联系起来时，又涉及个人健康的生活方式，这便又延伸至人与自我这一主题中的健康的生活方式、积极的生活态度的范畴。

本单元的主题意义：在享受与朋友运动的快乐时光里，感受健康积极的生活方式。

Section A聚焦球类运动，主要围绕谈论体育物品的所属关系，探究朋友之间可以共同参与的体育活动的可能性。通过三组对话的学习，即一个男孩询问朋友是否拥有乒乓球拍（1a ~ 1c），四组朋友分别确定可以共同参与的体育活动和准备相关的体育用品（2a ~ 2c），Cindy提醒Helen带好参加体育训练的所有物品（2d），学生懂得如何用句型Do you have...？询问个人拥有的体育用品以及如何邀请对方参加体育运动。在此过程中，教师有意识地引导学生通过对话内容和观察图片（1a：和朋友在家观看体育节目；2d：和朋友准备参加体育训练），体会和朋友一起讨论和共同参加体育活动的乐趣（3b）。

Section B强调用形容词来描述体育活动。首先，通过将描述不同感受的形容词和不同活动的图片进行匹配（1a ~ 1c）以及进行听力填空，学生加深理解不同活动带给人们的不同感受，尊重彼此对各项活动的感受，选择大家都能够接受和喜欢的运动共同参与。然后通过阅读校刊上一则题为“谁拥有足球”（Who has a soccer ball？）的调查结果（2b ~ 2c），三个学生谈论他们各自拥有的体育用品和朋友经常做的体育运动，学生明白拥有体育用品的多少并不重要，重要的是和家人、同学、朋友共同参与体育活动，享受一起运动的快乐时光，从而倡导积极健康的交际与生活方式，揭示了本课的主题意义。3a ~ 3c通过设计调查问卷的问题，来描述自己和朋友所拥有的体育用品，此处的暗线为通过调查彼此所拥有的体育用品，可以选择适合自己的体育活动以及思考和哪些朋友可以成为运动搭档，一起享受运动的乐趣。

以下思维导图清楚地呈现了本单元教材内容及单元主题意义探究过程之间的联系：

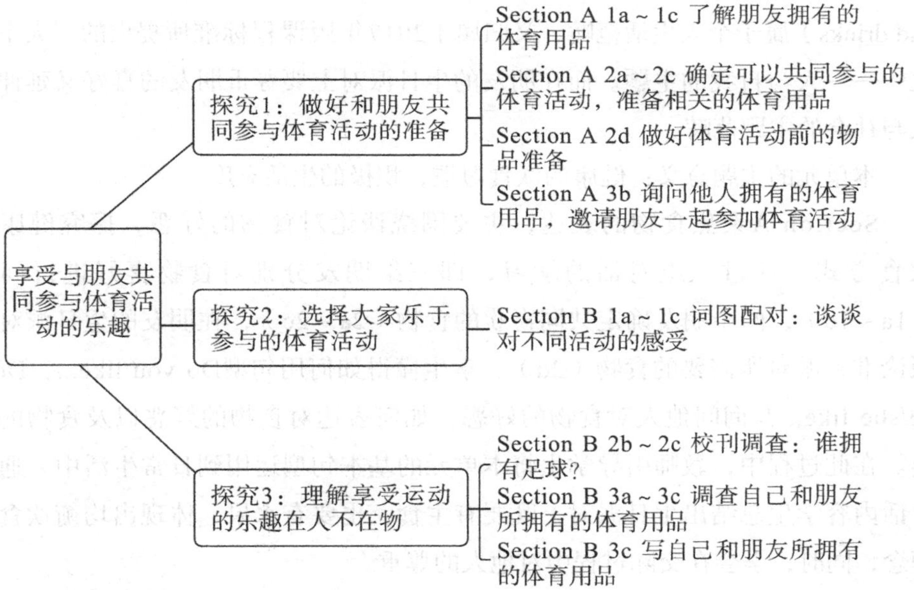
享受与朋友共同参与体育活动的乐趣
探究1：做好和朋友共同参与体育活动的准备
Section A 1a ~ 1c 了解朋友拥有的体育用品
Section A 2a ~ 2c 确定可以共同参与的体育活动，准备相关的体育用品
Section A 2d 做好体育活动前的物品准备
Section A 3b 询问他人拥有的体育用品，邀请朋友一起参加体育活动
探究2：选择大家乐于参与的体育活动
Section B 1a ~ 1c 词图配对：谈谈对不同活动的感受
探究3：理解享受运动的乐趣在人不在物
Section B 2b ~ 2c 校刊调查：谁拥有足球？
Section B 3a ~ 3c 调查自己和朋友所拥有的体育用品
Section B 3c 写自己和朋友所拥有的体育用品

Go for it 七年级（上册）Unit 6 Do you like bananas?

本单元的话题是食物（Food），功能是谈论对食物的喜好（Talk about likes and dislikes）。该单元话题包含在2011年版课程标准中有关饮食（Topic 12: Food and drinks）的话题中，是其中的一个子话题。同时，食物和饮料（Food and drinks）属于个人生活范畴，又归属于2017年版课程标准所提出的三大主题之一——人与自我的主题。而在朋友的生日派对上要尊重朋友的喜好又延伸至人与社会的主题范畴。

本单元的主题意义：健康的饮食习惯，积极的生活态度。

Section A聚焦食物的表达，主要围绕谈论对食物的好恶，探究健康的饮食方式。通过三组对话的学习，即三组朋友分别对食物喜好进行问答（1a～1c），两个朋友确定共同喜欢的食物（2a～2c），在朋友的生日派对前谈论准备派对所需要的食物（2d），学生懂得如何用句型Do you like...? Does he/she like...? 询问他人对食物的好恶，如何表达对食物的好恶以及食物的分类。在此过程中，教师引导学生将本单元的基本句型运用到日常生活中。通过对话内容学生总结出生日派对上既要有主食，也要有水果，体现出均衡饮食的理念，同时，学会在交际过程中对他人的尊重。

Section B强调如何表达一日三餐的饮食习惯。首先，学生通过图片和单词配对和对食物分类的头脑风暴（1a～1b）以及完成听力填表填出Tom和Sally对蔬菜和水果的好恶（1c～1d），间接渗透了健康的饮食观念。其次，学生学会判断食物是否健康（2a），并阅读杂志上对排球明星Cindy Smith的采访（Sports star eats well）（2b～2c），了解Cindy一日三餐的饮食习惯，懂得均衡饮食才是健康的饮食方式，而健康的饮食方式是健康生活的保障，从而揭示了本课的主题意义。最后，通过完成调查问卷和对调查结果进行总结（3a～3b），学生描述自己和搭档对一日三餐的好恶，进一步将本单元的目标语言运用到实际生活中，并明白健康饮食习惯的重要性。

以下思维导图清楚地呈现了本单元教材内容及单元主题意义探究过程之间的联系：

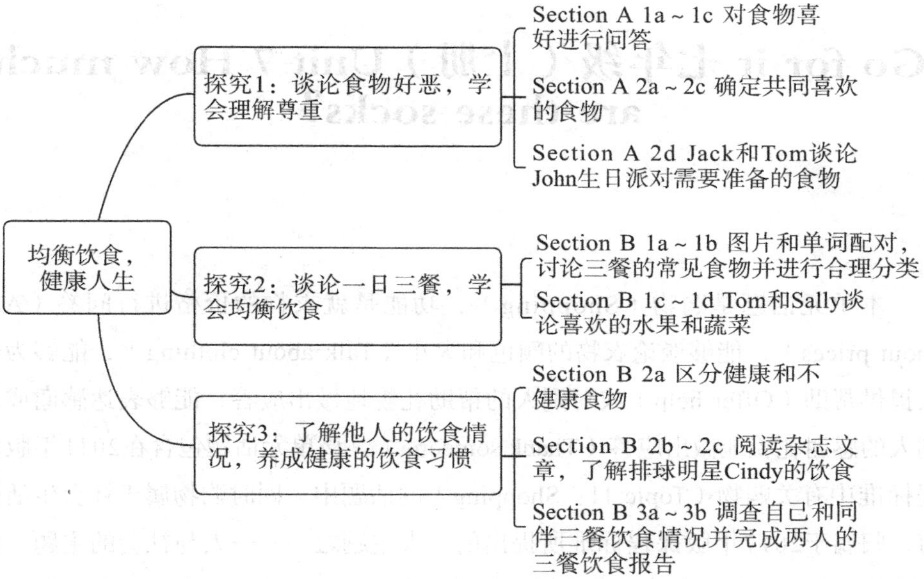
均衡饮食，健康人生
探究1：谈论食物好恶，学会理解尊重
Section A 1a ~ 1c 对食物喜好进行问答
Section A 2a ~ 2c 确定共同喜欢的食物
Section A 2d Jack和Tom谈论John生日派对需要准备的食物
探究2：谈论一日三餐，学会均衡饮食
Section B 1a ~ 1b 图片和单词配对，讨论三餐的常见食物并进行合理分类
Section B 1c ~ 1d Tom和Sally谈论喜欢的水果和蔬菜
探究3：了解他人的饮食情况，养成健康的饮食习惯
Section B 2a 区分健康和不健康食物
Section B 2b ~ 2c 阅读杂志文章，了解排球明星Cindy的饮食
Section B 3a ~ 3b 调查自己和同伴三餐饮食情况并完成两人的三餐饮食报告

Go for it 七年级（上册）Unit 7 How much are these socks?

本单元话题是购物（Shopping），功能是就衣物的价格进行问答（Ask about prices），能够谈论衣物的颜色和大小（Talk about clothing），能够为他人提供帮助（Offer help）或对别人的帮助礼貌地做出应答，能够表达感谢或对别人的感谢礼貌地做出应答（Thank someone）。该单元话题包含在2011年版课程标准中有关购物（Topic 11：Shopping）的话题中。同时购物属于社会生活范畴，归属于2017年版课程标准所提出的三大主题之一——人与社会的主题。而当购物与个人审美观和消费观的树立联系起来时，又涉及人与自我的主题范畴。

本单元的主题意义：按需选择商品，学会理性消费。

Section A主要围绕谈论衣物价格（10美元以内），探究如何买到自己喜欢或需要的商品。通过服装店顾客与店员的对话，将学生带入本单元的购物语境，呈现并练习本单元的目标语言（1a ~ 1c）；就自己喜欢的颜色及大小衣物的价格进行对话（2a ~ 2d），Mary因为实际需求和商店销售员展开了一段较完整的购物对话，使学生懂得如何使用句型How much...来询问衣物价格（3a ~ 3c），并且通过描述衣物的颜色、大小以及长短买到自己喜欢或需要的衣物（Self Check1 ~ 2）。在此过程中，教师有意识地引导学生合理使用购物用语，礼貌购物，以此提升学生的生活技能。

Section B侧重于更宽泛地谈论衣物价格（10美元以上）。首先，学习10以上的基数词（1a ~ 1b），为谈论更广泛的衣物价格提供词汇保证，同时也为后面的听辨基数词和衣物类名词，确定对话中人物所购买的衣物做铺垫（1c ~ 1e）。1d对话中，Kate和妈妈在商场购物，妈妈引导女儿合理购物的情境有助于引导学生在生活中树立正确的消费观念，学会理性购物。接着，阅读一则名为“*Mr. cool's clothes store*”的促销广告（2a ~ 2c），通过物品和价格的配对活动激活学生已有的生活经验，让学生对接下来的广告阅读产生预期（2a）；阅读西方商店促销广告，补全价签（2b）；深入理解语篇，完成购物对话（2c）。这三项活动不仅帮助学生学会简单的广告文阅读，了解典型的广告语言，进一步丰富学生在生活中购物的有效表达，同时引导学生认识阅读广告是了解商品信息及进行商品比对的一个重要途径，同时渗透按需消费的理念——价格高低是购物的一个重要标准，而更重要的是需求，只有按需消费，才不会导致浪费。本单元的写作任务是补全名为“*Huaxing clothes store*”广告中缺失的信息并创作一则服装广告（3a ~ 3b），在完成任务的过程中引导学生认识合理的广告宣传有助于商品的推销，但我们要杜绝虚假广告。

通过思维导图，我们能更清楚地发现本单元教材内容和单元主题意义探究过程之间的内在联系：

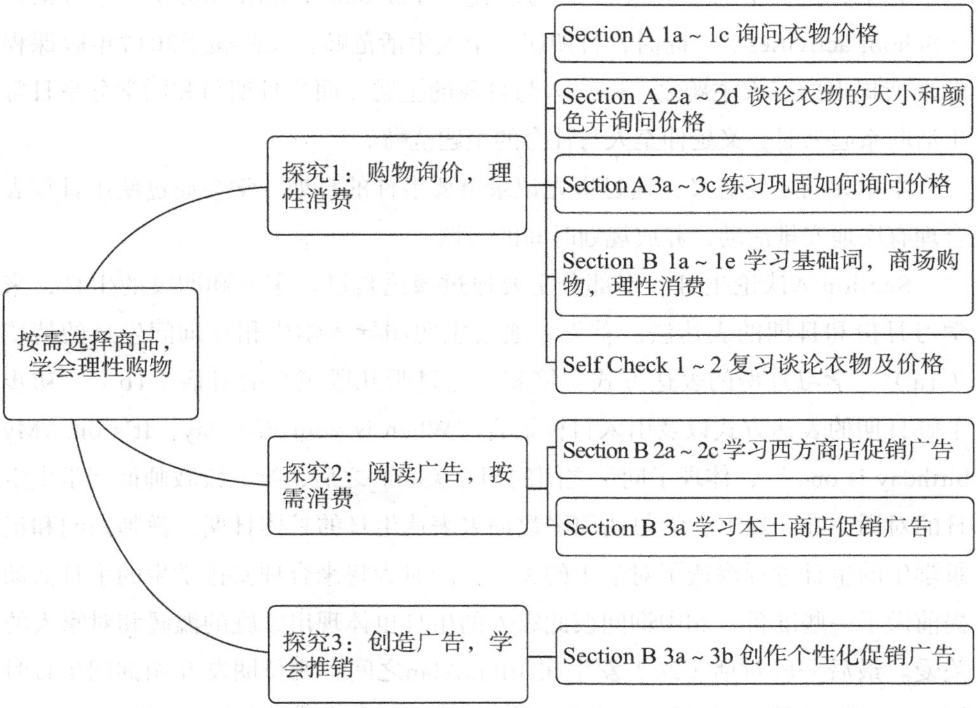
按需选择商品，学会理性购物
探究1：购物询价，理性消费
Section A 1a ~ 1c 询问衣物价格
Section A 2a ~ 2d 谈论衣物的大小和颜色并询问价格
Section A 3a ~ 3c 练习巩固如何询问价格
Section B 1a ~ 1e 学习基础词，商场购物，理性消费
Self Check 1 ~ 2 复习谈论衣物及价格
探究2：阅读广告，按需消费
Section B 2a ~ 2c 学习西方商店促销广告
Section B 3a 学习本土商店促销广告
探究3：创造广告，学会推销
Section B 3a ~ 3b 创作个性化促销广告

Go for it 七年级（上册）Unit 8 When is your birthday?

本单元话题是日期（Dates），功能是介绍自己或家人、朋友的生日以及表述近期的活动安排（Talk about dates）。该单元话题包含在2011年版课程标准中有关个人情况（Topic1：Personal background）和学校（Topic 5：School）的话题中，是其中的子话题——个人信息（Personal information）和学校活动（School activities）。同时，日期属于个人生活范畴，又归属于2017年版课程标准所提出的三大主题之一——人与自我的主题。而当日期与和同学分享日常生活联系起来时，又延伸至人与社会的主题范畴。

本单元的主题意义：通过事先记录重要事件的日期，学会通过使用日程表合理有序地安排活动，养成规划时间的习惯。

Section A谈论生日。本部分主要通过谈论自己、家人和朋友的生日，来学习月份和日期的表达法。首先，通过主题图导入学生相互询问生日的情境（1a），学习月份的表达方式。接着，通过听几段短小的对话（1b），初步了解日期的表达方式以及引入目标语言“When is your birthday? It’s on.../My birthday is on...”，体现了同学之间的相互关心。之后，听一段教师询问学生生日的对话（2a ~ 2c），学习使用序数词来表达生日的具体日期。教师询问和记录学生的生日过程渗透了对学生的关心，同时为将来合理安排学生的生日活动提前做了一些准备。2d中询问彼此家人的生日也体现出家庭的温暖和对家人的关爱。最后一段对话（2e）发生在Bill和Alan之间，两位朋友互相询问生日时间，Alan还邀请Bill参加其生日聚会，体现了朋友间的友谊及对彼此的祝福。

Section B谈论学校生活。本部分聚焦丰富多彩的校园活动，学生在谈论活动日期的过程中，学会记录活动日程，从而合理安排时间，使生活井然有序。首先，以图片和短语配对的形式导入学生丰富多彩的学校活动，为使用日程表记录、安排活动打下基础（1a ~ 1b）。接下来在1c中正式出现日程表，让学生学习以日程表的形式事先记录重要活动，使学生学会合理有序地安排活动。在2a ~ 2b中，学生通过阅读通知，学习用表格的形式，以时间先后为线索，提前合理安排自己的学习和生活，养成好习惯。在3a ~ 3b的便条写作中，学生学习提前通知朋友，并邀请朋友参加学校活动。这不仅让学生体会到要事先通知、合理安排活动的主题意义，还体现了朋友间的友谊。Self Check 2了解中西方国家的重要节日及日期。

通过思维导图，我们能更清楚地发现本单元教材内容和单元主题意义探究过程之间的内在联系：

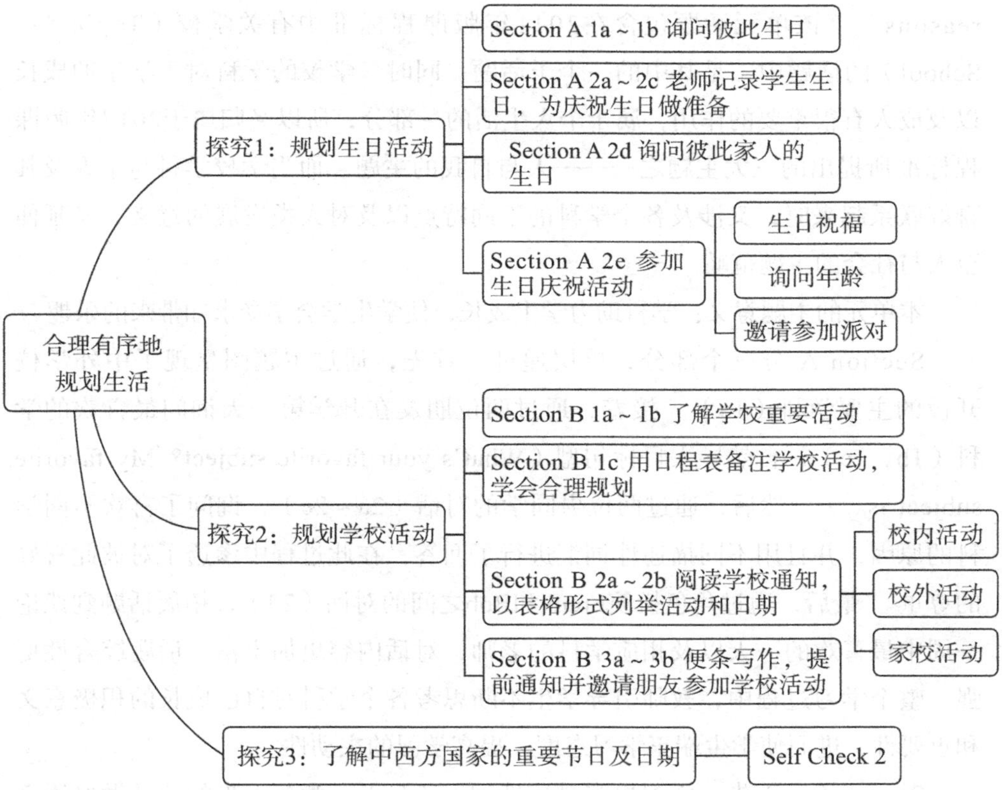
合理有序地规划生活
探究1：规划生日活动
Section A 1a ~ 1b 询问彼此生日
Section A 2a ~ 2c 老师记录学生生日，为庆祝生日做准备
Section A 2d 询问彼此家人的生日
Section A 2e 参加生日庆祝活动
生日祝福
询问年龄
邀请参加派对
探究2：规划学校活动
Section B 1a ~ 1b 了解学校重要活动
Section B 1c 用日程表备注学校活动，学会合理规划
Section B 2a ~ 2b 阅读学校通知，以表格形式列举活动和日期
校内活动
校外活动
家校活动
Section B 3a ~ 3b 便条写作，提前通知并邀请朋友参加学校活动
探究3：了解中西方国家的重要节日及日期
Self Check 2

Go for it 七年级（上册）Unit 9 What's your favorite subject?

本单元的话题是学校科目（School subjects），功能是就喜欢的事物进行简单的问答（Talk about preferences）及询问并陈述喜欢某事物的原因（Give reasons）。该单元话题包含在2011年版课程标准中有关学校（Topic 5: School）的话题中，是其中的一个子话题。同时，学校的学科对于学生的成长以及成人有很重要的作用，属于个人生活的一部分，所以又归属于2017年版课程标准所提出的三大主题之一——人与自我的主题。而当学校学科与个人及其喜好联系起来时，又涉及各个学科的不同特点以及对人类发展的意义，又延伸至人与社会的主题范畴。

本单元的主题意义：学科助力学生成长，使学生学会享受求知带来的乐趣。

Section A 分三个部分，层层递进。首先，通过主题图呈现了中外学校开设的主要学科（1a）。接着，通过两位朋友在开学第一天询问最喜欢的学科（1b，1c），自然导入目标句型（What's your favorite subject? My favorite subject is...）。然后，通过两位男同学的对话（2a ~ 2c），询问了喜欢不同学科的原因，并且用不同描述性词汇进行了回答，在此过程中渗透了对彼此喜好的尊重。最后，通过角色扮演Frank和Bob之间的对话（2d），拓展话题到谈论一周中最喜欢的一天以及相应学科的老师，对话内容更加丰富，话题综合性更强。整个学习过程中，教师引导学生不断思考各个学科对自己成长的积极意义和重要性，进而使学生端正学习态度，提高学习的主动性。

Section B，首先，学习更多描述性词汇（1a），为接下来的活动做好语言上的准备。接着，听Eric和David之间的对话（1b ~ 1c），呈现了对同一学科的不同观点，渗透了学科兴趣在学习过程中的重要性。通过听后圈出日程表中的信息，引导学生树立合理安排学习和课余活动时间的意识。阅读Yu Mei给Jenny的一封书信（2a ~ 2b），了解她一周中忙碌而又充实的生活以及她对于各个学科的看法，从而引导学生进一步思考学科对自己生活和成长的重要性，使学生明白应该努力学习，享受求知带来的乐趣。

通过思维导图，我们能更清楚地发现本单元教材内容和单元主题意义探究过程之间的内在联系：

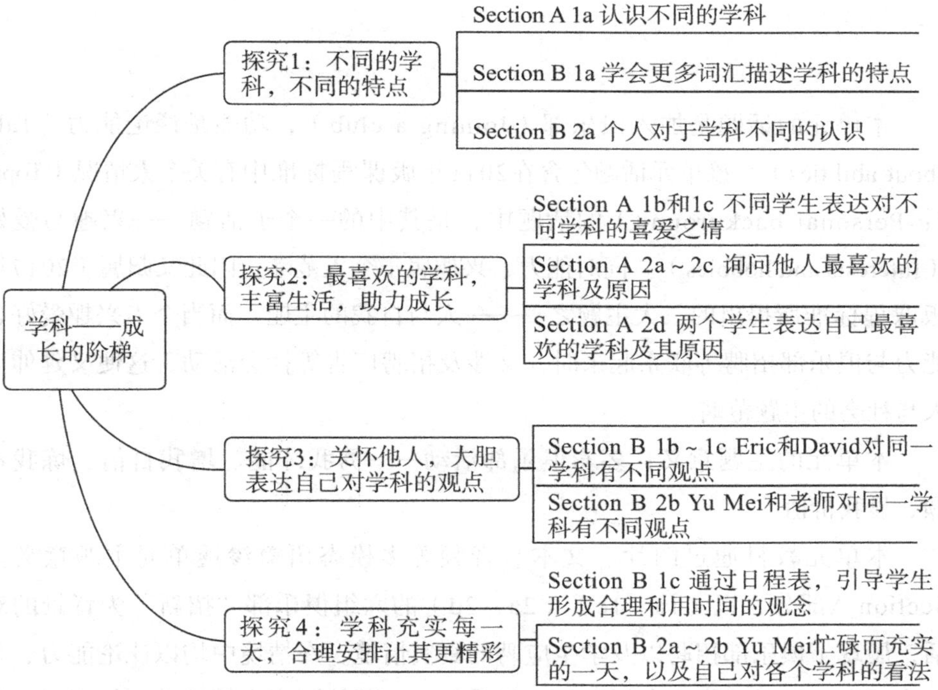
学科——成长的阶梯
探究1：不同的学科，不同的特点
Section A 1a 认识不同的学科
Section B 1a 学会更多词汇描述学科的特点
Section B 2a 个人对于学科不同的认识
探究2：最喜欢的学科，丰富生活，助力成长
Section A 1b和1c 不同学生表达对不同学科的喜爱之情
Section A 2a ~ 2c 询问他人最喜欢的学科及原因
Section A 2d 两个学生表达自己最喜欢的学科及其原因
探究3：关怀他人，大胆表达自己对学科的观点
Section B 1b ~ 1c Eric和David对同一学科有不同观点
Section B 2b Yu Mei和老师对同一学科有不同观点
探究4：学科充实每一天，合理安排让其更精彩
Section B 1c 通过日程表，引导学生形成合理利用时间的观念
Section B 2a ~ 2b Yu Mei忙碌而充实的一天，以及自己对各个学科的看法

Go for it 七年级（下册）Unit 1 Can you play the guitar?

本单元的话题是加入俱乐部（Joining a club），功能是谈论能力（Talk about abilities）。该单元话题包含在2011年版课程标准中有关个人情况（Topic 1：Personal background）的话题中，是其中的一个子话题——兴趣与爱好（Interests and hobbies）。同时能力、兴趣属于个人范畴，因此又归属于2017年版课程标准所提出的三大主题之一——人与自我的主题。而当个人兴趣爱好、能力与俱乐部招聘等联系起来时，又涉及招聘广告等社会活动，这便又延伸至人与社会的主题范畴。

本单元的主题意义：多彩俱乐部活动——秀我才能、增我自信、炼我本领、显我价值。

本单元教材通过图片、文本、音频等多模态语篇渗透单元主题意义。Section A部分，以（1a ~ 1c）（2a ~ 2d）的六组俱乐部“招新”为背景的对话，展现了俱乐部招聘以及学生应聘的真实情境，在情境中均以谈论能力、兴趣为基点，最后落脚于介绍和加入俱乐部、应聘校园广告等活动，体现了学生因能力而自信，因兴趣爱好而积极主动加入俱乐部的进取精神。

Section B部分，2a ~ 2c是一个阅读任务链：2a是三个学生对于自己能力的介绍，2b是三则招聘广告，2c是让学生为招聘广告选择合适的招聘对象。三个阅读活动环环相扣，让学生意识到不同的活动需要不同能力的人，根据自己的才能选择适合的活动，体现了“天生我材必有用”。Section B 3a通过填写海报让学生在真实语境中练习can的各种句式，并熟悉海报这种实用文体，为后面3b的写作做铺垫，即通过3a的控制性写作练习和3b要求学生为学校某项活动制作招聘广告或海报，提升学生综合应用知识的能力与创新能力。

通过思维导图，我们能更清楚地发现本单元教材内容与单元主题意义探究过程之间的内在联系：

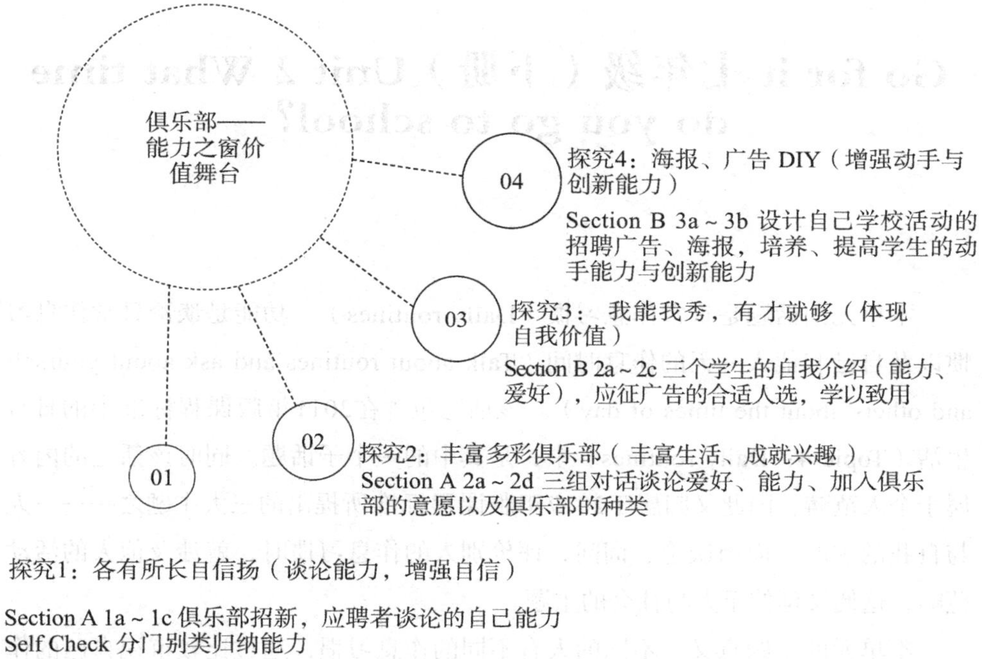
俱乐部——能力之窗价值舞台
04
探究4：海报、广告 DIY（增强动手与创新能力）
Section B 3a ~ 3b 设计自己学校活动的招聘广告、海报，培养、提高学生的动手能力与创新能力
03
探究3：我能我秀，有才就够（体现自我价值）
Section B 2a ~ 2c 三个学生的自我介绍（能力、爱好），应征广告的合适人选，学以致用
02
探究2：丰富多彩俱乐部（丰富生活、成就兴趣）
Section A 2a ~ 2d 三组对话谈论爱好、能力、加入俱乐部的意愿以及俱乐部的种类
01
探究1：各有所长自信扬（谈论能力，增强自信）
Section A 1a ~ 1c 俱乐部招新，应聘者谈论的自己能力
Self Check 分门别类归纳能力

Go for it 七年级（下册）Unit 2 What time do you go to school?

本单元的话题是日常作息习惯（Daily routines），功能是谈论日常作息习惯以及自己和他人一天的作息时间（Talk about routines and ask about yourself and others about the times of day）。该话题包含在2011年版课程标准中的日常生活（Topic 4：Daily routines）中，是其中的一个子话题。同时该话题的内容属于个人范畴，因此又归属于2017年版课程标准所提出的三大主题之一——人与自我的主题。而当谈论、询问、评价别人的作息习惯时，就涉及他人的活动范畴，这便又延伸至人与社会的主题。

本单元的主题意义：不同的人有不同的作息习惯，通过比较审视自己的作息及安排，以养成良好的生活习惯，享受健康生活。

Section A 1a ~ 1c，通过围绕主题图（1a）开展看、听、说等活动，引导学生学习日常活动及其时间，感知谈论日常活动的基本句型和时间表达法；引导学生将时间与作息联系起来，培养其良好的作息习惯。2a ~ 2c活动是记者采访Jim兄妹的日常生活习惯，听并记录淋浴的时间顺序和具体时间，初步感知、谈论他人的作息习惯、时间。2d的对话是关于一名在电台上夜班的工作人员的采访，引导学生比较不同人的不同作息时间，引发其进行反思：different people，different routine，Which is better？3a ~ 3c通过造句、采访等练习always等频度副词的用法，引导学生灵活运用频度副词介绍自己的日常生活习惯。

Section B 1a ~ 1e进一步通过看、听、说等活动复习前面的日常活动短语，同时引入更多样的时间表达法和更多的日常活动短语。Section B 2a ~ 2b通过学习、对比Tony and Mary的日常生活习惯（包含饮食、锻炼、就寝等），引导学生将语言学习、思考判断结合起来。2c则是让学生给他们的某些不健康生活习惯提出合理化建议，以此引导学生关注健康生活，培养良好的生活习惯，享受健康生活。Section B 3a是一个逻辑排序活动，同时为学生提供一个仿写的范文。3b让学生自己写一天的生活，训练和发展学生基于单元话题的书面表达能力。通过写作训练，学生进一步反思个人的日常作息，为形成良好的个人生活习惯做了更好的铺垫。

通过思维导图，我们能更清楚地发现本单元教材内容与单元主题意义探究过程之间的内在联系：

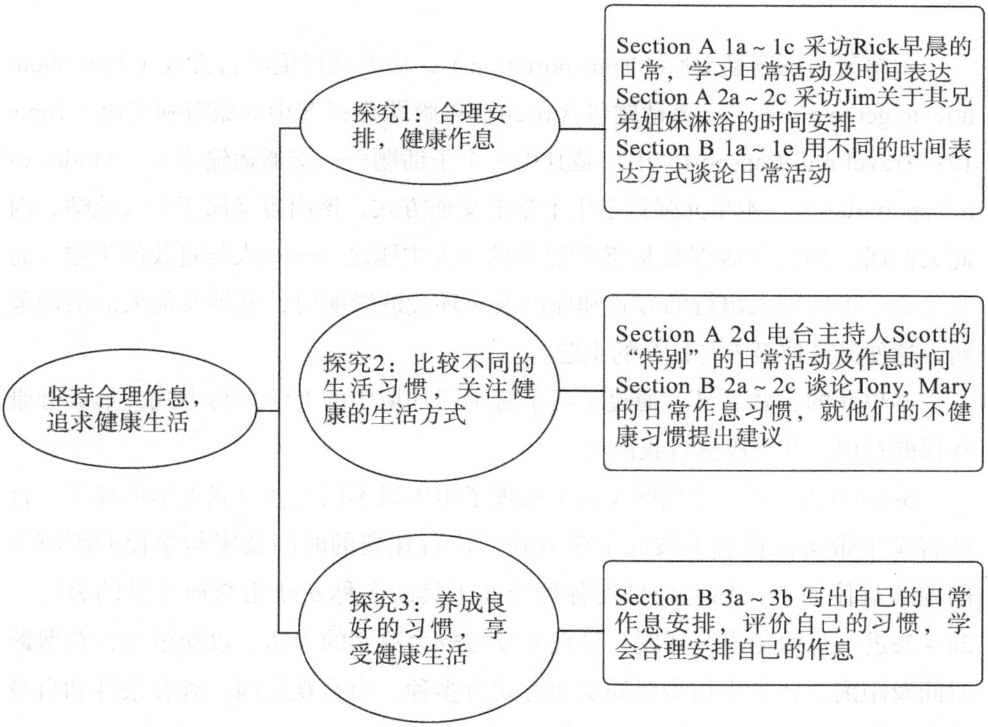
坚持合理作息，追求健康生活
探究1：合理安排，健康作息
Section A 1a ~ 1c 采访Rick早晨的日常，学习日常活动及时间表达
Section A 2a ~ 2c 采访Jim关于其兄弟姐妹淋浴的时间安排
Section B 1a ~ 1e 用不同的时间表达方式谈论日常活动
探究2：比较不同的生活习惯，关注健康的生活方式
Section A 2d 电台主持人Scott的"特别"的日常活动及作息时间
Section B 2a ~ 2c 谈论Tony, Mary的日常作息习惯，就他们的不健康习惯提出建议
探究3：养成良好的习惯，享受健康生活
Section B 3a ~ 3b 写出自己的日常作息安排，评价自己的习惯，学会合理安排自己的作息

Go for it 七年级（下册） Unit 3 How do you get to school?

本单元的话题是交通（Transportation），功能是谈论出行方式（Talk about how to get to places）。该话题包含在2011年版课程标准中的旅游和交通（Topic 17：Travel and transport）中，是其中一个子话题——交通运输方式（Modes of transportation）。本单元强调学生上学的交通方式，该内容又属于个人范畴，因此又归属于2017年版课程标准所提出的三大主题之一——人与自我的主题。而当谈论、询问别人出行的方式和原因及对环境的影响时，就涉及他人的活动范畴，这便又延伸至人与社会的主题。

本单元的主题意义：通过学习了解不同环境中的上学出行方式，形成健康环保的意识，并积极从自我做起。

Section A，通过主题图（1a）展现了学生以不同交通方式上学的场景，自然将学生带入谈论有关彼此上学方式、出行花费的时间及家与学校的距离等问题。具体而言，1a ~ 1c呈现各种交通工具的名称及使用交通工具的表达。2a ~ 2e进一步深化出行话题，呈现并复习较大数字的表达，以谈论出行花费的时间及距离，让学生初步感知交通方式有多种，由客观原因、外在条件和自身感受决定选择哪种出行方式，初步了解主题意义（Self Check 1）。

Section B，深入探讨出行的交通方式，并呈现了“换乘”的概念。1a ~ 1e扩充单元话题词汇，学习换乘交通工具的表达方式。2a ~ 2c介绍了一个偏远地区孩子上学的故事，通过展现偏远地区孩子上学的艰苦，唤起学生的关注，让他们懂得珍惜自己的生活及良好的学习条件，从而更加努力地学习。

通过思维导图，我们能更清楚地发现本单元教材内容和单元主题意义探究过程之间的内在联系：

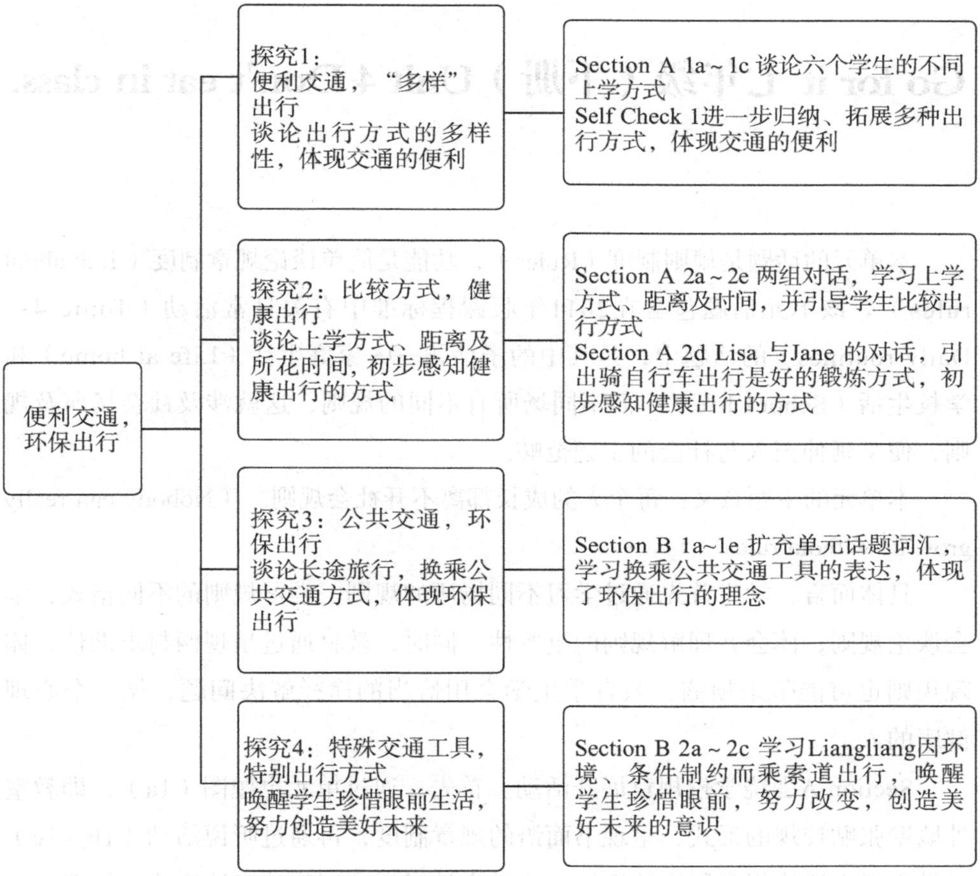
便利交通，环保出行
探究1：便利交通，“多样”出行
谈论出行方式的多样性，体现交通的便利
Section A 1a～1c 谈论六个学生的不同上学方式
Self Check 1进一步归纳、拓展多种出行方式，体现交通的便利
探究2：比较方式，健康出行
谈论上学方式、距离及所花时间，初步感知健康出行的方式
Section A 2a～2e 两组对话，学习上学方式、距离及时间，并引导学生比较出行方式
Section A 2d Lisa 与Jane 的对话，引出骑自行车出行是好的锻炼方式，初步感知健康出行的方式
探究3：公共交通，环保出行
谈论长途旅行，换乘公共交通方式，体现环保出行
Section B 1a~1e 扩充单元话题词汇，学习换乘公共交通工具的表达，体现了环保出行的理念
探究4：特殊交通工具，特别出行方式
唤醒学生珍惜眼前生活，努力创造美好未来
Section B 2a～2c 学习Liangliang因环境、条件制约而乘索道出行，唤醒学生珍惜眼前，努力改变，创造美好未来的意识

Go for it 七年级（下册）Unit 4 Don't eat in class.

本单元的话题是规则制度（Rules），功能是简单谈论规章制度（Talk about rules）。该单元话题包含在2011年版课程标准中有关日常活动（Topic 4：Daily routines）的话题中，是其中的子话题——家庭生活（Life at home）和学校生活（School life）。而不同场所有不同的规则，这就涉及社会场所及规则，便又延伸至人与社会的主题范畴。

本单元的主题意义：每个人的成长都离不开社会规则。（Nobody can really grow up without rules!）

具体而言，学生首先通过学习不同场所的规则，学习规则的不同格式，学会谈论规则，体会并理解规则的重要性。同时，教材通过呈现两封求助信，体现规则也可能带来烦恼，教育学生学会用恰当的途径解决问题，做一个心理健康的人。

Section A围绕学校规章展开活动。首先，通过单元主题图（1a），即教室外墙壁张贴校规的形式，呈现书面语的规章制度，再通过听说活动（1b ~ 1c）将学生引入谈论规章制度的情境，让学生学习规章制度的表述方式。接着，通过Cindy和Alan的对话（2a ~ 2c），学生学会用情态动词can与can't表达许可和禁止。最后，通过John和Alice的对话（2d），学生学习用情态动词must和have to表达义务。通过多项活动，教师有意识地引导学生明白学校规章制度无处不在，以及遵守这些制度的重要性。

Section B主要谈论家庭规则，通过多模态材料的学习来展开。首先，通过Emily和Dave的对话（1a ~ 1d），学生谈论Dave家中较多的家规，初步感知有时候规则也会给我们带来烦恼。然后，学生阅读Molly、Zhao Pei写给Dr. Know的求助信（2b ~ 2c，3a），以及Dr. Know的回信，认识到父母及学校制定规则的初衷——帮助我们成为更好的自己，以及遵守规定是一个学生的义务，且以此了解西方孩子有烦恼时更愿意向专业人士或机构求助。最后，通过写作（3a～3b），给学生创造谈论规则及其感受的机会，以此引导学生：如心中有困惑或烦恼，应寻找合适途径释放出来，做一个心理健康的人。

通过思维导图，我们能更清楚地发现本单元教材内容与单元主题意义探究过程之间的内在联系：

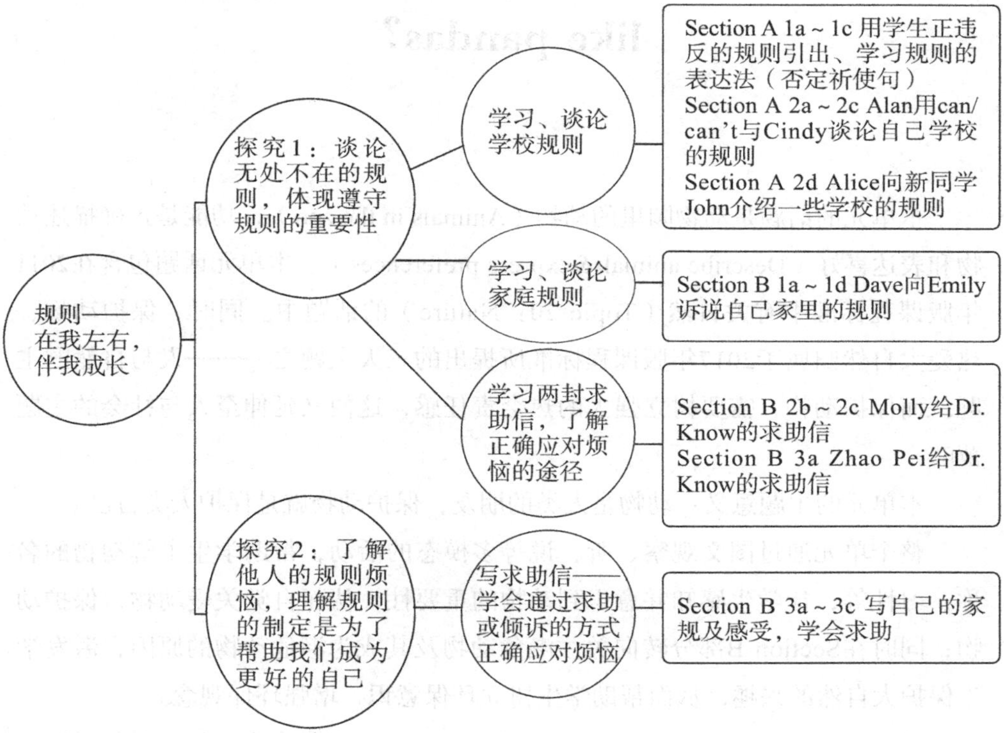
规则——在我左右，伴我成长
探究1：谈论无处不在的规则，体现遵守规则的重要性
探究2：了解他人的规则烦恼，理解规则的制定是为了帮助我们成为更好的自己
学习、谈论学校规则
学习、谈论家庭规则
学习两封求助信，了解正确应对烦恼的途径
写求助信——学会通过求助或倾诉的方式正确应对烦恼
Section A 1a～1c 用学生正违反的规则引出、学习规则的表达法（否定祈使句）
Section A 2a～2c Alan用can/can't与Cindy谈论自己学校的规则
Section A 2d Alice向新同学John介绍一些学校的规则
Section B 1a～1d Dave向Emily诉说自己家里的规则
Section B 2b～2c Molly给Dr. Know的求助信
Section B 3a Zhao Pei给Dr. Know的求助信
Section B 3a～3c 写自己的家规及感受，学会求助

Go for it 七年级（下册）Unit 5 Why do you like pandas?

本单元的话题是动物园里的动物（Animals in the zoo），功能是正确描述动物和表达喜好（Describe animals&express preferences）。本单元话题包含在2011年版课程标准中有关自然（Topic 20：Nature）的话题中。同时，保护动物、热爱大自然归属于2017年版课程标准所提出的三大主题之一——人与自然的主题。而保护动物，需要树立强大的热会责任感，这便又延伸至人与社会的主题范畴。

本单元的主题意义：动物是人类的朋友，保护动物就是保护人类自己。

整个单元通过图文观察、听、说等多模态的活动，帮助学生了解动物的名称、习性等，让学生感知并意识到动物的重要性，从而自觉关爱动物，保护动物；同时在Section B部分转向关注濒危动物及其成为濒危动物的原因，激发学生保护大自然的兴趣，从而帮助学生树立环保意识，增强环保观念。

通过Section A 1a～1c 2a～2c，section B 1a～1c三段参观动物园时的对话，学生掌握动物名称、习性等，学会运用各类形容词，从外形和性格方面描述动物，并表达自己对动物的喜好，从而培养了解动物、热爱动物、保护动物的意识。而Section A 2a～2b，拓展到描述来自不同国家的动物，帮助学生了解动物的产地，增长地理知识，加强学科联系。Section A 2d，Peter谈论自家宠物丁丁的能力，感到自豪，由此更加喜爱动物。Section B 2b通过介绍泰国大象的能力，展示动物具备的各种能力（它们非常聪明，我们要热爱动物），体现了大象在泰国文化中的重要性，增强学生的文化意识。Section B 2a～2c 转向介绍濒危动物，了解其濒危的原因：人类对树木的砍伐以及对大象的杀戮，造成大象濒临灭绝，让学生思考人与动物的关系——动物是人类的朋友，保护动物就是保护人类自己。

通过思维导图，我们能更清楚地发现本单元教材内容和单元主题意义探究过程之间的内在联系：

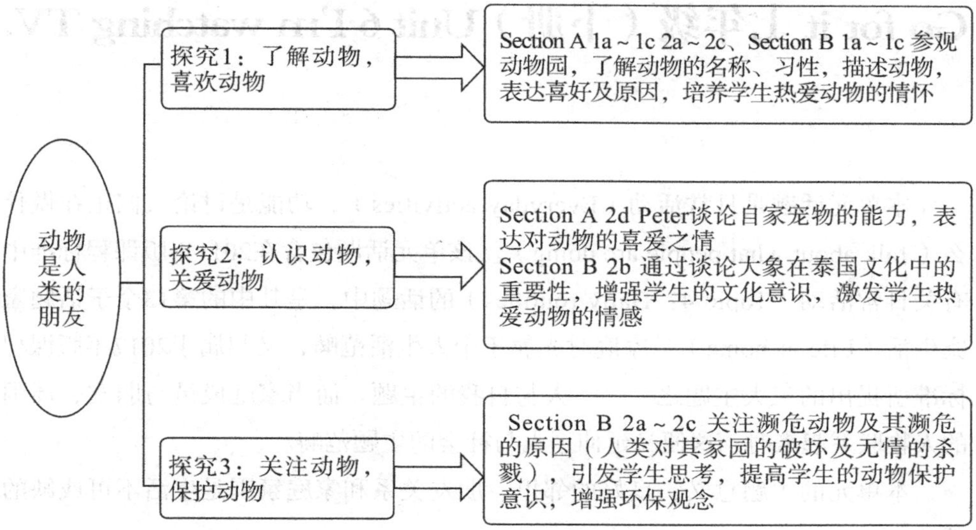
动物是人类的朋友
探究1：了解动物，喜欢动物
Section A 1a ~ 1c 2a ~ 2c、Section B 1a ~ 1c 参观动物园，了解动物的名称、习性，描述动物，表达喜好及原因，培养学生热爱动物的情怀
探究2：认识动物，关爱动物
Section A 2d Peter谈论自家宠物的能力，表达对动物的喜爱之情
Section B 2b 通过谈论大象在泰国文化中的重要性，增强学生的文化意识，激发学生热爱动物的情感
探究3：关注动物，保护动物
Section B 2a ~ 2c 关注濒危动物及其濒危的原因（人类对其家园的破坏及无情的杀戮），引发学生思考，提高学生的动物保护意识，增强环保观念

Go for it 七年级（下册）Unit 6 I'm watching TV.

本单元话题是日常活动（Everyday activities），功能是讨论人们正在做什么（Talk about what people are doing）。该单元话题包含在2011年版课程标准中有关日常活动（Topic 4：Daily routines）的话题中，是其中的第13个子话题家庭生活（Life at home）。家庭时光属于个人生活范畴，又归属于2017年版课程标准所提出的三大主题之一——人与自我的主题。而当家庭成员与朋友、周围的人物联系起来时，这便又延伸至人与社会的主题范畴。

本单元的主题意义：良好的邻里、朋友关系和家庭氛围是生活不可或缺的部分。

Section A，主题图呈现出一幅公寓里邻里关系和谐的生活场景，通过Jenny和Bob两位邻居的对话，即打电话相互询问他们自己及邻居们正在做什么，体现了和谐的邻里氛围（1a ~ 1c）；在Jack和Steve（2a ~ 2b），Jenny和 Laura（2d）及Section B（1c ~ 1d）数对朋友的电话交谈中，不仅相互关注彼此正在做的事情，更渗透了良好的朋友关系。

Section B，阅读语篇是一则电视报道，讲述了留学生Zhu Hui 的家庭故事（2b），认识了他中国的家和美国寄宿家庭的生活场景，领略了中西方文化习俗的差异，体现了Zhu Hui的思乡之情及对家乡的热爱。单元写作由两部分构成：首先是看图阅读补全吉姆的一封书信（1a ~ 1d，3a），然后欣赏照片描述事件（3b）。两个任务都让学生体味了浓浓的家庭氛围及美好的生活场景。

以下思维导图清楚地呈现了本单元教材内容及单元主题意义探究过程之间的联系：

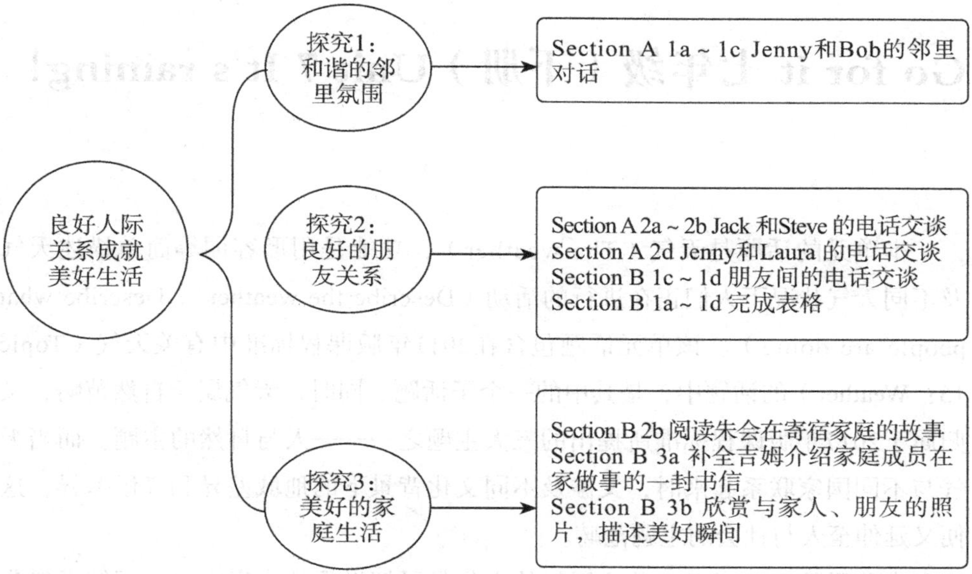
良好人际
关系成就
美好生活
探究1：
和谐的邻
里氛围
探究2：
良好的朋
友关系
探究3：
美好的家
庭生活
Section A 1a ~ 1c Jenny和Bob的邻里对话
Section A 2a ~ 2b Jack 和Steve 的电话交谈
Section A 2d Jenny和Laura 的电话交谈
Section B 1c ~ 1d 朋友间的电话交谈
Section B 1a ~ 1d 完成表格
Section B 2b 阅读朱会在寄宿家庭的故事
Section B 3a 补全吉姆介绍家庭成员在家做事的一封书信
Section B 3b 欣赏与家人、朋友的照片，描述美好瞬间

Go for it 七年级（下册）Unit 7 It's raining!

本单元的话题是天气（The weather），功能是用形容词等简单描述天气及不同天气状况下人们正在进行的活动（Describe the weather & Describe what people are doing）。该单元话题包含在2011年版课程标准中有关天气（Topic 15：Weather）的话题中，是其中的一个子话题。同时，天气属于自然范畴，又归属于2017年版课程标准所提出的三大主题之一——人与自然的主题。而当天气与不同国家联系起来时，又涉及不同文化背景下的地域差异和气候差异，这便又延伸至人与社会的主题范畴。

本单元的主题意义：关注天气的变化是了解世界的一扇窗口，理解天气背后所蕴含的活动文化以提升对生活的热爱。

具体而言，本单元的主题意义体现在了解世界各地的标志性建筑和气候差异中，感受地域文化，关注天气状况，能意识到语言交际存在的文化差异和通过谈论天气来促进交际。

本单元教材通过图片、音频、文本等多模态语篇渗透本单元的主题意义。Section A1a～1c，通过读主题图了解北京、墨西哥、多伦多、波士顿、上海等地的天气状况及其标志性建筑，从而使学生感受地域文化及关注天气差异。通过学习1b中的三段小对话，学生明白谈论天气是促进日常交际的一种有效手段。Section A 2a～2d的两段对话及Section B 1c～1d 中的对话，引发学生对不同天气状况下人们所开展的活动的关注，帮助学生建立天气背后的活动文化观。

此外，Section B 2a～2c，通过读图及阅读明信片，也进一步加强了学生将天气与活动文化联系起来的意识，加深了学生对地域差异及活动差异的理解和认识，从而使其更加热爱生活。

通过思维导图，我们能更清楚地发现本单元教材内容和单元主题意义探究过程之间的内在联系：

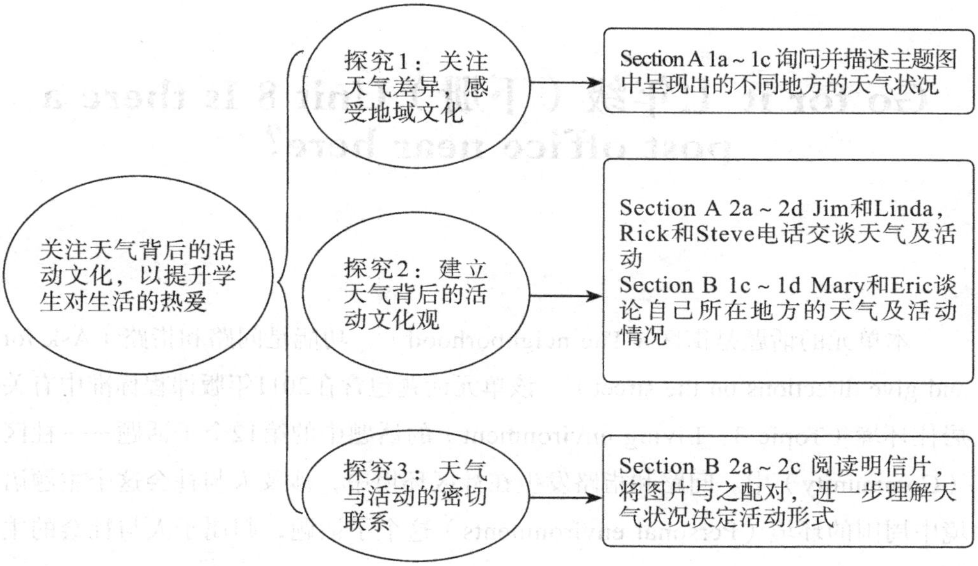
关注天气背后的活动文化，以提升学生对生活的热爱
探究1：关注天气差异，感受地域文化
探究2：建立天气背后的活动文化观
探究3：天气与活动的密切联系
Section A 1a ~ 1c 询问并描述主题图中呈现出的不同地方的天气状况
Section A 2a ~ 2d Jim和Linda，Rick和Steve电话交谈天气及活动
Section B 1c ~ 1d Mary和Eric谈论自己所在地方的天气及活动情况
Section B 2a ~ 2c 阅读明信片，将图片与之配对，进一步理解天气状况决定活动形式

Go for it 七年级（下册）Unit 8 Is there a post office near here?

本单元的话题是街区（The neighborhood），功能是问路和指路（Ask for and give directions on the street）。该单元话题包含在2011年版课程标准中有关居住环境（Topic 3：Living environment）的话题中的第12个子话题——社区（Community）中。问路和指路发生在社区环境中，涉及人与社会这个主题语境中周围的环境（Personal environments）这个子话题，归属于人与社会的主题范畴。

本单元的主题意义：围绕The neighborhood的话题，引导学生在问路及指路的过程中学会礼貌待人，感受邻里之间的互帮互助及和睦的邻里关系。

单元教材在听、说、读等多种技能训练的过程中渗透本单元的主题意义。Section A 1a ~ 1c，2a ~ 2c，通过学习相关地点名词及方位介词，应用there be句型，教会学生描述社区的主要地方及其相对位置。在Section A 2a ~ 2d，Section B 1b ~ 1c 的对话中，通过在语境中学习和运用句型“Excuse me.How can I help you? Thanks so much.No problem. You’re welcome”等日常用语，引导学生正确使用问路和指路的礼貌用语，让学生学会礼貌待人。

此外，在Section B 1a及3a的学习过程中，教会学生认读地图，培养他们的生活技能，并且让其进一步熟悉社区环境。Section B 2b，3a有关社区描述的语篇学习，不仅将语篇理解和阅读地图联系起来，而且渗透了学生对所生活的社区的认可及喜爱之情，充分体现了该单元的主题意义：We should be polite to each other and help each other in the neighborhood.

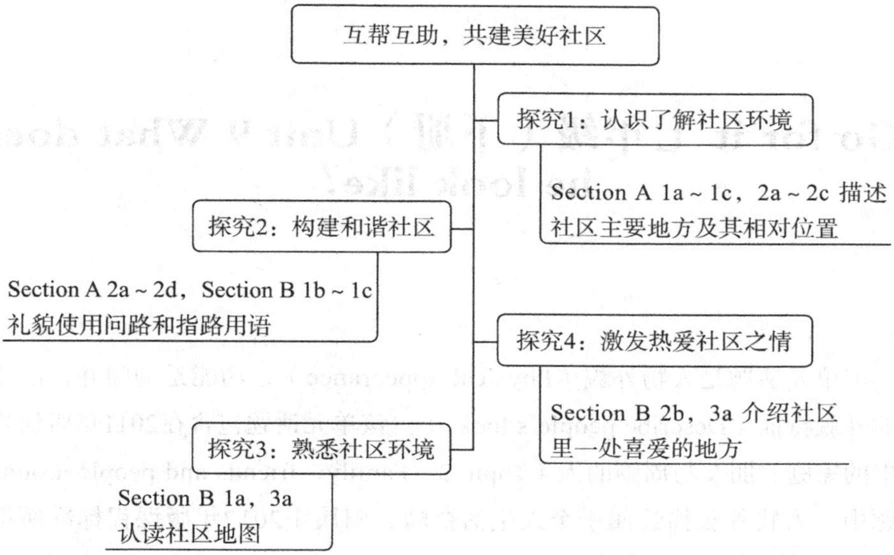
互帮互助，共建美好社区
探究1：认识了解社区环境
Section A 1a ~ 1c，2a ~ 2c 描述社区主要地方及其相对位置
探究2：构建和谐社区
Section A 2a ~ 2d，Section B 1b ~ 1c 礼貌使用问路和指路用语
探究4：激发热爱社区之情
Section B 2b，3a 介绍社区里一处喜爱的地方
探究3：熟悉社区环境
Section B 1a，3a 认读社区地图

Go for it 七年级（下册）Unit 9 What does he look like?

本单元话题是人物外貌（Physical appearance），功能是询问并正确描述人的外貌特征（Describe people's looks）。该单元话题包含在2011年版课程标准中的家庭、朋友与周围的人（Topic 2：Family，friends and people around）话题中。人物外貌描述属于个人生活范畴，归属于2017年版课程标准所提出的三大主题之一——人与自我的主题。

本单元的主题意义：每个人的外貌都有各自的特点，都具有差异性，我们绝不能以貌取人，而是要学会相互尊重、相互欣赏，学做一个心灵善美之人。

Section A，首先，通过认读主题图及学习相关的描述性词汇（1a），了解人物外貌的差异（含身高、胖瘦、发型等）。其次，通过三组对话，即Amy和朋友去地铁站接朋友（1b～1c），谈论家人及朋友（2a～2b）以及朋友对David（2d）的描述，学生学习如何用英语询问和描述一个人的外貌特征，懂得尊重彼此。

Section B，首先，谈论并描述自己喜欢的明星（1a～1c），进一步学习人物外貌的细节描述，同时也引导学生正确追星，不能以貌取人。然后，学习Section B 2b 中的语篇（An Interesting Job）时，认识警察画像师这个职业的特点，以增强个人的社会责任感，做一个心灵美，乐于提供关心和帮助的优秀公民。

通过思维导图，我们能更清楚地发现本单元教材内容和单元主题意义探究过程之间的内在联系：

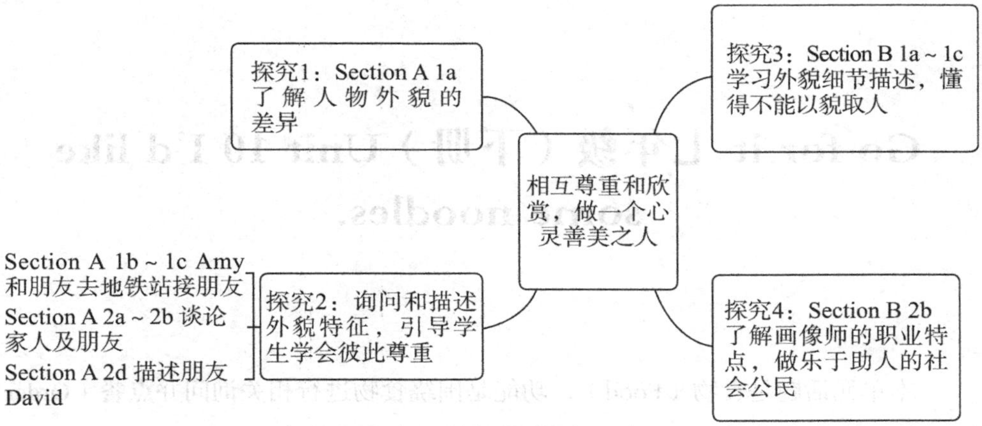
探究1：Section A 1a 了解人物外貌的差异
探究3：Section B 1a ~ 1c 学习外貌细节描述，懂得不能以貌取人
相互尊重和欣赏，做一个心灵善美之人
Section A 1b ~ 1c Amy 和朋友去地铁站接朋友
Section A 2a ~ 2b 谈论家人及朋友
Section A 2d 描述朋友 David
探究2：询问和描述外貌特征，引导学生学会彼此尊重
探究4：Section B 2b 了解画像师的职业特点，做乐于助人的社会公民

Go for it 七年级（下册）Unit 10 I'd like some noodles.

本单元话题是食物（Food），功能是围绕食物进行相关询问并点餐（Order food）。该单元话题包含在2011年版课程标准中有关饮食（Topic 12：Food and drinks）的话题中。点餐属于个人生活范畴，归属于2017年版课程标准所提出的三大主题之一——人与自我的主题。而当食物与生日联系起来时，又涉及中西方饮食文化方面的差异以及不同民族和国家的一些传统美食，这便又延伸至人与社会的主题范畴。

本单元的主题意义：了解不同的食物名称及学会礼貌点餐，形成合理膳食的健康饮食观念，同时丰富我们的饮食文化。

Section A，首先，通过图文（1a）展示了一个中式面馆里点餐的场景，让学生学习不同肉类及蔬菜的名称。Section B 1a进一步输入有关食物的更多表达，从而让学生了解食物的多样性。然后，通过三段对话（1b，2a ~ 2b，2d）的输入，让学生了解点餐时顾客和服务员所运用的不同表达方式，以引导学生礼貌点餐（3a ~ 3b）及合理膳食，并尊重他人的喜好。

Section B，通过电话点餐（1a ~ 1d），让学生在真实语境中进一步感悟本单元的功能项目，运用目标句型及丰富的语言去体会礼貌点餐及感受点餐文化，以提高生活技能。语篇阅读部分（2a ~ 2c）介绍了世界各地的人们庆祝生日时不同的饮食传统及其含义，促使学生理解、尊重和包容世界上不同国家的生日饮食及文化习俗。

通过思维导图，我们能更清楚地发现本单元教材内容和单元主题意义探究过程之间的内在联系：

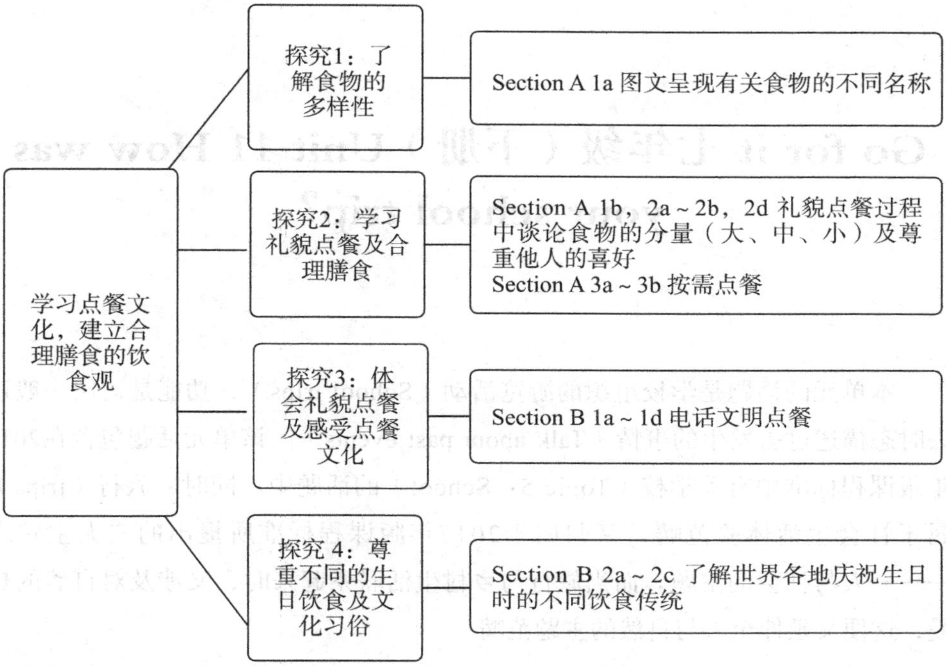
学习点餐文化，建立合理膳食的饮食观
探究1：了解食物的多样性
Section A 1a 图文呈现有关食物的不同名称
探究2：学习礼貌点餐及合理膳食
Section A 1b，2a ~ 2b，2d 礼貌点餐过程中谈论食物的分量（大、中、小）及尊重他人的喜好
Section A 3a ~ 3b 按需点餐
探究3：体会礼貌点餐及感受点餐文化
Section B 1a ~ 1d 电话文明点餐
探究 4：尊重不同的生日饮食及文化习俗
Section B 2a ~ 2c 了解世界各地庆祝生日时的不同饮食传统

Go for it 七年级（下册）Unit 11 How was your school trip?

本单元的话题是学校组织的游览活动（School trips），功能是运用一般过去时态描述过去发生的事情（Talk about past events）。该单元话题包含在2011年版课程标准中有关学校（Topic 5：School）的话题中。同时，旅行（trips）属于社会生活体验范畴，又归属于2017年版课程标准所提出的三大主题之一——人与社会的主题。而当旅行与乡村生活联系起来时，又涉及对自然的热爱，这便又延伸至人与自然的主题范畴。

本单元的主题意义：旅行是学生探索世界、发现自我、静心思考的过程，在旅途中经历不一样的事情，遇见不同的人，从而收获不一样的体验。

Section A围绕学校组织的农场之行展开，着重描述了在农场/乡村的生活经历。首先，通过主题图呈现了一位学生在学校组织的农场之行中的具体活动，勾画出了一幅美好的农场生活场景（1a）。接下来的听力活动（1b ~ 1c）则围绕询问学生Carol的农场经历展开，强调Carol在农场所做的事情，体现了农场生活丰富有趣的一面。2a ~ 2c继续Bob和Carol的对话，拓展了关于农场和乡村生活的话题，体现了学生对果树栽种的兴趣及对劳动者的尊重。2d的对话记录了Eric去乡村拜访爷爷的经历，言谈之中体现了对乡村生活的热爱。

Section B围绕更为丰富的学校旅行活动展开。1a中的图片展现了西方国家常见的学校旅行活动，体现了学生校外活动的丰富性。通过Jane和Tony谈论各自的学校旅行经历及评价（1b ~ 1c），引导学生明白旅行的意义就是寻找不一样的感受，经历不一样的事情，从而发现世界的不同。2a ~ 2c是两则日记，通过了解Helen和Jim在同一旅行中的不同经历与态度，学会用日记的方式客观评价事物。3a ~ 3c强调读写结合，首先阅读两则学校旅行日记，看图写话，之后再用日记的方式记录一次自己的学校之旅。在完成任务的过程中，引导学生明白日记是一种表达自我真实感受，有助情绪释放及保持健康心理的方式。

通过思维导图，我们能更清楚地发现本单元教材内容和单元主题意义探究过程之间的内在联系：

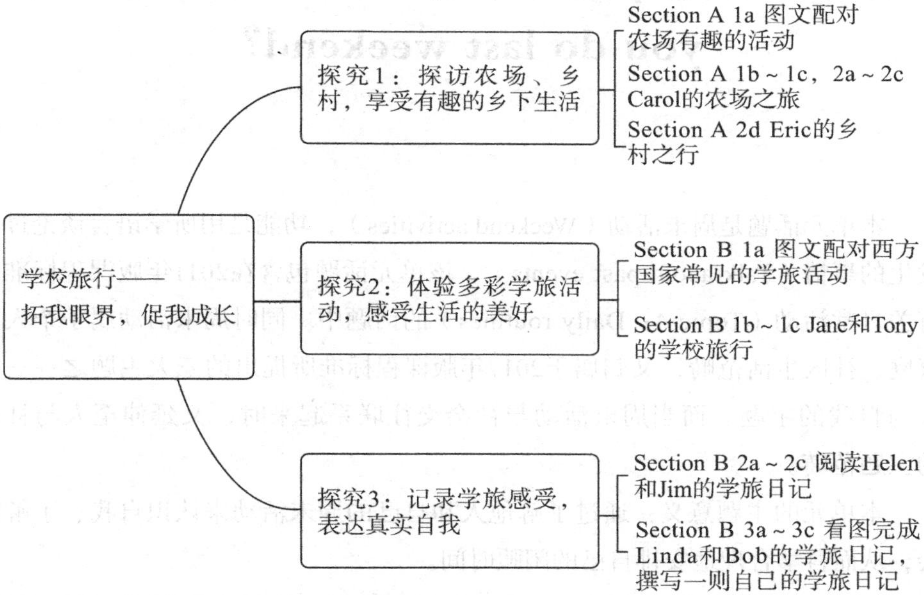
学校旅行——
拓我眼界，促我成长
探究1：探访农场、乡村，享受有趣的乡下生活
Section A 1a 图文配对农场有趣的活动
Section A 1b ~ 1c，2a ~ 2c Carol的农场之旅
Section A 2d Eric的乡村之行
探究2：体验多彩学旅活动，感受生活的美好
Section B 1a 图文配对西方国家常见的学旅活动
Section B 1b ~ 1c Jane和Tony的学校旅行
探究3：记录学旅感受，表达真实自我
Section B 2a ~ 2c 阅读Helen和Jim的学旅日记
Section B 3a ~ 3c 看图完成Linda和Bob的学旅日记，撰写一则自己的学旅日记

Go for it 七年级（下册）Unit 12 What did you do last weekend?

本单元话题是周末活动（Weekend activities），功能是用所学语言谈论过去发生的事情（Talk about past events）。该单元话题包含在2011年版课程标准中有关日常活动（Topic 4：Daily routines）的话题中。同时周末活动属于个人、家庭、社区生活范畴，又归属于2017年版课程标准所提出的三大主题之一——人与自我的主题。而当周末活动与社会交往联系起来时，又延伸至人与社会的主题范畴。

本单元的主题意义：通过了解他人和自己的周末活动来认识自我、了解社会，从而科学合理地安排自己的闲暇时间。

Section A围绕多样的周末活动来展开。首先，通过主题图呈现了一位学生周末两天的具体活动（1a）。接下来的听说活动（1b ~ 1c）则围绕询问学生Lucy周末上、下午和晚上的活动展开，强调Lucy在不同时间做不同的事情，给学生树立了一个会合理安排周末活动的榜样。2a ~ 2c围绕周末活动的意义来展开，呈现了学生对good weekend的理解，充满了积极的一面。在Paul和Lisa的对话中（2d），Lisa回答"I worked as a guide at the Natural History Museum"，促使学生思考接触义工、参与志愿服务等社会活动能赋予周末生活哪些内涵。同时这些活动也是建立在人际交往的基础上的，能增强学生对良好社会交往重要性的认识。

Section B深入谈论周末活动，在此基础上增加了他人评价和自我评价。1a中的图片首先呈现了Sally和Jim所参与的活动。接着，学生围绕趣味性对这些活动进行评价（1b）。之后，通过Sally和Jim的相互询问（1b ~ 1c），学生了解了同学的周末活动安排，从而学会调整自己的学习和课余生活时间。语篇（2b ~ 2c）聚焦难忘的周末——露营活动，讲述了一次危险的经历。这次经历说明：闲暇时候亲近、了解大自然是一种很好的增长知识、开阔视野的方式；同时要增强安全意识与增强自我保护意识。3a ~ 3b强调读写结合，通过完成写作任务，学生学会审视自己的周末生活，从而明白合理安排会让周末生活既丰富又有意义。

通过思维导图，我们能更清楚地发现本单元教材内容和单元主题意义探究过程之间的内在联系：

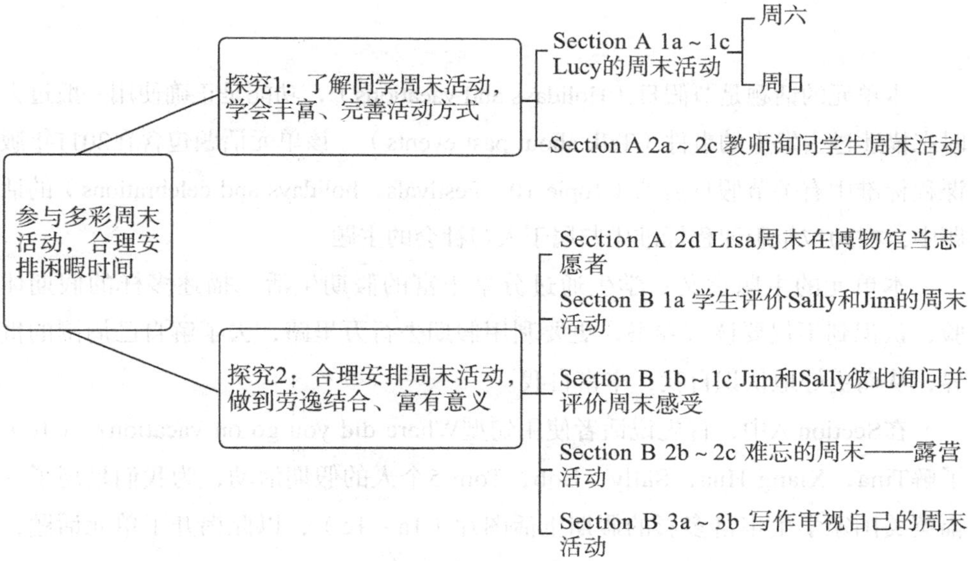
参与多彩周末活动，合理安排闲暇时间
探究1：了解同学周末活动，学会丰富、完善活动方式
Section A 1a ~ 1c Lucy的周末活动
周六
周日
Section A 2a ~ 2c 教师询问学生周末活动
探究2：合理安排周末活动，做到劳逸结合、富有意义
Section A 2d Lisa周末在博物馆当志愿者
Section B 1a 学生评价Sally和Jim的周末活动
Section B 1b ~ 1c Jim和Sally彼此询问并评价周末感受
Section B 2b ~ 2c 难忘的周末——露营活动
Section B 3a ~ 3b 写作审视自己的周末活动

Go for it 八年级（上册）Unit 1 Where did you go on vacation?

本单元的话题是节假日（Holidays and vacations），功能是正确使用一般过去时态描述过去发生的事件（Talk about past events）。该单元话题包含在2011年版课程标准中有关节假日活动（Topic 10：Festivals，holidays and celebrations）的话题中，在2017年版课程标准中归属于人与社会的主题。

本单元的主题意义：学生通过分享丰富的假期生活，描述多样的假期体验，认识到不仅要读万卷书，更要利用假期去行万里路，去了解自己周围的世界，从而更好地认识自我，丰富自我。

在Section A中，首先说话者使用句型Where did you go on vacation?（1c）了解Tina，Xiang Hua，Sally，Bob，Tom 5个人的假期活动，为我们呈现了一幅英美国家学生丰富多彩的假期生活图片（1a ~ 1c），以此揭开了单元话题，同时倡导在假期劳逸结合，尽情体验不同的活动。之后，通过Grace，Kevin，Julie 3个人谈论他们的假期生活经历（2a，2b），及Rick和Helen分享度假经历（2d），学生对多元化的度假方式和相关的特点有了更多的了解，从而明白度假就是另一种学习途径，它既可以放松身心，又能够拓宽视野，了解各国各地不同的文化。

在Section B中，首先倾听Lisa的假期活动（1c ~ 1d），之后情境模拟谈论Lisa的假期，了解度假也是生活的一部分，通过体验假期活动树立积极的生活态度，理解体会任何事物都有两面性，要多从积极的角度去思考问题。之后阅读Jane的两篇度假日记（2b）和完成单元写作任务（3a ~ 3c），在语境中理解如何通过日记的方式来分享度假经历，学会根据时间顺序（time order）梳理并复述度假过程中发生的事件和感受。这样的学习过程，让学生明白日记是记录生活点滴，抒发个人情绪的一种途径；旅游活动和天气都会影响人的情绪，我们要学会自我调节，形成乐观、积极的生活态度。

以下思维导图清楚地呈现了本单元教材内容及单元主题意义探究过程之间的联系：

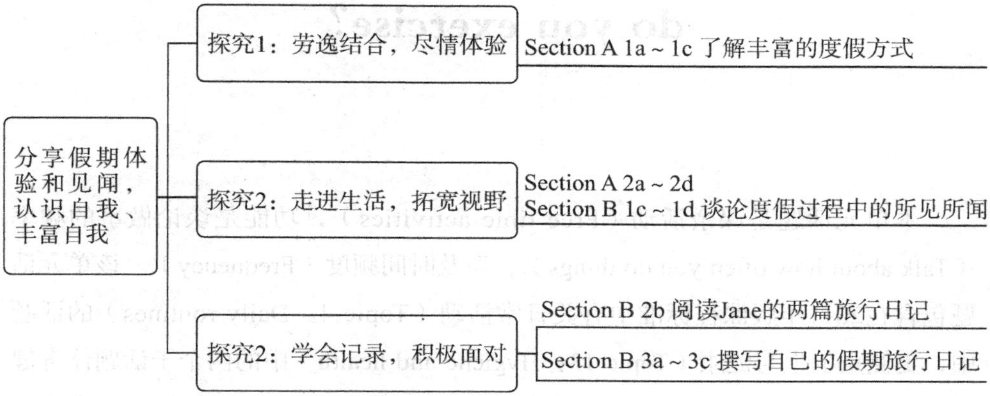
分享假期体验和见闻，认识自我、丰富自我
探究1：劳逸结合，尽情体验
Section A 1a ~ 1c 了解丰富的度假方式
探究2：走进生活，拓宽视野
Section A 2a ~ 2d
Section B 1c ~ 1d 谈论度假过程中的所见所闻
探究2：学会记录，积极面对
Section B 2b 阅读Jane的两篇旅行日记
Section B 3a ~ 3c 撰写自己的假期旅行日记

Go for it 八年级（上册）Unit 2 How often do you exercise?

本单元话题是课余活动（Free time activities），功能是谈论做事的频率（Talk about how often you do things），涉及时间频度（Frequency）。该单元话题包含在2011年版课程标准中有关日常活动（Topic 4：Daily routines）的话题中，更侧重卫生与健康（Topic 13：Hygiene and health）中的两个子话题体育健身（Physical fitness and exercise）和健康饮食（Healthy diet）。同时，课余活动属于自我发展范畴，归属于2017年版课程标准所提出的三大主题之一——人与自我的主题。

本单元主题意义：青少年需要有健康的体魄，才能成为国家栋梁。健康饮食、健康作息、健康积极的锻炼方式既有益于自我，也有益于家庭、社会。

在Section A中，首先通过主题图，呈现了不同类型学生的周末活动方式（1a），接着结合频率副词来谈论自己及询问他人的周末活动情况（1b ~ 1c）。在对Cheng Tao的听力专访活动中（2a ~ 2b），学生了解到中国学生常见的周末活动方式及活动频率。在2d的对话中，学生知晓了西方学生的周末生活也和中国学生一样繁忙而充实。通过听说技能的训练，学生回归丰富多彩的课余生活，同时他们对自我活动方式的合理性及活动频率进行反思。

在Section B中，首先通过对Tina和Bill的一段采访，将话题从周末活动过渡到了饮食和睡眠（1a ~ 1d），特别是1a的食物图片与食物名称的配对活动，引发学生有意识地区别“healthy food”和“unhealthy food”，渗透健康饮食的观念。1b的对话指出“But my mother wants me to drink milk. She says it’s good for my health”，明示“牛奶是健康食品，家长对此持支持态度”。在1c中，通过“exercise，fruit，junk food，sleep”再次引导学生在判断健康饮食习惯和健康睡眠方面在频率上的表达，以此强化学生的价值取向——健康饮食、健康作息、健康积极的锻炼是有益身心的良好的自我发展的表现。2b调查了No.5 High School学生的生活习惯，揭示了当前中学生普遍存在的不良生活习惯和爱好。文末提倡“锻炼才是有益身心的”——呼吁学生改掉不好的习惯，运动起来，这种呼吁再次回归了单元主题意义。最后以Jane的例子（3a）告诉大家：每个人都可能会有好的和不好的生活习惯（4），对此不用慌张，要学会正视不足（3c）并积极养成健康的生活习惯，选择健康的生活、娱乐方式。

以下思维导图清楚地呈现了本单元教材内容及单元主题意义探究过程之间的联系：

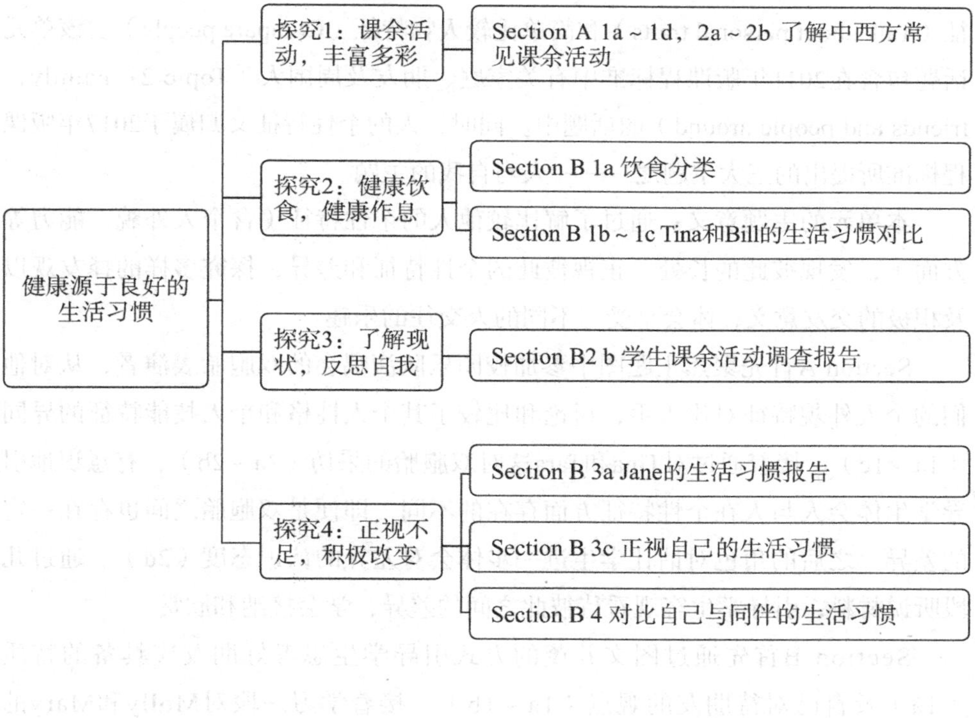
健康源于良好的生活习惯
探究1：课余活动，丰富多彩
Section A 1a ~ 1d，2a ~ 2b 了解中西方常见课余活动
探究2：健康饮食，健康作息
Section B 1a 饮食分类
Section B 1b ~ 1c Tina和Bill的生活习惯对比
探究3：了解现状，反思自我
Section B2 b 学生课余活动调查报告
探究4：正视不足，积极改变
Section B 3a Jane的生活习惯报告
Section B 3c 正视自己的生活习惯
Section B 4 对比自己与同伴的生活习惯

Go for it 八年级（上册）Unit 3 I'm more outgoing than my sister.

本单元的话题是人的个性特征（Personal traits），功能是谈论人的个性特征（Talk about personal traits）和简单比较人物特征（Compare people）。该单元话题包含在2011年版课程标准中有关家庭、朋友及周围人（Topic 2：Family, friends and people around）的话题中。同时，人的个性特征又归属于2017年版课程标准所提出的三大主题之一——人与自我的主题。

本单元的主题意义：通过了解比较他人的个性特征（含个人外貌、能力等方面），发现彼此的长处，正视彼此的个性特征和差异，探究多样的择友观以及积极的交友意义，体会享受与不同的人交往的乐趣。

Section A首先聚焦主题图中参加校园乐队演唱会的双胞胎表演者，从对他们的个人外貌特征对比入手，讨论和比较了其个人性格和个人技能特征的异同（1a ~ 1c）。接着通过对Tina和Tara这对双胞胎的采访（2a ~ 2b），有意识地引导学生体会人与人在个性特征方面存在的不同，即便是双胞胎之间也存在一定的差异。之后的角色对话让学生进一步体会对差异的认识态度（2d）。通过几段听说材料，引导学生客观看待彼此之间的差异，学会接纳和欣赏。

Section B首先通过图文并茂的方式引导学生思考好朋友应具备的特质（1a）及自己对待朋友的观点（1a ~ 1b）。接着学习一段对Molly和Mary的采访录音，对比好友与自己的异同（1c ~ 1d），进而自然地过渡到如何择友（Should friends be the same or different？）及多样的择友标准，同时思考朋友的真正意义（2b ~ 2e）。3a ~ 3c以综合性写作的形式回归学生自我，学生在审视自己朋友的过程中，学会尊重他们的差异，树立正确的择友观。

以下思维导图清楚地呈现了本单元教材内容及单元主题意义探究过程之间的联系：

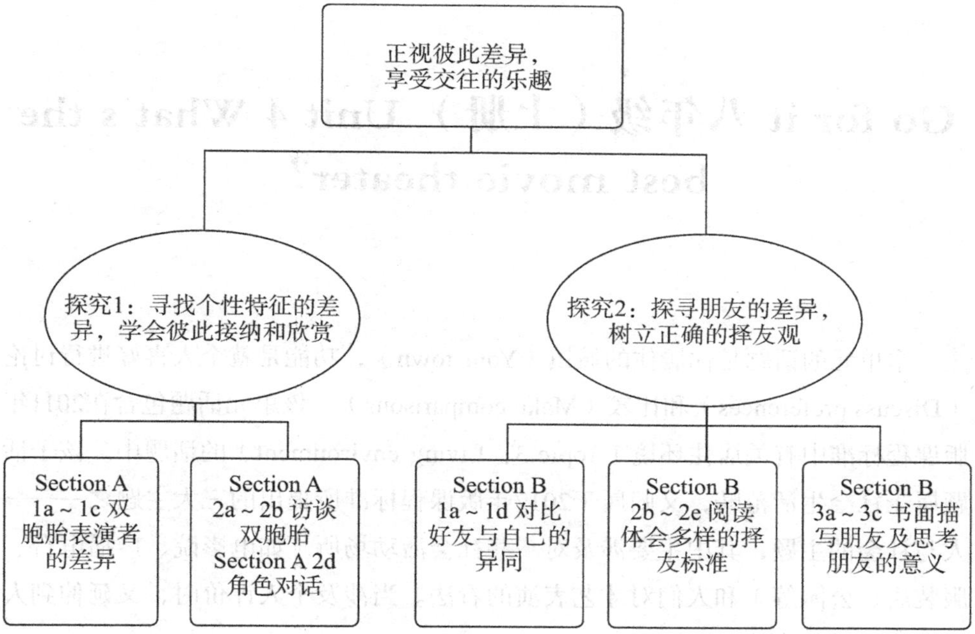
正视彼此差异，
享受交往的乐趣
探究1：寻找个性特征的差异，学会彼此接纳和欣赏
探究2：探寻朋友的差异，树立正确的择友观
Section A 1a ~ 1c 双胞胎表演者的差异
Section A 2a ~ 2b 访谈双胞胎 Section A 2d 角色对话
Section B 1a ~ 1d 对比好友与自己的异同
Section B 2b ~ 2e 阅读体会多样的择友标准
Section B 3a ~ 3c 书面描写朋友及思考朋友的意义

Go for it 八年级（上册）Unit 4 What's the best movie theater?

本单元的话题是你居住的城镇（Your town），功能是就个人喜好进行讨论（Discuss preferences）和比较（Make comparisons）。该单元话题包含在2011年版课程标准中有关居住环境（Topic 3：Living environment）的话题中。该子话题属于社会生活范畴，又归属于2017年版课程标准所提出的三大主题之一——人与社会的主题，其中主要涉及对一些社会活动场所（如电影院、广播电台、服装店、公园等）和人们对才艺表演的看法。当涉及个人评价时，又延伸到人与自我的主题范畴。

本单元的主题意义：通过围绕个人喜好来评价和比较周围的环境及人物，使学生学会热爱生活，欣赏他人，关爱生活环境，增强民族自豪感。

本单元紧扣形容词和副词的最高级，对学生身边的环境（活动场所、周围人物和自己的家乡）进行对比分析与评价，激发学生对生活环境的热爱。

Section A首先通过图文与听说活动（1a～2c）创设真实的对话语境，引导学生谈论并评价身边的文化、购物和休闲活动场所——电影院、服装店、电台、超市和餐馆（3a～3c）的各项特点，使学生学会用目标语言"What's the best movie theater to go to？""Which is the ... store in town？"对各类场所及硬件设施等条件进行讨论分析、调查比较，用"I think/thought..."表达自己的观点，引导学生关注生活环境并且激发其对生活的热爱。2d则在原有话题的基础上设置了更为真实的语境：为新来的邻居介绍社区周围的生活服务场所，体现了和谐的生活环境。

Section B主要围绕才艺表演这个话题展开。1a～1d以学校才艺表演为小话题展开听力练习，谈论的焦点是才艺表演中“最……的人”，引导学生关注了解学校小环境中所熟悉的人，懂得发现他们的亮点并学会欣赏。2d、2e找寻班级里的“达人”等任务链活动同样能让学生学会欣赏他人的特长，看到他人的闪光点。2a ~ 2e以达人秀节目为主线展开以阅读为主的学习活动，让学生在了解选秀节目的实质及目的的过程中，正确看待生活大环境中的明星现象，懂得只有通过自己的努力才能实现理想。3a ~ 4则要求学生写一篇介绍最佳地方或事物的文章作为笔头输出。这些活动任务能激发学生对生活环境的关注，激发学生对家乡、对生活环境的热爱，从而增强民族自豪感。

以下思维导图清楚地呈现了本单元教材内容及单元主题意义探究过程之间的联系：

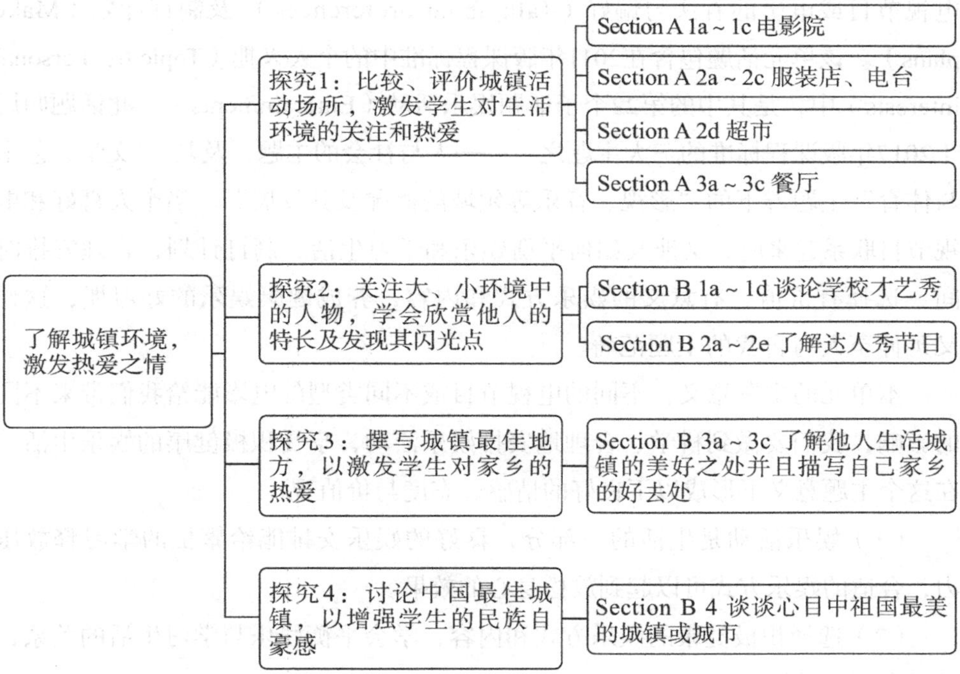
了解城镇环境，激发热爱之情
探究1：比较、评价城镇活动场所，激发学生对生活环境的关注和热爱
Section A 1a ~ 1c 电影院
Section A 2a ~ 2c 服装店、电台
Section A 2d 超市
Section A 3a ~ 3c 餐厅
探究2：关注大、小环境中的人物，学会欣赏他人的特长及发现其闪光点
Section B 1a ~ 1d 谈论学校才艺秀
Section B 2a ~ 2e 了解达人秀节目
探究3：撰写城镇最佳地方，以激发学生对家乡的热爱
Section B 3a ~ 3c 了解他人生活城镇的美好之处并且描写自己家乡的好去处
探究4：讨论中国最佳城镇，以增强学生的民族自豪感
Section B 4 谈谈心目中祖国最美的城镇或城市

Go for it 八年级（上册）Unit 5 Do you want to watch a game show ?

本单元的话题是娱乐活动（Entertainment），功能是谈论对不同类型的电视节目或电影的看法与偏好（Talk about preferences）及制订计划（Make plans）。该单元话题包含在2011年版课程标准中的个人兴趣（Topic 6：Personal interests）中，是其中的第22个子话题娱乐活动（Enterainments）。此话题归属于2017年版课程标准的三大主题之一——人与社会的主题，及其“文学、艺术与体育”主题群下的“影视、音乐等领域的概况及其发展”。当个人喜好和电视节目联系起来时，又涉及如何平衡娱乐和学习生活，制订计划，合理安排时间，选择有价值、有意义的娱乐方式和内容，养成健康娱乐的好习惯，这便又延伸至人与自我的主题范畴。

本单元的主题意义：不同的电视节目或不同类型的电影能给我们带来不同的影响，我们要做到科学、合理地安排娱乐活动，享受积极健康的娱乐生活。在这个主题意义下形成以下良好的情感、态度与价值观：

（1）娱乐活动是生活的一部分，良好的娱乐安排能给繁忙的学习释放压力，合适的娱乐方式可以起到放松身心的效果。

（2）选择积极健康的娱乐方式和内容，学会平衡娱乐与学习生活的关系，并学会制订计划。

（3）每个人对不同的娱乐活动或方式有着不同的观点，应遵循“尊重对方喜好，共享美好时光”的生活方式和人际交往原则。

（4）领略不同娱乐内容和方式（包括来自不同国家的文化电影电视）所蕴含的文化。

Section A首先通过配对主题图片中呈现的不同电视节目类型（1a）引入单元话题。接着听对话（1b），了解两位学生对电视节目的喜好。在此环节让学生联系自己的生活经历谈论他们自己的喜好（1c），从侧面引导学生思考不同偏好形成的原因（2c，3a），同时在运用句型“What do you think of....？”中体现了对他人喜好的了解和尊重，让学生学会关注同伴的喜好。最后通过Sally，Lin Hui，Grace和Sarah的对话，深度了解学生选择不同电视节目的原因和每个人对它们的期待。在此环节，将谈论计划和安排的语言表达自然融入。

Section B拓展了电影这个话题。1b～1d的听力练习和对话让学生谈论自己喜欢的电视节目和电影类型，并进行评价。2b～2e的阅读学习让学生了解“卡通是美国文化的一种表现形式”，促进学生对西方文化的了解和认识，从而增强学生的跨文化意识。在阅读《花木兰》的影评过程中（3a～3b），学生增强了民族自信和文化自信。4部分针对各类电视节目和电影进行小调查，让学生在谈论自己的喜好的过程中自然过渡到对自己喜好的辩证反思，强化形成健康娱乐习惯的意识，从而科学、合理、有效地制订娱乐计划。

以下思维导图清楚地呈现了本单元教材内容及单元主题意义探究过程之间的联系：

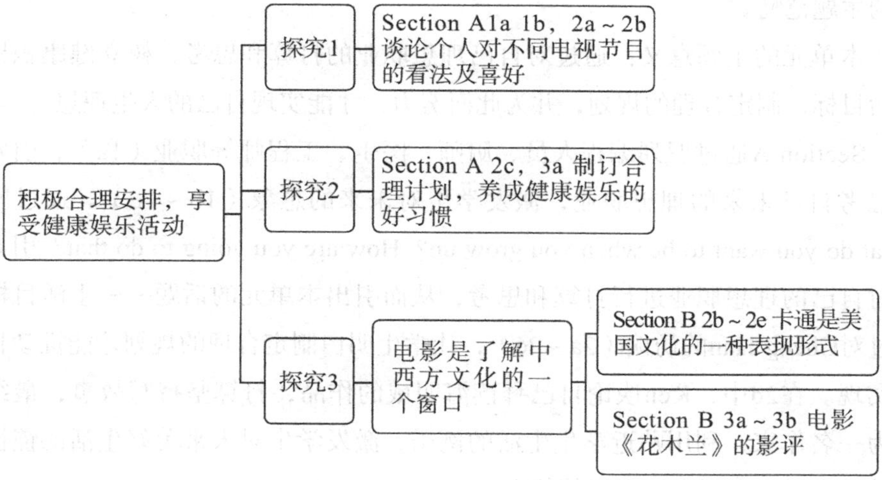
积极合理安排，享受健康娱乐活动
探究1
Section A1a 1b，2a～2b 谈论个人对不同电视节目的看法及喜好
探究2
Section A 2c，3a 制订合理计划，养成健康娱乐的好习惯
探究3
电影是了解中西方文化的一个窗口
Section B 2b～2e 卡通是美国文化的一种表现形式
Section B 3a～3b 电影《花木兰》的影评

Go for it 八年级（上册）Unit 6 I'm going to study computer science.

本单元话题是生活目标（Life goals），功能是简单谈论对未来的打算（Talk about future intentions）。该单元话题包含在2011年版课程标准中有关计划与安排（Topic 9：Plans and arrangements）的话题中，是其中的一个子话题。同时，生活目标属于个人生活范畴，又归属于2017年版课程标准所提出的三大主题之一——人与自我的主题。而当生活目标与职业和个人规划联系起来时，又涉及对未来理想职业的打算，树立健康积极的生活目标，这便延伸至人与社会的主题范畴。

本单元的主题意义：通过对自己理想职业的打算和思考，树立健康积极的生活目标，制定合理的规划，并为此而努力，才能实现自己的人生理想。

Section A通过罗列编程人员、厨师、医生、工程师等职业（1a），引发学生思考自己未来的理想职业，激发学生对未来的想象（1b ~ 1c）。通过问题What do you want to be when you grow up? How are you going to do that? 引导学生对自己的理想职业进行打算和思考，从而引出本单元的话题——生活目标。通过对Cheng Han的访谈（2a ~ 2c），让学生明白制定合理的规划才能推动目标的实现。在2d中，Ken谈论自己拜读海明威的作品，打算坚持写故事，最终想成为一名作家，利用贴近学生生活的例子，激发学生对未来美好生活的憧憬，鼓励学生树立实现自己理想的信心。

Section B 1a ~ 1e围绕谈论新年愿望展开活动，通过问题What are you going to do next year? How are you going to do it? 让学生聚焦自己的理想和实现理想所采取的措施。此外，这部分可以让学生初步了解中外学生新年愿望的不同之处：国外学生的新年愿望大多是和自我提升有关，中国学生的新年愿望多是和学习有关，体现了中西方文化的差异。在语篇学习中（2a ~ 2e），进一步聚焦“New Year's resolution”，让学生了解不同类型的新年愿望及其特点，同时通过完成写作任务（3b ~ 3c），让学生进一步明白愿望、计划、原因三者之间的相关性，明确树立生活目标的重要性及为此而不懈地努力奋斗。

以下思维导图清楚地呈现了本单元教材内容及单元主题意义探究过程之间的联系：

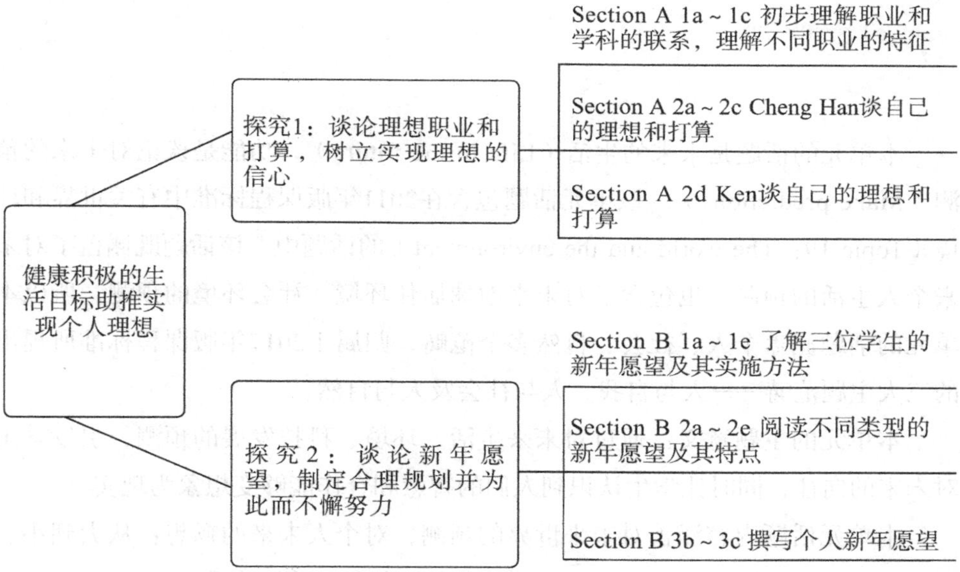
健康积极的生活目标助推实现个人理想
探究1：谈论理想职业和打算，树立实现理想的信心
Section A 1a ~ 1c 初步理解职业和学科的联系，理解不同职业的特征
Section A 2a ~ 2c Cheng Han谈自己的理想和打算
Section A 2d Ken谈自己的理想和打算
探究2：谈论新年愿望，制定合理规划并为此而不懈努力
Section B 1a ~ 1e 了解三位学生的新年愿望及其实施方法
Section B 2a ~ 2e 阅读不同类型的新年愿望及其特点
Section B 3b ~ 3c 撰写个人新年愿望

Go for it 八年级（上册）Unit 7 Will people have robots?

本单元的话题是未来的生活（Life in the future），功能是谈论对未来的预测（Make predictions）。该单元话题包含在2011年版课程标准中有关世界和环境（Topic 19：The world and the environment）的话题中。该话题既涵盖了对未来个人生活的预测，也包含了对未来地球居住环境、社会环境的预测，所以本单元的话题涵盖个人、社会、自然多个范畴，归属于2017年版课程标准所提出的三大主题范畴——人与自我、人与社会及人与自然。

本单元的主题意义：通过对未来生活、环境、科技发展的预测，引发学生对未来的向往，同时让学生认识到人们的智慧和合作能够变想象为现实。

本单元话题内容涵盖对未来世界的预测，对个人未来的畅想：从大到小、由远及近、从理想到现实，既有广度又聚焦与个人生活的关系。

Section A 1a ~ 1c，通过图片创建话题情境：月光之下，两个小孩夜晚坐于屋前畅想未来。同时，列出了对100年后世界的一些预测，要求学生对这些观点进行评价，学生不仅提出自己的大胆预测，还能给出让人信服的理由。Section A 2a ~ 2d，引导学生对未来城市生活进行预测，包括城市规模、人口、交通、绿化、污染等，就问题“Will we move to other planets？”进行讨论，进而探讨“What can we do？”得出“Everyone should play a part in saving the earth”。通过渐进式地探讨未来地球如何宜居，引导学生认识到：我们仅有一个地球，需要依靠我们合作努力，地球才有未来。

Section B 1b，1c，通过听力语篇谈论个人过去、现在以及未来的职业、交通和居住地。时间带给人们生活的改变有好有坏（Self Check 2：The future will bring both good and bad things in life），如Joe谈论自己目前工作时说道，“I'm a computer programmer. Actually it's kind of boring. I do the same thing every day”，而畅想未来工作时却说“I think I'll be an astronaut，I'll fly rockets to the moon”。畅想未来给予人超脱现实的乐观和追寻梦想的勇气。本单元2a ~ 2e阅读讲述机器人当今和未来的发展。空前发展的人工智能是过去的人们无法想象的，对于未来机器人的发展，作者提出“we never know what will happen in the future”，这句话也可以理解为“Everything may happen in the future”。因此对于未来，我们应保持勇敢而开放的态度，没有做不到，只有想不到；机器人等人工智能的兴起在给人们的工作生活带来巨大便捷的同时，也带来了前所未有的挑战。（Fewer people will do such jobs in the future because they are boring，but robots will never get bored.）

以下思维导图清楚地呈现了本单元教材内容及单元主题意义探究过程之间的联系：

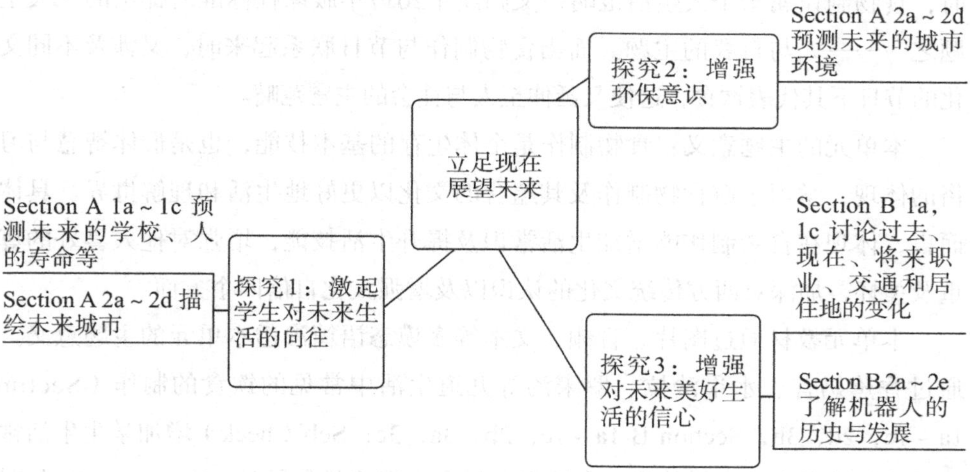
立足现在
展望未来
探究1：激起学生对未来生活的向往
Section A 1a ~ 1c 预测未来的学校、人的寿命等
Section A 2a ~ 2d 描绘未来城市
探究2：增强环保意识
Section A 2a ~ 2d 预测未来的城市环境
探究3：增强对未来美好生活的信心
Section B 1a，1c 讨论过去、现在、将来职业、交通和居住地的变化
Section B 2a ~ 2e 了解机器人的历史与发展

Go for it 八年级（上册）Unit 8 How do you make a banana milk shake?

本单元的话题是食物制作（Cooking），功能是正确描述食物的制作步骤并依照指示语完成步骤（Describe a process & follow instructions）。该单元话题包含在2011年版课程标准中有关饮食（Topic 12：Food and drinks）的话题中。同时，食物制作属于个人生活范畴，又归属于2017年版课程标准所提出的三大主题之一——人与自我的主题。而当食物制作与节日联系起来时，又涉及不同文化的节日下其代表饮食，这便又延伸至人与社会的主题范畴。

本单元的主题意义：食物制作是个体生存的基本技能，也是群体智慧与习俗的体现，学习了解食物制作及其蕴含的文化以更好地生活和理解世界。具体而言，体现在食物制作能增加生活常识及提升生活技能，增强对他人喜好的尊重及关怀，加深对西方传统文化的认识以及增强文化自信四个方面。

本单元教材通过图片、音频、文本等多模态语篇渗透本单元的主题意义。通过香蕉奶昔、水果沙拉、罗宋汤等九道生活中常见的饮食的制作（Sectim 1a ~ 1c，2d，3b；Section B 1a ~ 1e，2b，3a，3c；Self Check）增加学生生活常识以及提升学生的生活技能。在选择食材和决定佐料数量时，Section A 2a 的对话中，说话者使用句型“How many/ much ...do we need？”询问同伴，这也体现了对同伴喜好和意见的尊重。此外在 Section B 1b ~ 1c 的对话中，也出现了句型“Do you like ... in a sandwich？”询问他人喜好，体现了对他人的关怀。教材在饮食的选取上，既有西方国家的也有中国的，促进了学生对中西方饮食文化的了解。此外，Section B 2b介绍了感恩节的由来、意义和代表食物——火鸡的制作，加强了学生将食物与文化联系起来的意识，也加深了学生对西方传统节日文化的认识。在此基础上，Section B 2e让学生讨论中国的节日及其代表饮食。Section B 3b让学生列出自己喜欢的家乡美食的食材。这些都能激发学生对传统节日美食和地方代表美食的研究，以此增强学生的文化自信。

通过思维导图，我们能更清楚地发现本单元教材内容和单元主题意义探究过程之间的内在联系：

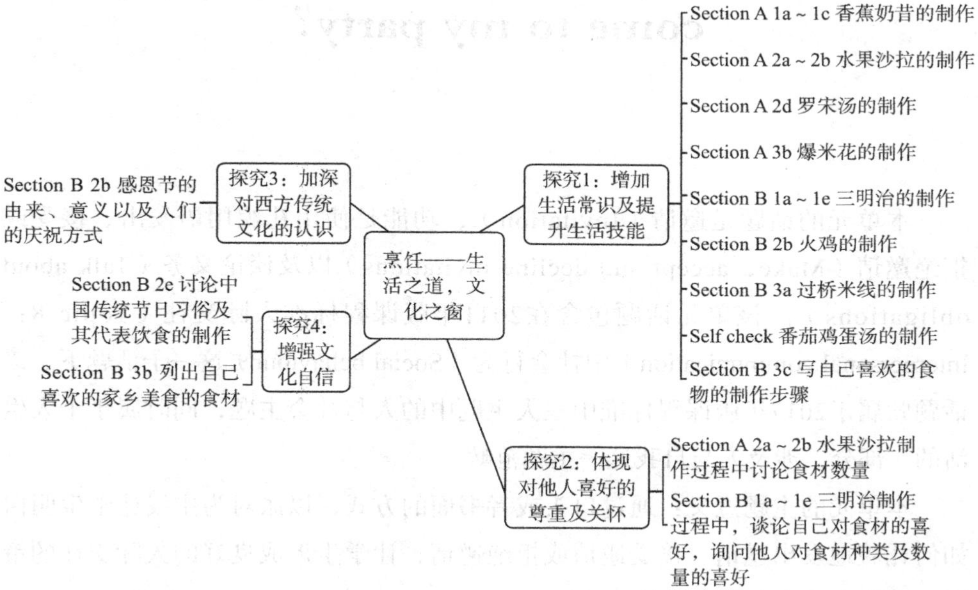
烹饪——生活之道，文化之窗
探究1：增加生活常识及提升生活技能
Section A 1a ~ 1c 香蕉奶昔的制作
Section A 2a ~ 2b 水果沙拉的制作
Section A 2d 罗宋汤的制作
Section A 3b 爆米花的制作
Section B 1a ~ 1e 三明治的制作
Section B 2b 火鸡的制作
Section B 3a 过桥米线的制作
Self check 番茄鸡蛋汤的制作
Section B 3c 写自己喜欢的食物的制作步骤
探究2：体现对他人喜好的尊重及关怀
Section A 2a ~ 2b 水果沙拉制作过程中讨论食材数量
Section B 1a ~ 1e 三明治制作过程中，谈论自己对食材的喜好，询问他人对食材种类及数量的喜好
探究3：加深对西方传统文化的认识
Section B 2b 感恩节的由来、意义以及人们的庆祝方式
探究4：增强文化自信
Section B 2e 讨论中国传统节日习俗及其代表饮食的制作
Section B 3b 列出自己喜欢的家乡美食的食材

Go for it 八年级（上册）Unit 9 Can you come to my party?

本单元的话题是邀请（Invitation），功能是使用礼貌用语发出、接受或拒绝邀请（Make，accept and decline invitations）以及谈论义务（Talk about obligations）。该单元话题包含在2011年版课程标准人际交往（Topic 8：Interpersonal communication）中社会行为（Social behaviour）这一子话题下。该话题归属于2017年版课程标准中三大主题中的人与社会主题，同时属于个人生活的一部分，涉及人与自我这一主题范畴。

本单元的主题意义：通过口头或者书面的方式，以派对为主线让学生明白如何礼貌地发出邀请、接受邀请或拒绝邀请，让学生形成良好的人际交往的策略，懂得生活中合理安排的重要性。

Section A以学生常见的派对邀请创设语境，用口头语篇与对话文本不断复现提出邀请、接受邀请或者拒绝邀请等目标语言（1a ~ 2c）。2d呈现了生活中邀约同游的情境。主人公因考试拒绝了邀请后，邀请者表示理解并灵活调整计划，最终朋友得以相聚。这体现了不可因玩乐忽视责任义务，还体现了人与人之间的相互尊重，引导学生使用以can为代表的情态动词作为重要语言载体，体现出委婉的语气，实现请求功能；又以free，available，I'd love to.../I'm sorry. I have to...等表明接受或拒绝邀请，并礼貌地表达拒绝原因，实现交际功能和良好的人际交往。

Grammar Focus 3a ~ 3c则明确列出情态动词can表请求的用法及以交际中礼貌的回答（同意或拒绝）作为范本。

Section B构建感更加明显，复现了日期和计划等语言知识（1a ~ 1c）。

1a ~ 1e以听力为输入，呈现了一次朋友间的对话。主人公因为既定安排和任务拒绝了好友的邀请。发出邀请的学生在收到拒绝的回复后，并未强行劝说，以此引导学生关注责任和义务，坚定内心，不因贪玩或他人劝说而不顾责任义务。同时，邀请者也要学会尊重他人的决定。2b围绕一次送别老师的温馨派对展开，引导学生关注聚会的社交意义。语篇由三则小文本构成，分别是提出邀请、接受邀请和拒绝邀请，使本课话题实现了从口头到书面的转变。2d这一活动在2b信息呈现的基础上，要求学生补充完整邀请函中的信息。3a呈现了一封完整的邀请函，以问答方式强化学生对邀请函要素的认知，如时间、地点及回复方式等。3b为写一封邀请函，使学生在丰富语言知识的同时，实现对主题意义的探究。

以下思维导图清楚地呈现了本单元教材内容及单元主题意义探究过程之间的联系：

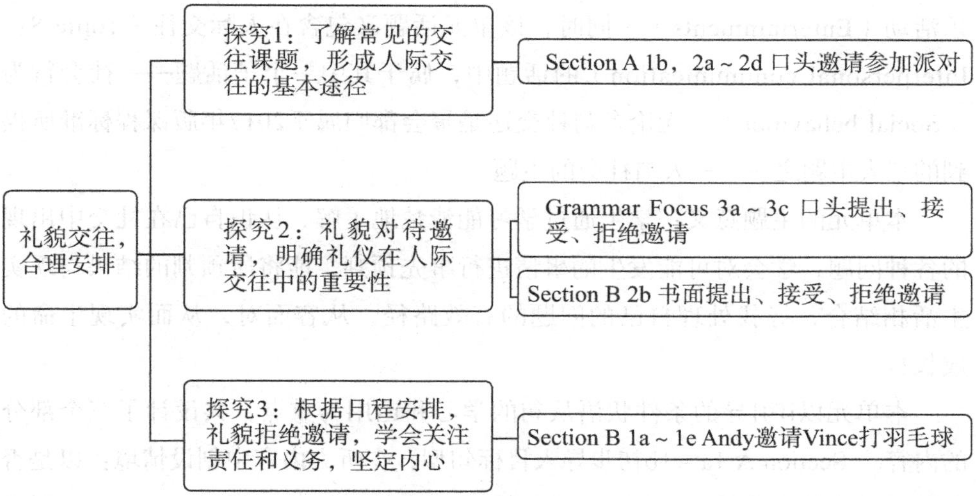
礼貌交往，合理安排
探究1：了解常见的交往课题，形成人际交往的基本途径
Section A 1b，2a ~ 2d 口头邀请参加派对
探究2：礼貌对待邀请，明确礼仪在人际交往中的重要性
Grammar Focus 3a ~ 3c 口头提出、接受、拒绝邀请
Section B 2b 书面提出、接受、拒绝邀请
探究3：根据日程安排，礼貌拒绝邀请，学会关注责任和义务，坚定内心
Section B 1a ~ 1e Andy邀请Vince打羽毛球

Go for it 八年级（上册）Unit 10 If you go to the party，you'll have a great time!

本单元的话题是做决定（Decision making），功能是简单谈论事情的结果（Talk about consequences）。该单元话题包含在2011年版课程标准中有关个人兴趣（Topic 6：Personal interests）的话题中，属于其中的一个子话题——娱乐活动（Entertainments）。同时，该单元话题又包含在人际交往（Topic 8：Interpersonal communication）的话题中，属于其中一个子话题——社会行为（Social behaviour）。无论参与社交还是聚会都归属于2017年版课程标准所提到的三大主题之一——人与社会的主题。

本单元的主题意义：学生通过学习能清楚地了解、认识自己在社交中出现的各种问题，学会对可能发生的事情进行事先预判，能将所预判的结果与现实生活相结合，寻找处理自己的问题的有效路径，从容面对，从而实现生命的成长！

本单元以if引导的条件状语从句的学习和运用为重点，共设计了三个部分的内容。Section A 1a ~ 1b初步导入目标句型，在听力内容中创设情境：以是否参加派对为基本主线，对穿着、交通方式等进行了假设和预判。2a ~ 2c对派对进一步进行筹备，在此过程中对if条件句进行强化训练，让学生在一种真实的情境中去体会并给出合理的预测，培养学生主动承担责任、乐于奉献的良好品格。围绕参与派对的话题，3a ~ 3c则是以信件的方式使学生明白如何向他人求助和解决他人遇到的问题。

Section B 1a ~ 1d聚焦个人未来职业的选择，谈论自己想要加入足球队，并进行专业发展的观点。从家长和球队老板的角度对Michael的未来进行假设，设身处地地分析Michael的苦恼，并提出建议。2a ~ 2e通过阅读语篇，列举了生活中可能出现的一些问题，使学生思考合理的建议和处理方式，使学生了解如何处理问题，引领学生健康的心理发展方向，促进学生生命成长！以调查的形式谈论身边熟悉的人的困扰和麻烦，并设想可能的解决办法。结合实际生活，运用“We Can Help”的项目谈论社会实践活动，如开展去敬老院、儿童之家以及儿童医院慰问等活动，对可能遇到的问题进行预设，以培养学生关爱社会、关爱他人的良好品质。

以下思维导图清楚地呈现了本单元教材内容及单元主题意义探究过程之间的联系：

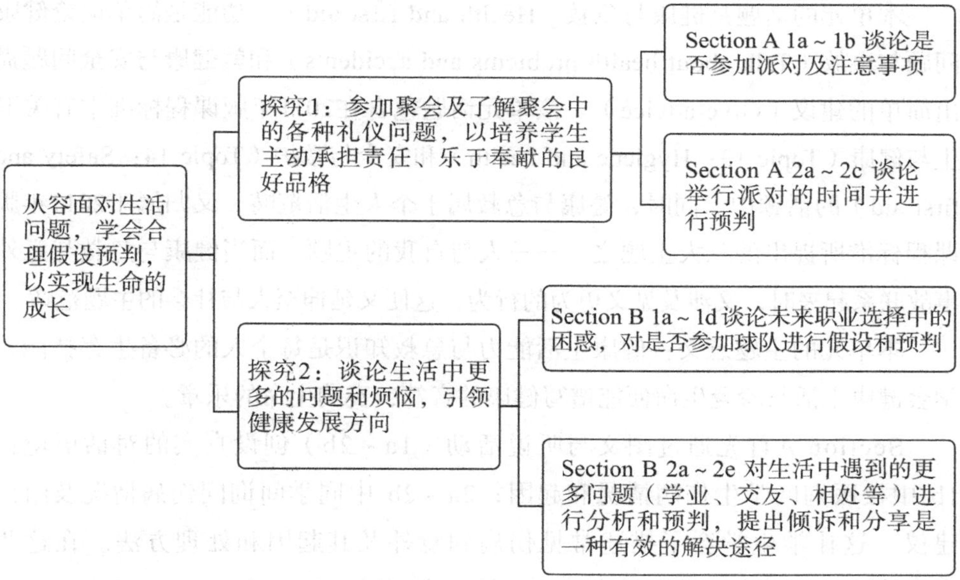
从容面对生活问题，学会合理假设预判，以实现生命的成长
探究1：参加聚会及了解聚会中的各种礼仪问题，以培养学生主动承担责任、乐于奉献的良好品格
Section A 1a ~ 1b 谈论是否参加派对及注意事项
Section A 2a ~ 2c 谈论举行派对的时间并进行预判
探究2：谈论生活中更多的问题和烦恼，引领健康发展方向
Section B 1a ~ 1d谈论未来职业选择中的困惑，对是否参加球队进行假设和预判
Section B 2a ~ 2e 对生活中遇到的更多问题（学业、交友、相处等）进行分析和预判，提出倾诉和分享是一种有效的解决途径

Go for it 八年级（下册）Unit 1 What's the matter?

本单元的话题是健康与急救（Health and first aid），功能是简单谈论健康问题与事故（Talk about health problems and accidents）和就健康与安全问题提出简单的建议（Give advice）。该单元话题包含在2011年版课程标准中有关卫生与健康（Topic 13：Hygiene and health）和安全与救护（Topic 14：Safety and first aid）的话题中。同时，健康与急救属于个人生活范畴，又归属于2017年版课程标准所提出的三大主题之一——人与自我的主题。而当健康与急救与意外事故联系起来时，又涉及见义勇为的行为，这便又延伸至人与社会的主题范畴。

本单元的主题意义：健康生活能力与急救知识是每个人的必备生存技能，学会健康生活与珍爱生命便能谱写健康的音符，奏响生命的乐章。

Section A首先通过图文与听说活动（1a ~ 2b）创设真实的对话语境：1b 中校医询问学生伤病情况和起因；2a ~ 2b 中同学间询问伤病情况及给出建议。这让学生学会了描述常见伤病和意外及其起因和处理方法。在这些真实情境的对话中，学生学会使用目标语言“You don't look well. What's the matter? ”“What's the matter? Are you OK? ”“What's wrong with your face? ”“What happened? ”来询问对方的身体状况。同时学生学会使用“You should...”和“You shouldn't...”来给予他人恰当的建议。接着，Section A 2d 中Mandy 针对Lisa 的身体问题提出建议。这些引导学生及时询问他人的伤病或意外情况，关注身边人的健康状况（描述、建议等）。此外，3a ~ 3c 是众人救助一位心脏病患者的故事，作者提出“It's sad that many people don't want to help others because they don't want any trouble”，引导学生认识到我们应该实施急救措施，弘扬社会正能量。

Section B是对Section A部分主题的补充和深化。1b ~ 1c 中校医和教师谈论一起校园事故，引导学生学会处理校园意外事故。2b ~ 2e 则是登山家Aron Ralston 遇险自救的故事，“the importance of making good decisions，and of being in control of one’s life”，让学生认识到困境时需要自我施救，学会热爱生活、珍惜生命。

通过思维导图，我们能更清楚地发现本单元教材内容和单元主题意义探究过程之间的内在联系：

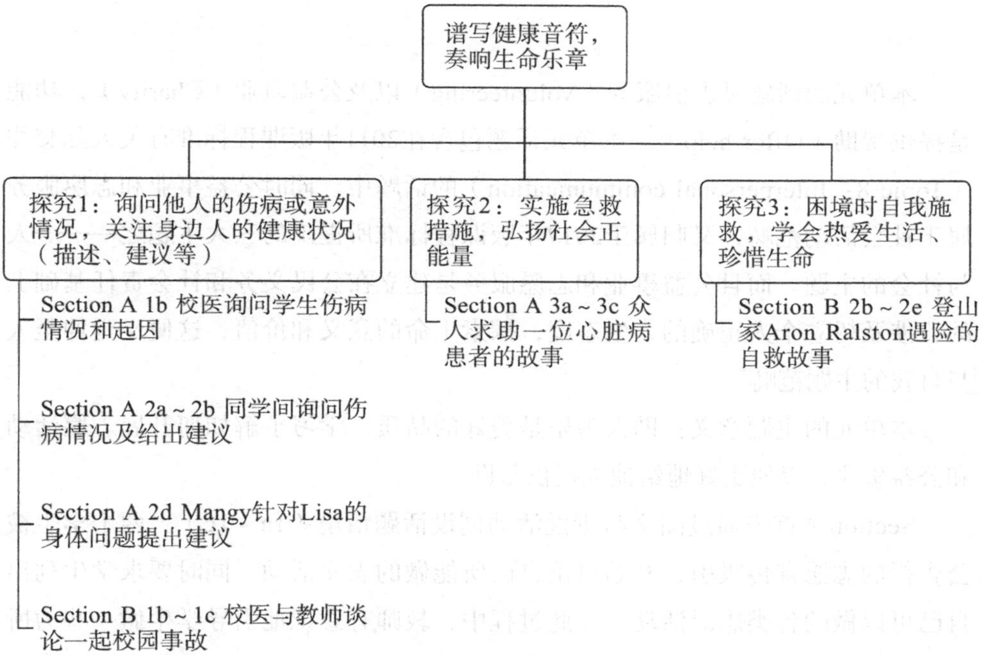
谱写健康音符，奏响生命乐章
探究1：询问他人的伤病或意外情况，关注身边人的健康状况（描述、建议等）
Section A 1b 校医询问学生伤病情况和起因
Section A 2a ~ 2b 同学间询问伤病情况及给出建议
Section A 2d Mangy针对Lisa的身体问题提出建议
Section B 1b ~ 1c 校医与教师谈论一起校园事故
探究2：实施急救措施，弘扬社会正能量
Section A 3a ~ 3c 众人求助一位心脏病患者的故事
探究3：困境时自我施救，学会热爱生活、珍惜生命
Section B 2b ~ 2e 登山家Aron Ralston遇险的自救故事

Go for it 八年级（下册）Unit 2 I'll help to clean up the city parks.

本单元的话题是志愿服务（Volunteering）以及公益事业（Charity），功能是提供帮助（Offer help）。本单元话题包含在2011年版课程标准有关人际交往（Topic 8：Interpersonal communication）的话题中。同时公益事业和志愿服务属于社会活动范畴，又归属于2017年版课程标准所提出的三大主题之一——人与社会的主题。而且公益事业和志愿服务是建立在公民义务和社会责任基础上的，涉及树立个人正确的人生态度，探索生命的意义和价值，这便又延伸至人与自我的主题范畴。

本单元的主题意义：助人为乐是美好的品质，学习了解如何开展志愿活动和公益事业，以便更好地给他人提供帮助。

Section A首先通过图文与听说活动创设话题情境（1a ~ 1c）：两个学生被公告栏的志愿宣传吸引，开始讨论自己所能做的志愿活动。同时要求学生列出自己可以做的各类志愿活动。在此过程中，教师有意识地引导学生做一些力所能及的志愿活动。Section A 2a ~ 2c引导学生筹办一次具体的志愿活动，同时让他们思考前期应该怎样准备。2d则在原有话题的基础上设置了更为真实的语境：两个学生讨论去敬老院为老人做志愿服务。 Section A阅读语篇（3a ~ 3b）讲述了两个学生从事自己喜爱的志愿活动从而帮助自己和他人实现梦想和人生价值的故事：学生Mario每周六上午去宠物医院做义工，既帮助了小动物和宠物主人，也为自己将来做一名宠物医生积累了经验。而学生Mary则发挥了自己酷爱阅读的优势，选择做课外阅读项目的志愿者，既帮助学生学习阅读，也实现了自己的梦想。

Section B 1c ~ 1d 的听力语篇讲述了一个叫Jimmy的小男孩在父亲的影响下修缮、捐赠二手自行车给儿童福利院从而花光了自己所有零花钱的故事，引导学生心存善念，多帮助需要帮助的人。在语篇部分，Section B 2b则向我们展示了志愿活动以及公益事业的意义。本篇文章是一封感谢信，残疾人史密斯先生对“动物帮手”这个组织的捐助者表示感谢。史密斯在这个组织的帮助下拥有了一条可以在生活中给他提供帮助的狗，这大大地改善了他的生活。这个故事给学生的启发是要积极帮助他人，并且自己在遇到困难的时候要坚强乐观地生活。一条狗对于普通人来说起的是陪伴的作用，但是一条经过特殊训练的狗对于残疾人来说则起着改变其生活的作用。

通过思维导图，我们能更清楚地发现本单元教材内容和单元主题意义探究过程之间的内在联系：

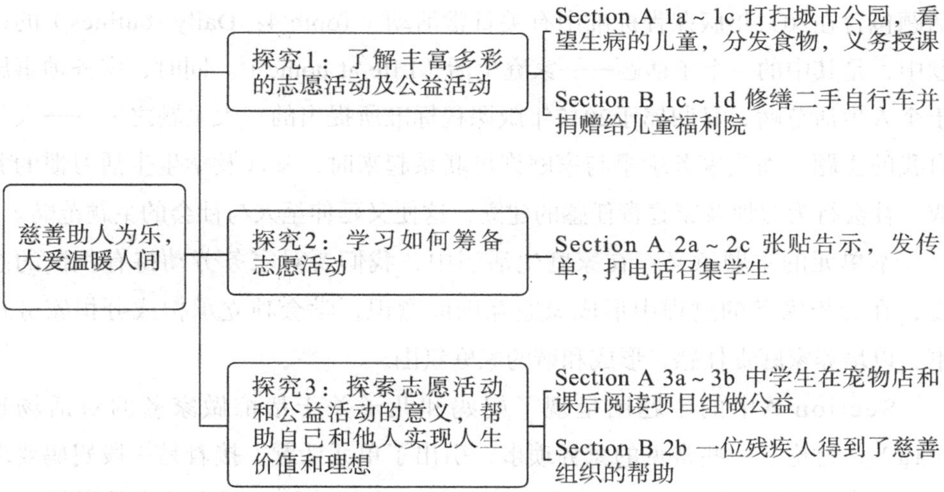
慈善助人为乐，大爱温暖人间
探究1：了解丰富多彩的志愿活动及公益活动
Section A 1a ~ 1c 打扫城市公园，看望生病的儿童，分发食物，义务授课
Section B 1c ~ 1d 修缮二手自行车并捐赠给儿童福利院
探究2：学习如何筹备志愿活动
Section A 2a ~ 2c 张贴告示，发传单，打电话召集学生
探究3：探索志愿活动和公益活动的意义，帮助自己和他人实现人生价值和理想
Section A 3a ~ 3b 中学生在宠物店和课后阅读项目组做公益
Section B 2b 一位残疾人得到了慈善组织的帮助

Go for it 八年级（下册）Unit 3 Could you please clean your room?

本单元的话题是家务琐事与许可（Chores and permission），功能是礼貌地提出要求（Make polite requests）及向别人征询许可（Ask for permission）。该话题包含在2011年版课程标准中有关日常活动（Topic 4：Daily routines）的话题中，是其中的一个子话题——家庭生活（Life at home）。同时，家务琐事属于个人生活范畴，又归属于2017年版课程标准所提出的三大主题之一——人与自我的主题。而当家务琐事与家庭许可联系起来时，又涉及学生生活习惯的养成、社会行为习惯及家庭责任感的建立，这便又延伸至人与社会的主题范畴。

本单元的主题意义：在家庭生活当中，我们要对家务劳动持有积极的态度，在分担家务的过程中形成家庭互助的意识，学会独立承担或分担家务琐事，以培养家庭责任感，形成和谐的家庭氛围。

Section A中的主题图呈现了妈妈和儿子关于帮忙做家务的对话场景（1a），讨论了一些常见的家务琐事，引出了单元话题。接着是一段妈妈要求Peter打扫房间的对话（1b ~ 1c），通过使用有关礼貌地提出请求的目标语言（Could you please...？）渗透家庭成员的责任及互助的内容。之后通过Peter 和爸爸之间的对话（2a ~ 2c），引入了如何礼貌地向别人征求许可的目标句型（Could I...？）。2d是一段姐弟之间有关家务的对话，对话中将礼貌地提出请求及征求许可融入其中，说明了分担家务是家庭成员的责任。语篇（3a）聚焦妈妈和Nancy之间因为家务发生的冲突，讲述了Nancy对待家务的态度转变，强调学生应建立良好的生活习惯，学会体谅家人及帮助父母分担力所能及的事情，以减轻他们负担的责任。

Section B侧重孩子和家长在家庭事务方面的不同分工及关系，是话题的扩展和综合语言运用。1a～1e的对话发生在Sandy和妈妈之间，Sandy想邀请朋友来家里开派对，母女明确聚会前各自的分工及注意事项，引导学生认识到应该对承担家务持有积极的态度。2b～3b是家长寄给杂志社的两封书信，针对孩子在学业负担下是否应该承担家务劳动展开讨论，明确指出，孩子帮助家长做适当的家务劳动可以加强责任感，培养动手能力和观察能力，也有利于家庭成员之间的沟通和理解。

通过思维导图，我们能更清楚地发现本单元教材内容和单元主题意义探究过程之间的内在联系：

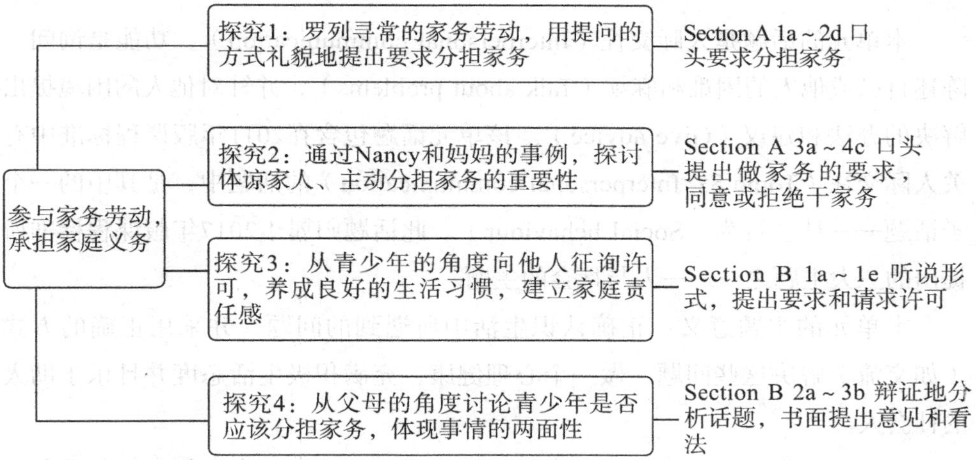
参与家务劳动，承担家庭义务
探究1：罗列寻常的家务劳动，用提问的方式礼貌地提出要求分担家务
Section A 1a～2d 口头要求分担家务
探究2：通过Nancy和妈妈的事例，探讨体谅家人、主动分担家务的重要性
Section A 3a～4c 口头提出做家务的要求，同意或拒绝干家务
探究3：从青少年的角度向他人征询许可，养成良好的生活习惯，建立家庭责任感
Section B 1a～1e 听说形式，提出要求和请求许可
探究4：从父母的角度讨论青少年是否应该分担家务，体现事情的两面性
Section B 2a～3b 辩证地分析话题，书面提出意见和看法

Go for it 八年级（下册）Unit 4 Why don't you talk to your parents?

本单元的话题是人际交往（Interpersonal communication），功能是询问、陈述自己或他人的困难和麻烦（Talk about problems），并针对他人的困境提出解决的办法和建议（Give advice）。该单元话题包含在2011年版课程标准中有关人际交往（Topic 8：Interpersonal communication）的话题中，是其中的一个子话题——社会行为（Social behaviour）。此话题归属于2017年版课程标准所提出的三大主题之一——人与社会的主题。

本单元的主题意义：正确认识生活中所遇到的问题，并采用正确的方式（如交流）解决这些问题，做一个心理健康，充满积极生活态度并且乐于助人的社会人。

Section A聚焦学生生活中的常见问题（学习、交友、家人相处等）及其合理建议，为学生呈现了一幅充满各种滋味的生活图景。首先1a汇集了学生常见的各种烦恼或困扰。接着1b部分的对话针对1a中的两个问题使用情态动词could和should提出合理的建议。2a ~ 2c的听说活动让学生就Peter和好友发生冲突一事给出自己的建议，进一步引导他们学会倾诉和主动关心周围的朋友。1d就朋友相处过程中出现的烦恼展开角色扮演活动，引导学生认识如何将问题自然化解。3a ~ 3b是两篇书信，语篇围绕学生与家人相处过程中的问题展开，关注了生活中常见的家庭矛盾及青少年的心理健康问题，提供了一种通过专业求助来解决问题的途径。

Section B聚焦学习压力过大的话题，探讨了如何通过各种活动来释放压力，并且对中西方家长对待子女教育的态度和做法进行了比较。通过该部分的学习，学生学会换位思考，逐步树立正确、积极的生活态度和价值观。1a ~ 1b围绕谈论减压的方法，继续深化、拓展本单元的话题，帮助学生树立正确、积极的生活态度，建立健康的人生观和世界观。1c ~ 1e的听说活动围绕Alice和Wei Ming之间的对话展开，让学生谈论如何通过与父母沟通，与同学之间合作学习来减轻学业压力，保持健康、积极的生活态度，进一步引导学生学会倾诉和主动关心周围的朋友。2a ~ 2e的阅读文章进一步拓展了话题，不仅探讨了如何通过各种活动减轻压力，还描述了中西方家长对子女教育的态度和做法。3a ~ 3b在学生阅读了前面的文章之后，让学生阐述各自对课后补习的看法，引导学生学会放松，学会缓解自身压力。

通过思维导图，我们能更清楚地发现本单元教材内容和单元主题意义探究过程之间的内在联系：

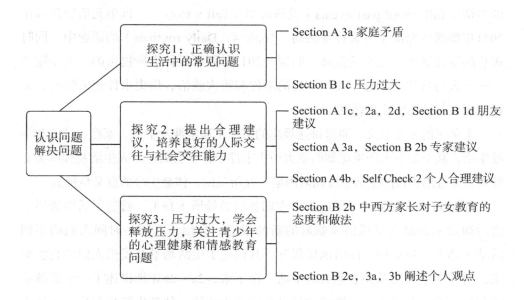

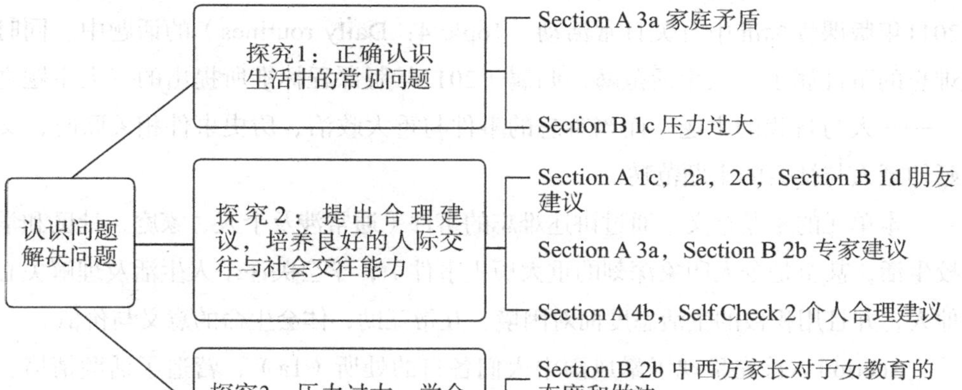
认识问题
解决问题
探究1：正确认识生活中的常见问题
Section A 3a 家庭矛盾
Section B 1c 压力过大
探究2：提出合理建议，培养良好的人际交往与社会交往能力
Section A 1c，2a，2d，Section B 1d 朋友建议
Section A 3a，Section B 2b 专家建议
Section A 4b，Self Check 2 个人合理建议
探究3：压力过大，学会释放压力，关注青少年的心理健康和情感教育问题
Section B 2b 中西方家长对子女教育的态度和做法
Section B 2e，3a，3b 阐述个人观点

Go for it 八年级（下册）Unit 5 What were you doing when the rainstorm came?

本单元的话题是难忘的事件（Unforgettable events），功能是讲述过去发生的事情（Talk about past events）及讲故事（Tell a story）。该单元话题包含在2011年版课程标准中有关日常活动（Topic 4：Daily routines）的话题中。同时难忘的事件属于个人生活范畴，归属于2017年版课程标准所提出的三大主题之一——人与自我的主题。而当难忘的事件与重大政治、历史事件相关联时，又延伸至人与社会的主题范畴。

本单元的主题意义：通过讲述难忘的事件（通常涉及个人、家庭、社区和学校生活，甚至是令人印象深刻的重大历史事件），学会关注个人生活及理解关心他人，并且用积极的生活态度面对困境、互帮互助，体会生命的意义与价值。

Section A首先呈现了暴风雨中人们各自的处所（1a），营造了话题情境。之后通过采访路人暴风雨来临时的新闻报道，介绍了在同一时间人们的不同活动（1b）。1c是1a ~ 1b的承接部分，其构建了生活场景及模拟人们的真实交流，引导学生关注及关心他人的生活。接下来，2a ~ 2b详细讲述了一个男孩不顺利的一天。此听力文本构建的场景贴近学生生活，使学生联想起自己生活中的突发状况。2d中Marry运用“What were you doing last night?”来询问Linda未接电话的原因。此部分以真实交流为目的，展开了基于主题语境的对话，体现了对他人生活的关心及关注。在3a ~ 3c中，Ben一家人应对暴风雨的行为体现了用积极的生活态度面对困难，暴风雨后社区人们的互帮互助令人动容。最后一句“Although the storm broke many things apart，it brought families and neighbors closer together”更是点明了主题。

Section B John和Kate的电话交谈表现出了对同伴的关心及理解（1c）。阅读语篇（2b）介绍了两件震惊世界的历史事件——马丁·路德·金被刺和美国世贸大厦被毁，以两件重大突发事件为背景，通过人们的回忆讲述过去正在发生的事，让学生了解一些重大事件对社会及人们的影响，同时倡导大家反对恐怖主义，热爱和平，珍惜美好生活。写作（3a~3b）的主题是生活中的重要事件：了解生活中遇到的一些重大事件给自己生活所带来的影响，树立起美好生活的信心。

通过思维导图，我们能更清楚地发现本单元教材内容和单元主题意义探究过程之间的内在联系：

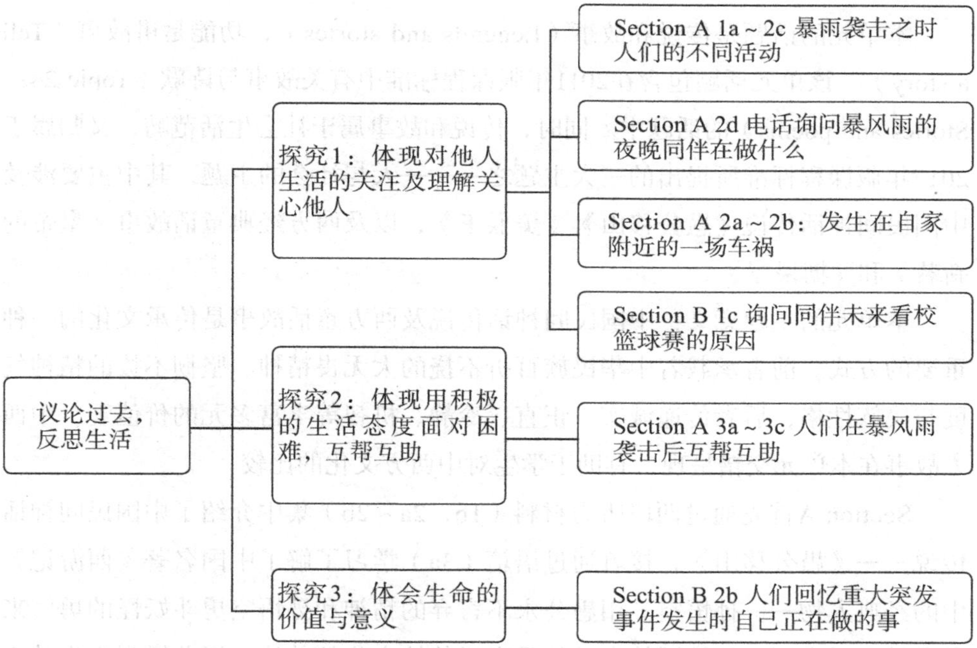
议论过去，反思生活
探究1：体现对他人生活的关注及理解关心他人
探究2：体现用积极的生活态度面对困难，互帮互助
探究3：体会生命的价值与意义
Section A 1a~2c 暴雨袭击之时人们的不同活动
Section A 2d 电话询问暴风雨的夜晚同伴在做什么
Section A 2a~2b：发生在自家附近的一场车祸
Section B 1c 询问同伴未来看校篮球赛的原因
Section A 3a~3c 人们在暴风雨袭击后互帮互助
Section B 2b 人们回忆重大突发事件发生时自己正在做的事

Go for it 八年级（下册）Unit 6 An old man tried to move the mountains.

本单元的话题是传说和故事（Legends and stories），功能是讲故事（Tell a story）。该单元话题包含在2011年版课程标准中有关故事与诗歌（Topic 24: Stories and poems）的话题中。同时，传说和故事属于社会生活范畴，又归属于2017年版课程标准所提出的三大主题之一——人与社会的主题，其中主要涉及中国民间神话传说《愚公移山》《美猴王》，以及西方经典童话故事《皇帝的新装》和《糖果屋》。

本单元的主题意义：中国民间神话传说及西方童话故事是传承文化的一种重要的方式。前者承载着中华民族百折不挠的大无畏精神、坚韧不拔的精神气度与民族性格，后者传递诚实、正直、冷静、机智等丰富多元的价值观。中西方故事在本单元交错呈现，有助于学生对中西方文化的比较。

Section A首先通过两段听力材料（1b，2a ~ 2b）集中介绍了中国民间神话传说——《愚公移山》，接着通过语篇（3a）学习了解了中国名著《西游记》中的经典人物——孙悟空。用愚公永不言弃的精神和孙悟空勇斗妖怪的勇气来激发学生对中国民间神话故事的热爱和对传统文化的关注，以此增强学生的文化自信。2d是一段老师和学生的对话，引导学生从多个角度评判故事中的人物及其精神，使学生在对传统文化价值观的创造性接受与继承的过程中，加强对批判性思维的培养。

Section B首先通过听力（1a ~ 1c）将图片排序，进而了解《皇帝的新装》这一故事的梗概及填入关键词来了解故事情节的发展。通过此环节，学生明确了讲故事的基本要素和常用的开头方式，构建了讲故事的基本框架。接着通过读戏剧剧本的形式学习西方童话——《糖果屋》（2b），让学生通过不同的体裁来了解西方故事，让学生通过戏剧表演的方式加深对西方童话的认识和了解，明白在遇到困难时，应当沉着冷静。通过两个西方童话故事，学生能够接触到丰富多元的价值观，有助于他们反思自我，提升认识，开拓思维。

通过思维导图，我们能更清楚地发现本单元教材内容和单元主题意义探究过程之间的内在联系：

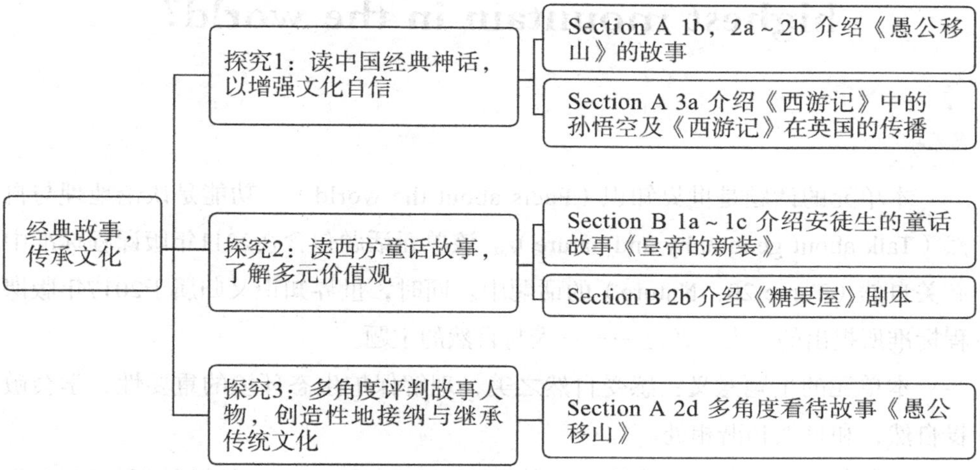
经典故事，传承文化
探究1：读中国经典神话，以增强文化自信
Section A 1b，2a ~ 2b 介绍《愚公移山》的故事
Section A 3a 介绍《西游记》中的孙悟空及《西游记》在英国的传播
探究2：读西方童话故事，了解多元价值观
Section B 1a ~ 1c 介绍安徒生的童话故事《皇帝的新装》
Section B 2b 介绍《糖果屋》剧本
探究3：多角度评判故事人物，创造性地接纳与继承传统文化
Section A 2d 多角度看待故事《愚公移山》

Go for it 八年级（下册）Unit 7 What's the highest mountain in the world?

本单元的话题是世界知识（Facts about the world），功能是谈论地理与自然（Talk about geography and nature）。该单元话题包含在2011年版课程标准中有关自然（Topic 20：Nature）的话题中。同时，世界知识又归属于2017年版课程标准所提出的三大主题之一——人与自然的主题。

本单元的主题意义：感受自然之美，理解保护生态环境的重要性，学会敬畏自然，和自然和谐相处。

具体而言，本单元的主题意义体现在以下三个方面：通过了解我国和世界的一些地理知识和"自然地理之最"，感悟自然之美；通过了解我国地理知识和历史遗迹如明长城的基本知识，感悟我国的幅员辽阔、自然资源的丰富、历史的厚重，增强民族自豪感；通过了解国宝大熊猫与动物保护，体会保护生态系统的重要性，学会敬畏自然，和自然和谐相处。

Section A通过1a ~ 1c的呈现，学生能够从1a的主题图片中体会自然之美，从8844.43 meters high等大数字和the highest，the deepest，the longest等最高级的表达中了解一些世界知识和"自然地理之最"，体会自然的雄奇壮阔。2a ~ 2c借助我国人口、历史、河流的话题，了解我国的一些地理知识。2d通过介绍明长城，了解明长城的知识，通过明长城的雄伟，培养学生的民族自豪感。3a ~ 3c是一篇关于珠穆朗玛峰的语篇，学生通过阅读来了解珠穆朗玛峰的险峻和人类克服困难、挑战极限的勇气与实践精神。

Section B 1a ~ 1c从对自然和文化的比较过渡到了动物这一话题，通过含有数字的事实描述来了解大象和熊猫的基本信息。2a ~ 2e通过一篇关于大熊猫的报道，了解熊猫的外貌、成长和饮食习惯等，通过了解熊猫濒危的数据和生态环境的恶劣，感受保护濒危动物和保持生态平衡的重要性。3b 通过制作保护鲸鱼的海报，让学生了解鲸鱼濒危的现状，意识到保护鲸鱼和维持海洋生态平衡的重要性。

通过思维导图，我们能更清楚地发现本单元教材内容和单元主题意义探究过程之间的内在联系：

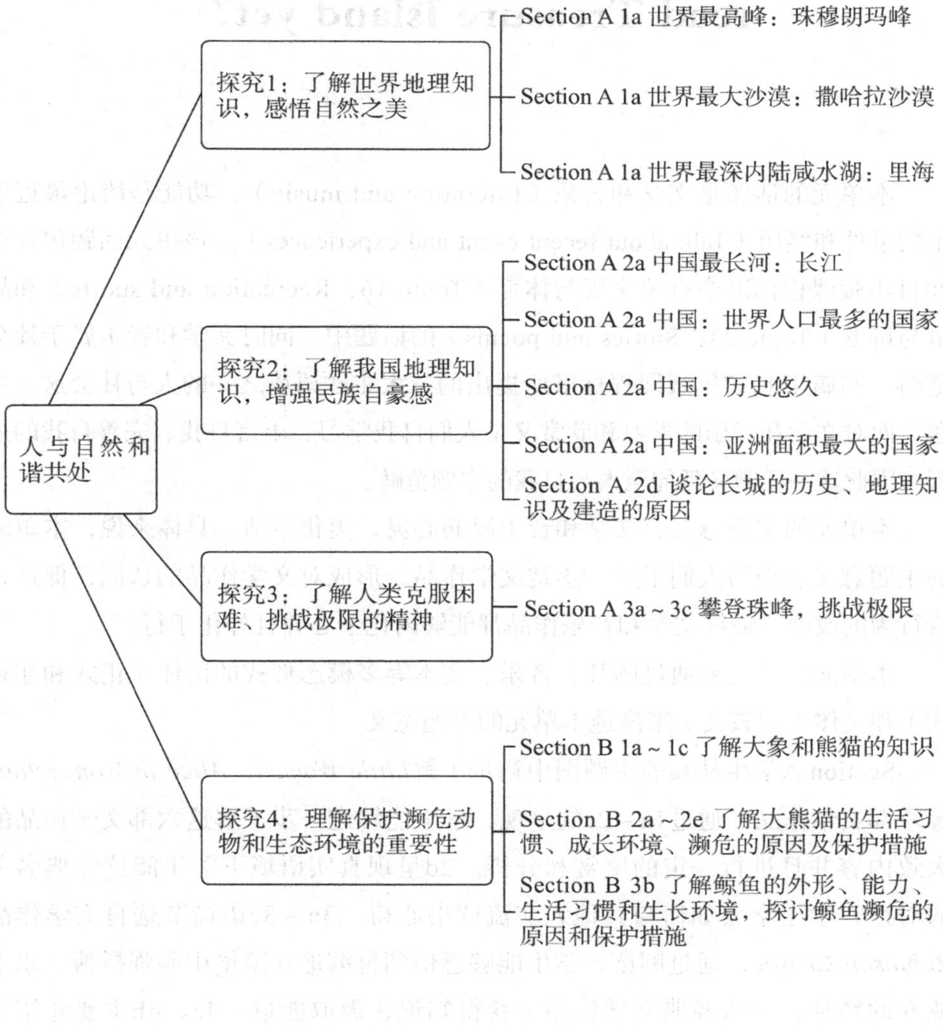
人与自然和谐共处
探究1：了解世界地理知识，感悟自然之美
Section A 1a 世界最高峰：珠穆朗玛峰
Section A 1a 世界最大沙漠：撒哈拉沙漠
Section A 1a 世界最深内陆咸水湖：里海
探究2：了解我国地理知识，增强民族自豪感
Section A 2a 中国最长河：长江
Section A 2a 中国：世界人口最多的国家
Section A 2a 中国：历史悠久
Section A 2a 中国：亚洲面积最大的国家
Section A 2d 谈论长城的历史、地理知识及建造的原因
探究3：了解人类克服困难、挑战极限的精神
Section A 3a ~ 3c 攀登珠峰，挑战极限
探究4：理解保护濒危动物和生态环境的重要性
Section B 1a ~ 1c 了解大象和熊猫的知识
Section B 2a ~ 2e 了解大熊猫的生活习惯、成长环境、濒危的原因及保护措施
Section B 3b 了解鲸鱼的外形、能力、生活习惯和生长环境，探讨鲸鱼濒危的原因和保护措施

Go for it 八年级（下册）Unit 8 Have you read Treasure Island yet?

本单元的话题是文学和音乐（Literature and music），功能是谈论最近发生的事件和经历（Talk about recent event and experiences）。该单元话题包含在2011年版课程标准中有关文娱与体育（Topic 16：Recreation and sports）和故事与诗歌（Topic 24：Stories and poems）的话题中。同时文学和音乐属于社会范畴，归属于2017年版课程标准所提出的三大主题语境之一的人与社会这一主题。而对文学和音乐的学习和欣赏又是人们自我学习、丰富自我、完善自我的过程，因此这一话题又延伸至人与自我的主题范畴。

本单元的主题意义：文学和音乐浸润心灵，美化生活。具体来说，本单元的主题意义表现为人们了解、鉴赏文学作品，形成对文学作品的认同，促进自身行为的改变。最终文学和音乐作品都能够内化于心并且外化于行。

本单元教学主要通过图片、音乐、文本等多模态形式的语体（正式和非正式）和文体（记叙文）来渗透本单元的主题意义。

Section A学生从1a的主题图中初步了解*Little Women*、*Alice in Wonderland*等六部文学作品。通过1a～2c的呈现，学生能够进一步了解这六部文学作品的大致内容并且进行一定的鉴赏和分析。2d呈现真实语境下关于阅读经典名著的对话，学生学会如何与其他人交流读书心得。3a～3c语篇节选自文学作品*Robinson Crusoe*，通过阅读，学生能够感悟到鲁滨逊在险境中顽强拼搏、永不放弃的精神，并从经典文学作品中获得知识、汲取能量。4a、4b主要介绍了Sally爱上阅读，生活也因阅读而有所变化，通过了解Sally的故事，学生即可知道人们可以通过阅读浸润心灵4c、改变行为、美化生活。

Section B 1a ~ 1d通过对音乐和音乐家的讨论，学生能够体会音乐的美妙和音乐带给人们的力量。2a ~ 2e通过对乡村音乐的介绍和乡村音乐对Sarah的影响，学生能够感受并汲取音乐所传达的正能量，也能发现音乐会在不经意间影响人们的生活，促进美好事情的发生。3a ~ 3b通过介绍自己喜爱的作家或者歌手，学生能了解到鉴赏音乐、文学作品是提升生活品质不可或缺的部分，是热爱生活的体现。

通过以下的思维导图，我们能更加清楚地看到本单元教材内容和单元主题意义探究过程之间的内在联系：

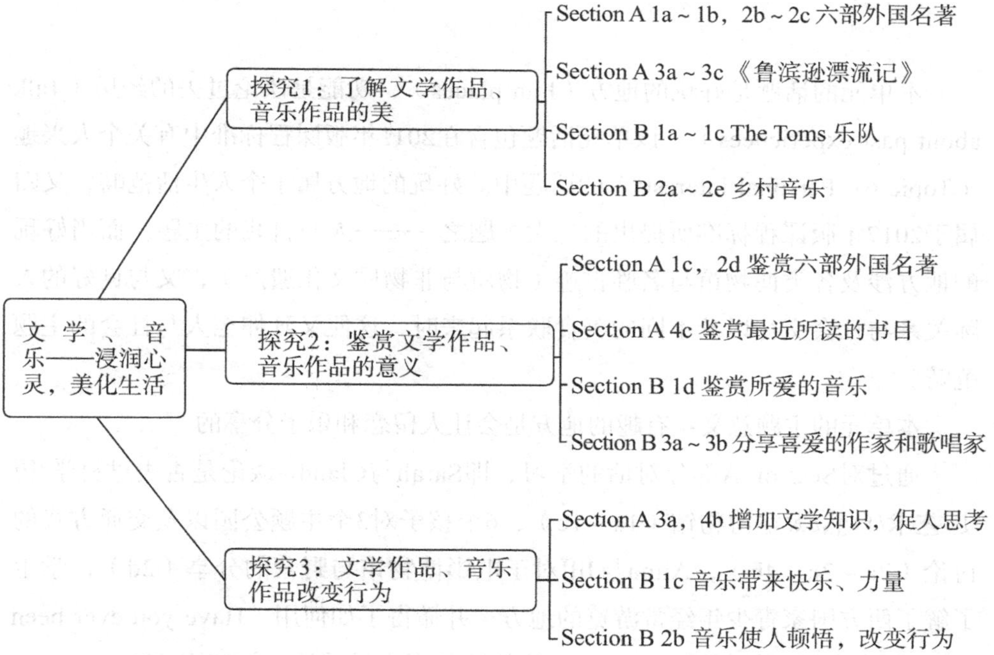
文学、音乐——浸润心灵，美化生活
探究1：了解文学作品、音乐作品的美
Section A 1a ~ 1b，2b ~ 2c 六部外国名著
Section A 3a ~ 3c《鲁滨逊漂流记》
Section B 1a ~ 1c The Toms 乐队
Section B 2a ~ 2e 乡村音乐
探究2：鉴赏文学作品、音乐作品的意义
Section A 1c，2d 鉴赏六部外国名著
Section A 4c 鉴赏最近所读的书目
Section B 1d 鉴赏所爱的音乐
Section B 3a ~ 3b 分享喜爱的作家和歌唱家
探究3：文学作品、音乐作品改变行为
Section A 3a，4b 增加文学知识，促人思考
Section B 1c 音乐带来快乐、力量
Section B 2b 音乐使人顿悟，改变行为

Go for it 八年级（下册）Unit 9 Have you ever been to a museum?

本单元的话题是好玩的地方（Fun places），功能是谈论过去的经历（Talk about past experiences）。该单元话题包含在2011年版课程标准中有关个人兴趣（Topic 6：Personal interests）的话题中。好玩的地方属于个人生活范畴，又归属于2017年版课程标准所提出的三大主题之一——人与自我的主题。而当好玩的地方涉及各类博物馆与名胜古迹（物质与非物质文化遗产），又与良好的人际关系与社会交往以及不同的美食联系起来时，这便又延伸至人与社会的主题范畴。

本单元的主题意义：有趣的地方是会让人留恋和乐于分享的。

通过对Section A部分对话的学习，即Sarah与Claudia谈论是否去过科学/历史/艺术/自然/太空博物馆（1a ~ 1c），6个孩子对3个主题公园以及交通方式的讨论（2a ~ 2c，4b），Anna与Jill对于电影博物馆与野营的分享（2d），学生了解了西方国家青少年经常游览的地方，并懂得了如何用“Have you ever been to...？”来询问，如何用ever，never来描述是否去过某地，如何用“How are we going to get there？/What bus do we take to get to...？”来讨论交通方式，并勇于表达自己的喜恶也同时照顾朋友的心情［that sounds good，but I'm not interested in history（1b）］，也能坦诚陈述个人情况（I'd really love to go，but I don't have any money），最终得出让双方都满意的结果，体现朋友之间的坦诚相待、互相关怀以及乐于分享。Section A 3a的阅读文章是关于三个不同国家各具特色的博物馆的，兼顾中西方，让学生开阔眼界，增长见识，也激发他们去探索未知的好奇心以及将自己最感兴趣的经历记录下来与他人分享的热情。

Section B的学习内容由短途游览拓展到探访旅游景点。首先通过图片呈现中国四大景观（长城、兵马俑、故宫与鸟巢），兼顾古代与现代（1a），再通过听力（1b ~ 1c）来了解来自澳大利亚的Peter谈论游览中国名胜的经历和对中国文化的喜爱，激发学生的民族自豪感，从而增强学生的文化自信。紧接着2b ~ 2e阅读部分的文章从语言、食物、动物园、天气等方面介绍了新加坡的风土人情，并在3a ~ 3b部分要求学生写一篇广告来宣传自己的家乡，既让学生体会不同国家的风土人情，又回归到热爱家乡的情感之中。

通过思维导图，我们能更清楚地发现本单元教材内容和单元主题意义探究过程之间的内在联系：

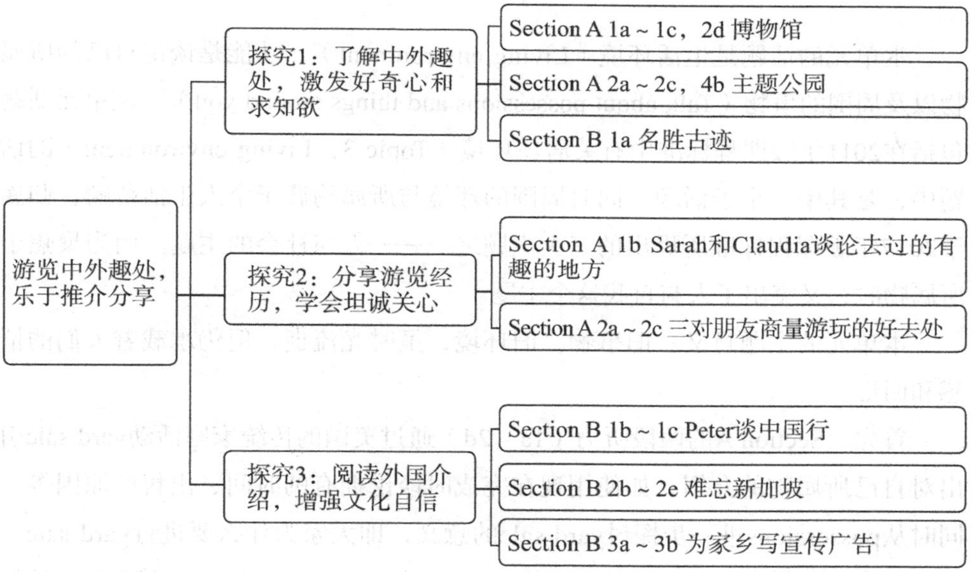
游览中外趣处，乐于推介分享
探究1：了解中外趣处，激发好奇心和求知欲
Section A 1a ~ 1c，2d 博物馆
Section A 2a ~ 2c，4b 主题公园
Section B 1a 名胜古迹
探究2：分享游览经历，学会坦诚关心
Section A 1b Sarah和Claudia谈论去过的有趣的地方
Section A 2a ~ 2c 三对朋友商量游玩的好去处
探究3：阅读外国介绍，增强文化自信
Section B 1b ~ 1c Peter谈中国行
Section B 2b ~ 2e 难忘新加坡
Section B 3a ~ 3b 为家乡写宣传广告

Go for it 八年级（下册）Unit 10 I've had this bike for three years.

本单元的话题是生活环境（Living environment），功能是谈论自己的所属物以及周围的事物（Talk about possessions and things around you）。该单元话题包括在2011年版课程标准中有关居住环境（Topic 3：Living environment）的话题中，是其中一个子话题。同时周围的环境与所属物属于个人生活范畴，归属于2017年版课程标准所提出的三大主题之一——人与社会的主题。而当聚焦于所属物时，又突出了人与自我这个主题。

本单元的主题意义：旧事物，旧环境，虽时光流逝，但仍承载着人们的情感和回忆。

首先，Section A的两段听力（1a ~ 2d）通过美国的传统家庭活动yard sale引出对自己所属物的介绍，如使用现在完成时谈论拥有的时间、出售的原因等。同时从possessions进一步探讨yard sale的意义，即大家为什么要进行yard sale。其中蕴含着一个意义：正确处理旧物（Keep it or give it away）。其中在3a的阅读语篇中，作者以一个美国家庭的yard sale切入，他们将筹集的钱捐给需要帮助的孩子，这也进一步突出了Section A的主题意义：充分利用自己身边的旧物，把它送给真正需要的人，或转换为真正需要的东西，让其焕发新生命，即make full use of our possessions。

Section B则将本单元话题由所属物转变为周围旧环境，尤其是居住环境（乡村生活的变化）。Section B听力部分，通过Jenny与朋友谈论家乡变化引出对旧环境的描述和回忆（1a ~ 1d）。随后是阅读语篇*Hometown feelings*。该语篇从人们离开乡村，前往城市工作的社会现状出发，以Zhong Wei目睹乡村变化

（2a ~ 2d）为主线探讨单元主题意义：家乡的变化可能不同，有好有坏，但对家乡的感情是不会变的，因为那里有很多甜蜜的回忆，即对家乡的热爱之情。另外，本单元写作部分要求学生描述自己过去的一件事物，并阐述拥有时长、相关回忆及事物背后的意义。这也可以体现了本单元的主题意义，引导学生珍惜过去的事物，回忆往往是最珍贵的。

通过思维导图，我们能更清楚地发现本单元教材内容和单元主题意义探究过程之间的内在联系：

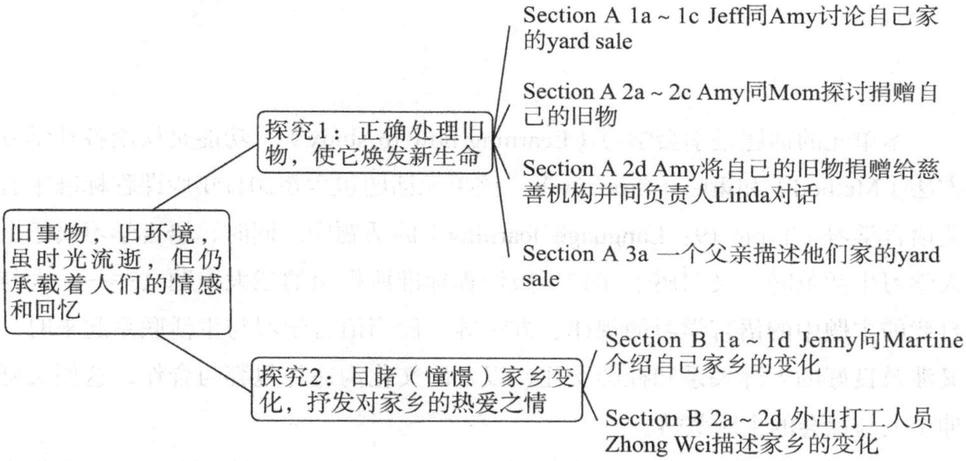
旧事物，旧环境，虽时光流逝，但仍承载着人们的情感和回忆
探究1：正确处理旧物，使它焕发新生命
Section A 1a ~ 1c Jeff同Amy讨论自己家的yard sale
Section A 2a ~ 2c Amy同Mom探讨捐赠自己的旧物
Section A 2d Amy将自己的旧物捐赠给慈善机构并同负责人Linda对话
Section A 3a 一个父亲描述他们家的yard sale
探究2：目睹（憧憬）家乡变化，抒发对家乡的热爱之情
Section B 1a ~ 1d Jenny向Martine介绍自己家乡的变化
Section B 2a ~ 2d 外出打工人员Zhong Wei描述家乡的变化

Go for it 九年级 Unit 1 How can we become good learners?

本单元的话题是学会学习（Learning how to study），功能是谈论各种学习方法（Method）和策略（Strategy）。该单元话题包含在2011年版课程标准中有关语言学习（Topic 19：Language learning）的话题中。同时，语言学习属于个人学习生活范畴，又归属于2017年版课程标准所提出的三大主题之一——人与自我的主题中的语言学习的规律、方法等。而当语言学习与生活联系起来时，又涉及良好的人际关系和社会交往，以及跨文化沟通、包容与合作，这便又延伸至人与社会的主题范畴。

本单元的主题意义：在交流中了解学习的方法，在与他人的沟通和合作中改善学习方法，最后形成自己的学习方法，树立学习的自信心。

Section A聚焦英语学习方法。首先，通过图文配对呈现了常见的英语学习方式（1a），为之后学习活动的开展做了语言上的准备。接着，通过一段同学之间的对话（1b），以英语为例探讨备考大型考试的复习方法。之后是一段师生在英语俱乐部的对话，又进一步探讨了学习英语的最佳途径（2a ~ 2b）。Jack和Annie的对话话题转移到了如何提升阅读速度（2d）上。三段对话既体现了学生渴望寻求高效的学习方法，同时渗透了相互学习、互帮互助的同学情谊。本部分的阅读语篇（3a）讲述了Wei Fen在学习英语的过程中如何寻找适合自己的学习方式并最终爱上了英语，以此激励学生：学习之路不会是一帆风顺的，只要坚持下去，一定会寻找到适合自己的学习方法。

Section B聚焦英语学习中遇到的挑战。首先从英语学习的困难谈起（1a ~ 1b），接着以Paul在英语学习中遇到的挑战为例，老师针对这些挑战提出了建议及解决方法（1c～1d）。对话当中无不体现了老师对学生的关心，也从侧面体现了学习过程充满了坎坷，而良好的学习方法能够提升学习的效率。2b文章介绍了成功学习者的四要素，培养学生用正确而科学的方法做事的能力，让学生明白一分耕耘，一分收获的道理。在此基础上，让学生与同伴讨论自己的一些学习习惯（2e）。最后以英语学习的最好方式为主题，给朋友写一封书信。这两个环节引发了学生反思自我的学习方式，激发学生对学习方法的思考和研究，为未来成为一个优秀的学习者打下基础。

通过思维导图，我们能更清楚地发现本单元教材内容和单元主题意义探究过程之间的内在联系：

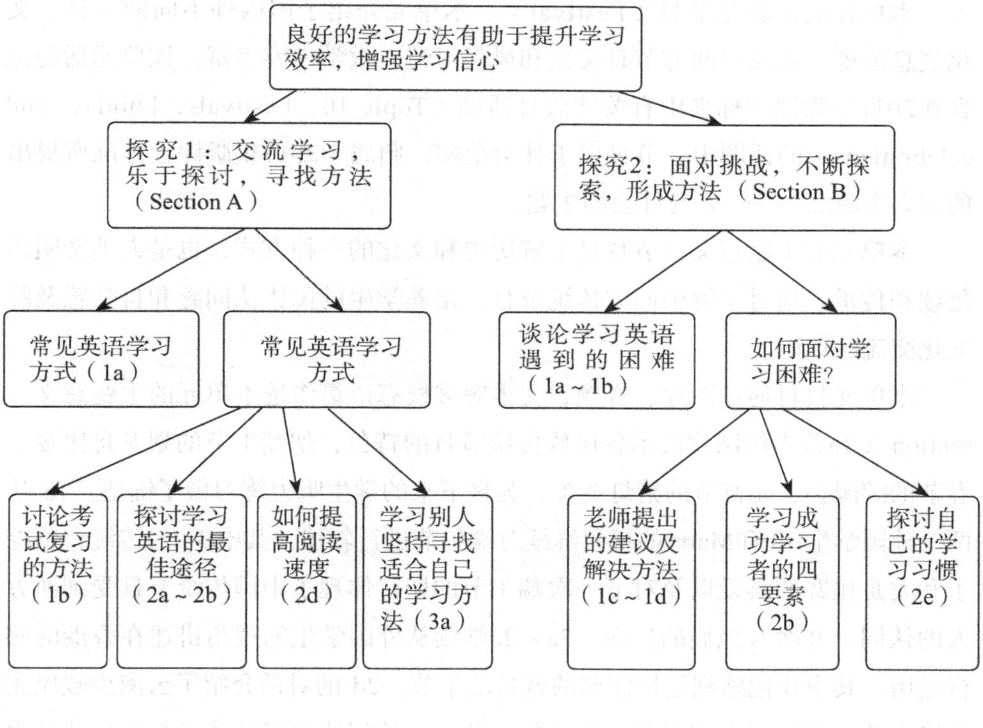
良好的学习方法有助于提升学习效率，增强学习信心
探究1：交流学习，乐于探讨，寻找方法（Section A）
探究2：面对挑战，不断探索，形成方法（Section B）
常见英语学习方式（1a）
常见英语学习方式
谈论学习英语遇到的困难（1a～1b）
如何面对学习困难？
讨论考试复习的方法（1b）
探讨学习英语的最佳途径（2a～2b）
如何提高阅读速度（2d）
学习别人坚持寻找适合自己的学习方法（3a）
老师提出的建议及解决方法（1c～1d）
学习成功学习者的四要素（2b）
探讨自己的学习习惯（2e）

Go for it 九年级 Unit 2 I think that mooncakes are delicious!

本单元的话题是节日（Festival）。本单元介绍了国内外不同的节日，文化气息浓郁，涉及中西方节日文化和风俗习惯，教学内容丰富。该单元话题包含在2011年版课程标准中有关节假日活动（Topic 10：Festivals，holidays and celebrations）的话题中。节日属于社会范畴，归属于2017年版课程标准所提出的三大主题之一——人与社会的主题。

本单元的主题意义：节日是了解历史和文化的一种方式，也是人类文明的延续和传承。通过了解中西方传统节日，培养学生的民族认同感和自豪感及跨文化交流的意识。

本单元教材通过图片、音频、文本等多模态语篇渗透本单元的主题意义。section A 1a首先用图片展示各民族传统节日的特色，如端午节的划龙舟比赛、春节的游园会、元宵节的猜灯谜等，为接下来的学生听力练习做了铺垫。1b 从两个外国学生Bill和Marry的视角继续对端午节进行叙述，其中Bill对传统食物粽子和龙舟比赛的喜爱以及对下一次端午节的期待体现了中国传统节日受到西方人的认同，并融入他们的生活。2a～2c继续从外国学生的视角讲述在香港的旅行经历，其中让他感到记忆深刻的就是端午节。2d 的对话介绍了云南少数民族的泼水节，表达了人们对美好生活的向往。3a的阅读语篇讲述了与传统节日中秋节相关的民间故事*Hou Yi and Chang'e for the Mid-Autumn Festival*。其目的不只是促进学生对中国传统节日中秋节的进一步了解，更让学生懂得了如何用英语介绍我国的文化，学会沟通和相互理解，形成跨文化交际的意识。

Section B主要围绕西方的两个节日Halloween和 Christmas来展开。1a～1c

介绍了西方节日万圣节，2a ~ 2d介绍了圣诞节的由来、意义以及人们的节日活动，加强了学生将节日与文化联系起来的意识，也加深了学生对西方传统节日文化的认识。阅读语篇通过吝啬鬼的转变，在字里行间隐含更深刻的人生价值观：关爱、同情及怜悯之心是人类社会的宝贵财富，人人应当将之继承及发扬，以爱心回报社会。在此基础上，学生讨论自己最喜欢的中国节日（3a ~ 3b），通过讨论节日的时间、活动、自己的感受来激发对传统节日的热爱，以此增强文化自信。

通过思维导图，我们能更清楚地发现本单元教材内容和单元主题意义探究过程之间的内在联系：

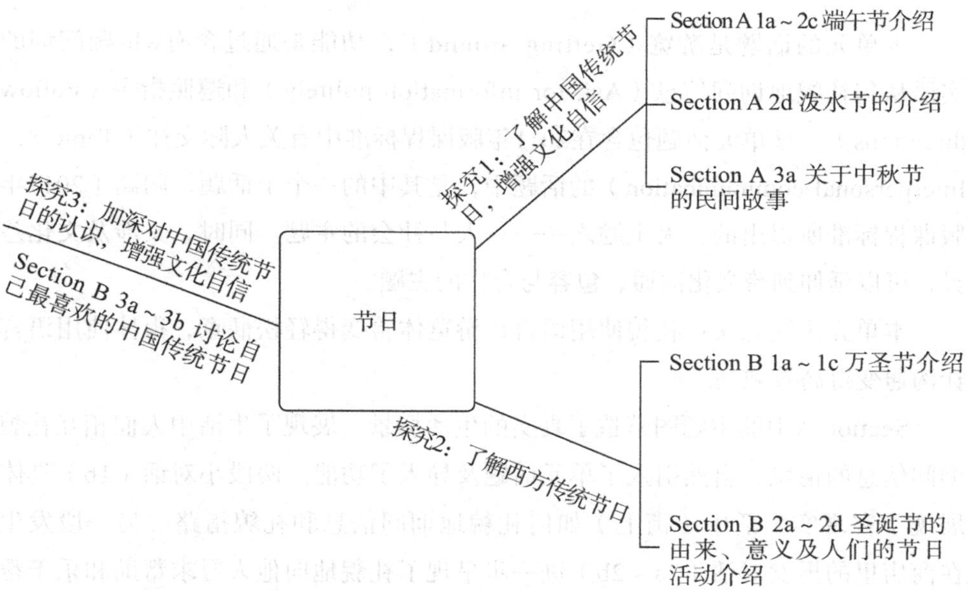
节日
探究1：了解中国传统节日，增强文化自信
Section A 1a ~ 2c 端午节介绍
Section A 2d 泼水节的介绍
Section A 3a 关于中秋节的民间故事
探究2：了解西方传统节日
Section B 1a ~ 1c 万圣节介绍
Section B 2a ~ 2d 圣诞节的由来、意义及人们的节日活动介绍
探究3：加深对中国传统节日的认识，增强文化自信
Section B 3a ~ 3b 讨论自己最喜欢的中国传统节日

Go for it 九年级 Unit 3 Could you please tell me where the restrooms are?

本单元的话题是游览（Getting around），功能是通过含有wh-疑问词的宾语从句礼貌地询问信息（Ask for information politely）和遵照指令（Follow directions）。该单元话题包含在2011年版课程标准中有关人际交往（Topic 8: Interpersonal communication）的话题中，是其中的一个子话题，归属于2017年版课程标准所提出的三大主题之一——人与社会的主题。同时，又涉及文化差异，可以延伸到跨文化沟通、包容与合作的主题。

本单元主题意义：礼貌使用语言让游览体验变得轻松惬意，得体使用语言让沟通变得高效顺畅。

Section A中的主题图营造了真实的生活场景，展现了生活中人们相互礼貌询问信息的情境，自然引入了单元话题及导入了功能。两段小对话（1b）具体展现了在现实生活中（街上）如何礼貌地询问信息和礼貌指路。另一段发生在商店里的男女对话（2a～2b）进一步呈现了礼貌地向他人寻求帮助和乐于帮助他人解决困难的情境。在此过程中，学生体会语言使用的得体性。He Wei和Alice在游乐园的对话（2d）让学生了解了不同文化背景下英语语言的差异。对话语篇（3a）围绕青少年喜爱的游乐园展开，介绍了其中的各种设施，让学生从中学会体谅他人的感受，鼓励他人尝试新事物同时尊重他人。

Section B拓展了游览的话题，让学生理解不同场合语言的差异和提升语言的得体意识。首先，用形容词描述场所品质的配对（1a），让学生感知生活中不同场所的特点。接着，三段对话（1c～1d）展现了如何在路途中询问游客中心工作人员来获取当地信息以及在与家人的旅行中，懂得互相迁就、互相体谅。

本部分的阅读语篇是有关礼貌语言在不同场合的运用的，以此说明礼貌社交及得体社交的重要性（2a ~ 2c）。3a ~ 3b设定游学英语国家的语境，一封咨询信让学生在实际的语境中体验如何使用礼貌、得体的语言来获得自己需要的信息，让学生明白有效沟通从礼貌做起！

通过思维导图，我们能更清楚地发现本单元教材内容和单元主题意义探究过程之间的内在联系：

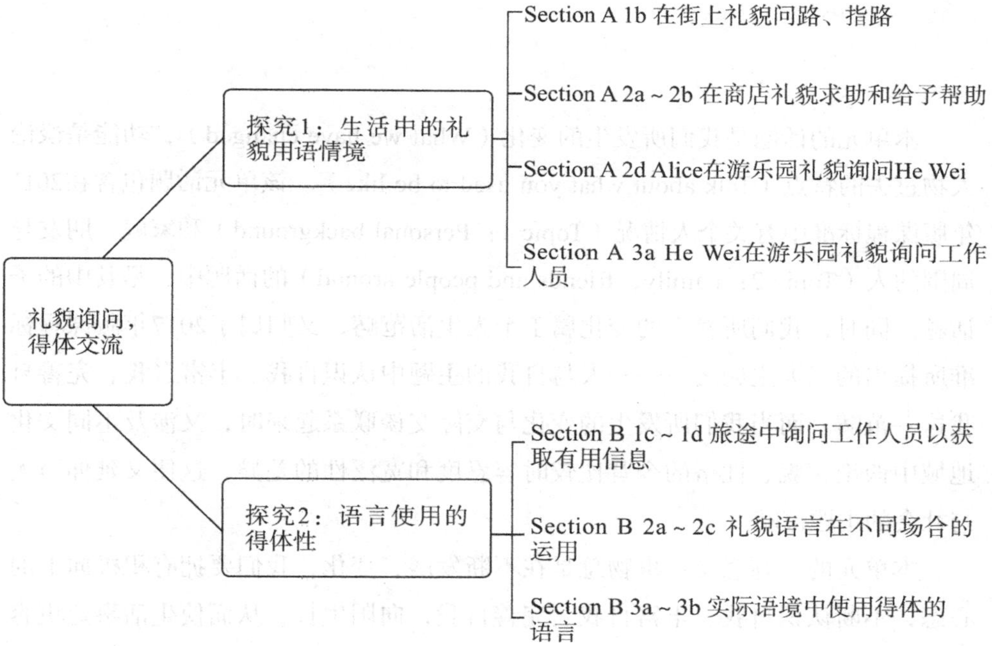
礼貌询问，得体交流
探究1：生活中的礼貌用语情境
Section A 1b 在街上礼貌问路、指路
Section A 2a ~ 2b 在商店礼貌求助和给予帮助
Section A 2d Alice在游乐园礼貌询问He Wei
Section A 3a He Wei在游乐园礼貌询问工作人员
探究2：语言使用的得体性
Section B 1c ~ 1d 旅途中询问工作人员以获取有用信息
Section B 2a ~ 2c 礼貌语言在不同场合的运用
Section B 3a ~ 3b 实际语境中使用得体的语言

Go for it 九年级 Unit 4 I used to be afraid of the dark.

本单元的话题是我们所发生的变化（What we have changed），功能是谈论人物过去的特点（Talk about what you used to be like）。该单元话题包含在2011年版课程标准中有关个人情况（Topic 1：Personal background）和家庭、朋友与周围的人（Topic 2：Family，friends and people around）的话题中，是其中的子话题。同时，我们所发生的变化属于个人生活范畴，又归属于2017年版课程标准所提出的三大主题之一——人与自我的主题中认识自我、丰富自我、完善自我这一范畴。而当我们所发生的变化与交际交谈联系起来时，又涉及不同文化地域中谈论相貌、性格的今昔比较时容忍度和宽泛性的差异，这便又延伸至人与社会的主题范畴。

本单元的主题意义：事物总是在不断发展、变化，我们要拥有积极向上的心态，不断认识自我、丰富自我、完善自我，向阳生长，从而使生活事业更容易走向成功。

Section A聚焦人物在外貌和性格方面的改变。首先，通过三组对话的学习，即Bob与朋友们谈论他们在外貌上的变化（1a ~ 1c），Paula和Steve在同学聚会上谈论他们在性格和爱好方面的变化（2a ~ 2c），Alfred和Gina 在同学聚会上谈论Billy在外貌、性格等方面的改变（2d），学生练习使用目标语言（He used to.../Did he use to...？）描述或询问人物过去和现在各个方面的变化，理性、辩证地看待自己和他人的变化，体会成长过程中自我丰富带来的积极转变。然后，学生阅读有关Candy Wang的一篇文章，了解Candy从害羞的女生蜕变为流行明星的变化过程（3a ~ 3c），在关注Candy性格变化的同时，理解自我完善带来的成功体验以及正确认识发展造成的正面和负面影响，积极坚持悦纳自我。

Section B围绕改变，拓展了更多的话题，聚焦讨论人物行为习惯、爱好的改变。首先，通过勾出和写出自己曾经喜欢的事情（1a ~ 1b），将话题转至个人喜好的改变。接着，通过两人谈论对小学和高中生活改变的喜好（1c ~ 1d），引导学生通过对比过去与现在的生活（1e），理性认识自我，推动自己朝更好的方面转变。之后，阅读有关留守儿童Li Wen心路历程的文章（2a ~ 2f），学生在这一情感体验中明白事物是在不断发展变化的，要拥有积极向上的心态，不断认识自我、丰富和完善自我，向阳生长。最后，通过完成写作任务（3a ~ 3b）——写一写自己的变化，寻找自己最重要的改变及原因，在这一过程中，反思自我，明白只有努力完善自己，未来的生活和事业才会走向成功。

通过思维导图，我们能更清楚地发现本单元教材内容和单元主题意义探究过程之间的内在联系：

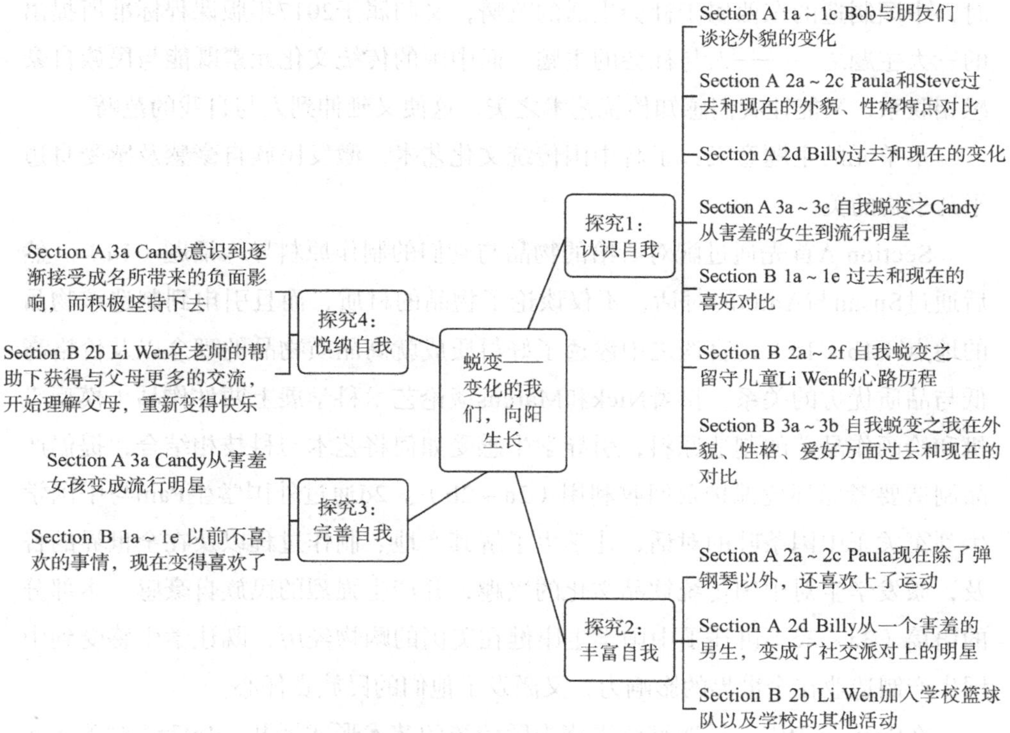
蜕变——变化的我们，向阳生长
探究1：认识自我
Section A 1a ~ 1c Bob与朋友们谈论外貌的变化
Section A 2a ~ 2c Paula和Steve过去和现在的外貌、性格特点对比
Section A 2d Billy过去和现在的变化
Section A 3a ~ 3c 自我蜕变之Candy从害羞的女生到流行明星
Section B 1a ~ 1e 过去和现在的喜好对比
Section B 2a ~ 2f 自我蜕变之留守儿童Li Wen的心路历程
Section B 3a ~ 3b 自我蜕变之我在外貌、性格、爱好方面过去和现在的对比
探究2：丰富自我
Section A 2a ~ 2c Paula现在除了弹钢琴以外，还喜欢上了运动
Section A 2d Billy从一个害羞的男生，变成了社交派对上的明星
Section B 2b Li Wen加入学校篮球队以及学校的其他活动
探究3：完善自我
Section A 3a Candy从害羞女孩变成流行明星
Section B 1a ~ 1e 以前不喜欢的事情，现在变得喜欢了
探究4：悦纳自我
Section A 3a Candy意识到逐渐接受成名所带来的负面影响，而积极坚持下去
Section B 2b Li Wen在老师的帮助下获得与父母更多的交流，开始理解父母，重新变得快乐

Go for it 九年级 Unit 5 What are the shirts made of？

本单元话题是中国制造的东西（Things made in China），功能是运用被动语态讨论产品用什么制造，在哪儿制造（Talk about what products are made of and where they were made）。该单元话题包含在2011年版课程标准中科普知识与现代技术（Topic 22：Popular science and modern technology）的话题中。同时，中国制造的东西属于社会生活的范畴，又归属于2017年版课程标准所提出的三大主题之一——人与社会的主题。而中国的传统文化元素既能与民族自豪感相联系，又能让我们感知传统艺术之美，这便又延伸到人与自我的范畴。

本单元的主题意义：了解中国传统文化艺术，激发民族自豪感及感受身边平凡事物的美。

Section A首先通过配对所给的物品与它们的制作原料导入话题（1a）。然后通过Susan与Anita的对话，不仅谈论了物品的材质，而且引申到制造该物品的地点（1b～1c），言谈之中渗透了好材质成就高品质物品的理念以及价格高低与品质优劣的关系。接着Nick和Marcus谈论艺术科学展上两件作品（模型飞机和绘画作品）的制造原料，引导学生感受如何将艺术与科技相结合，提倡产品制造要考虑环境保护及回收利用（2a～2b）。2d通过外国学生Pam与中国学生刘军关于中国茶叶的对话，让学生了解其产地、制作过程以及在全世界的普及，激发学生对中国传统饮品文化的兴趣，并产生强烈的民族自豪感。本部分的语篇（3a～3c）讲述了中国学生康健在美国的购物经历，既让学生感受到中国生产制造业在全世界的影响力，又激发了他们的民族责任心。

在Section B中，话题继续围绕中国传统的艺术形式展开。1a活动对单元话题进一步拓展，熟悉的话题为学生提供了更丰富的表达空间。风筝这个话题贴近学生生活，调动了他们的积极性，促使他们对单元话题进一步拓展。1b ~ 1d通过以学生熟悉的风筝为话题，来体现中国传统文化艺术的风采。2a的读前活动让学生谈论自己熟知的传统文化艺术，激发学生主动交流的欲望及民族自豪感。2b ~ 2d通过文章《普通事物之美》介绍了三种中国的传统艺术——孔明灯、剪纸和泥塑，让学生看到了中国人民的智慧，感受到了普通事物之美及其所传递的美好寓意。2e通过开放性的读后讨论，加深学生对中国传统文化艺术的了解与欣赏。最后，在3a ~ 3b的活动中，通过运用说与写的方式介绍自己家乡的特产——食物或艺术品，即再次与主题意义相融合，学生更加了解热爱自己的家乡和它所拥有的独特的传统文化艺术，感知平凡事物之美！

通过思维导图，我们能更清楚地发现本单元教材内容和单元主题意义探究过程之间的内在联系：

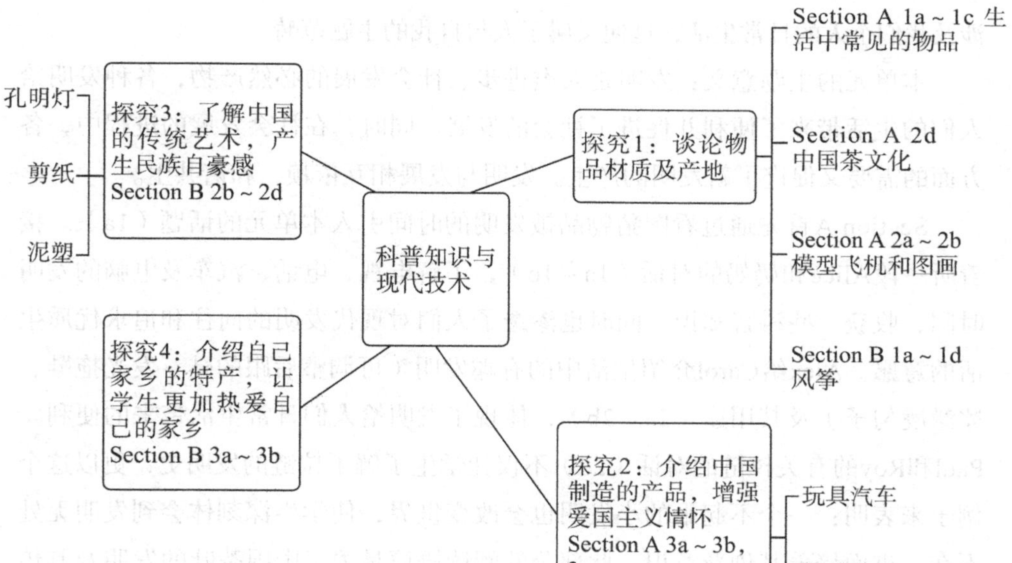
科普知识与现代技术
探究1：谈论物品材质及产地
Section A 1a ~ 1c 生活中常见的物品
Section A 2d 中国茶文化
Section A 2a ~ 2b 模型飞机和图画
Section B 1a ~ 1d 风筝
探究2：介绍中国制造的产品，增强爱国主义情怀 Section A 3a ~ 3b, 3c
玩具汽车
篮球鞋
探究3：了解中国的传统艺术，产生民族自豪感 Section B 2b ~ 2d
孔明灯
剪纸
泥塑
探究4：介绍自己家乡的特产，让学生更加热爱自己的家乡 Section B 3a ~ 3b

Go for it 九年级 Unit 6 When was it invented?

本单元的话题是发明（Inventions），功能是简要谈论发明的历史（Talk about the history of inventions）。该单元包含在2011年版课程标准中有关科普知识与现代技术（Topic 22：Popular science and modern technology）的话题中，是其中的一个子话题。同时，发明属于社会进步及科技发展范畴，又归属于2017年版课程标准所提出的三大主题之一——人与社会的主题。各种具体的发明又涉及我们个人的日常生活，这便又属于人与自我的主题范畴。

本单元的主题意义：发明是人类进步、社会发展的必然产物，各种发明给人们的生活带来了便利并促进了社会的发展。同时，在社会发展的进程中，各方面的需要又促进了新发明的产生。发明与发展相互依赖，和谐共生。

Section A首先通过看图猜物品被发明的时间引入本单元的话题（1a）。接着听一段Alice和奶奶的对话（1a ~ 1c），了解电视、电话、汽车及电脑的发明时间，收获一些科普知识，同时也渗透了人们对现代发明的向往和追求优质生活的意愿。Alex给Carol介绍生活中的有趣发明（可调整后跟的鞋、发光拖鞋、冰激凌勺子）及其用途（2a ~ 2b），体现了发明给人们日常生活带来的便利。Paul和Roy的有关拉链的对话（2d）不仅让学生了解了拉链的发明史，更以这个例子来表明：一个不起眼的小发明也会改变世界，使学生深刻体会到发明无处不在，进而培养其创新意识。此部分的阅读语篇是关于中国茶叶的发明及其传播简史的（3a），通过对中国茶文化的了解，增强学生对中国文化的自信。

Section B首先通过听一段两个男生的对话（1a ~ 1e）了解薯片的发明过程，使学生体会到某些发明的趣味性。在接下来的阅读任务中，讲述了篮球运动的发明、发展以及普及程度（2a ~ 2d），让学生了解到这项发明不仅可以强身健体，还能给人们的生活带来很多乐趣，更能促进世界人民的交流与发展。

此外，读后任务让学生结合自身实际情况和日常生活经验，谈谈成为篮球明星的优缺点（2e），培养了学生的辩证思维能力，启发他们对价值观的思考，从而培养其积极的生活态度。在写作任务中，要求学生思考一种自己愿意创造的发明，并写一段话来介绍推销自己的发明（3a ~ 3b），激发学生创新的兴趣并鼓励其积极探索。

通过思维导图，我们能更清楚地发现本单元教材内容和单元主题意义探究过程之间的内在联系：

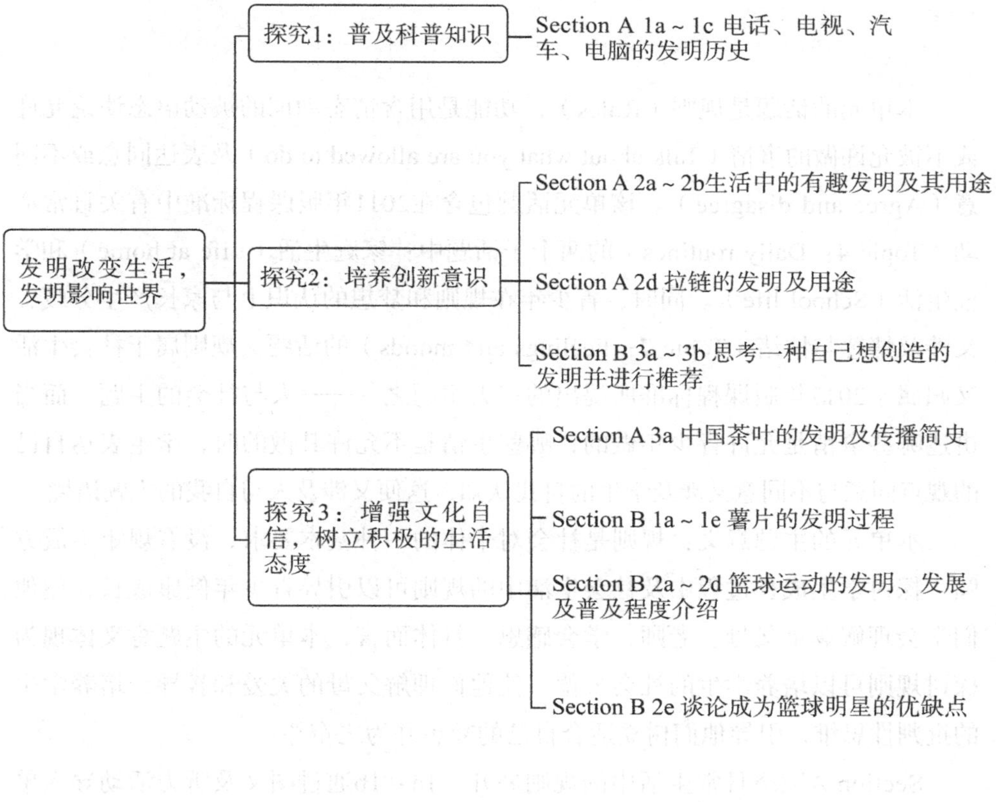
发明改变生活，发明影响世界
探究1：普及科普知识
Section A 1a ~ 1c 电话、电视、汽车、电脑的发明历史
探究2：培养创新意识
Section A 2a ~ 2b生活中的有趣发明及其用途
Section A 2d 拉链的发明及用途
Section B 3a ~ 3b 思考一种自己想创造的发明并进行推荐
探究3：增强文化自信，树立积极的生活态度
Section A 3a 中国茶叶的发明及传播简史
Section B 1a ~ 1e 薯片的发明过程
Section B 2a ~ 2d 篮球运动的发明、发展及普及程度介绍
Section B 2e 谈论成为篮球明星的优缺点

Go for it 九年级 Unit 7 Teenagers should be allowed to choose their own clothes.

本单元的话题是规则（Rules），功能是用含情态动词的被动语态谈论允许或不被允许做的事情（Talk about what you are allowed to do）及表达同意或不同意（Agree and disagree）。该单元话题包含在2011年版课程标准中有关日常活动（Topic 4：Daily routines）的两个子话题中：家庭生活（Life at home）和学校生活（School life）。同时，青少年在规则和梦想的认识上与家长产生分歧，又涉及情感与情绪（Topic 7：Feelings and moods）的话题。规则属于社会生活又归属于2017年版课程标准所提出的三大主题之一——人与社会的主题。而当讲述哪些事情是允许青少年做的，哪些事情是不允许其做的时，学生表达自己的观点同意与不同意又涉及学生的自我认知，这便又涉及人与自我的主题语境。

本单元的主题意义：规则是社会对个体的一种基本要求，没有规矩不成方圆。探讨学生成长过程中及社会生活中的规则可以引导青少年健康成长，使他们学会理解尊重父母、老师，学会感恩。具体而言，本单元的主题意义体现为探讨规则可以培养学生的社会公德，使他们理解父母的关爱和教导，培养学生的批判性思维，引导他们树立适合自己的梦想并为之奋斗。

Section A围绕日常生活中的规则展开。1a ~ 1b通过图文及听力活动导入单元话题，展现了一对母女对话的场面以及对话内容（青少年驾车、穿耳洞等话题），引导学生自检个人行为是否触犯了校规校纪，是否触犯了法律。2a ~ 2b是Kathy和Molly就Larry是否应该在晚上打工发表各自的观点，引发学生思考日常生活中我们能做和不能做的事情，让学生进一步对自己的日常行为进行反思。2d围绕在图书馆能否拍照一事展开讨论，延伸到对公共场合行为规范的思考。3a ~ 3c围绕一首诗歌*Mom Knows Best*展开，通过描绘孩子成长过程中与母亲的互动交流，潜移默化地对青少年进行情感教育，让学生理解父母对子女的关爱和教导，以及成长过程中遵守规则的重要性。

Section B主要围绕校园规则展开。1a ~ 1b通过句型Do you ever...？描述日常生活中常见的事情，体现了校园生活的丰富多彩。1c ~ 1d通过父子之间就迟到而不被允许参加考试一事展开对话，帮助学生认识遵守学校规则的重要性。在1e中，学生就Peter的遭遇展开讨论，陈述自己的理由，以此鼓励学生表达自己的不同见解，在讨论的过程中达成对遵守校规的高度认同。2b ~ 2c中的语篇介绍了一个叫刘宇的男孩希望实现自己成为职业运动员的梦想，为此和父母之间产生分歧的故事，引导学生树立梦想，平等友好地与父母沟通，理解父母、感恩父母。3a ~ 3b就家规的合理性发表看法，并撰写如何改变不合理的家规，引导学生认识制定合理规则的重要性。

通过思维导图，我们能更清楚地发现本单元教材内容和单元主题意义探究过程中各环节之间的联系十分紧密：

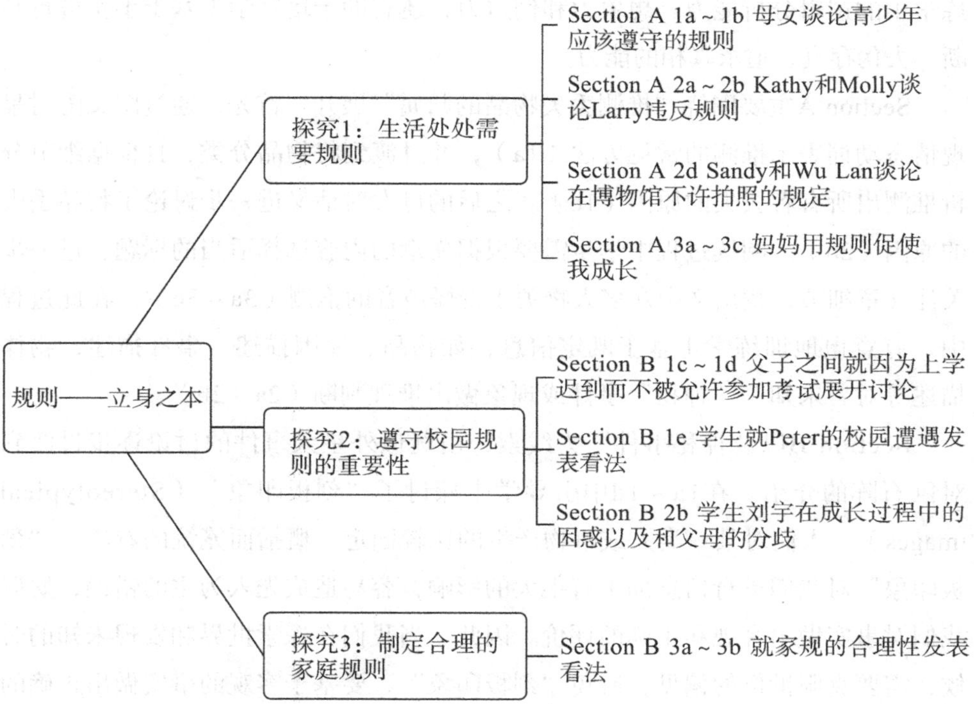
规则——立身之本
探究1：生活处处需要规则
Section A 1a ~ 1b 母女谈论青少年应该遵守的规则
Section A 2a ~ 2b Kathy和Molly谈论Larry违反规则
Section A 2d Sandy和Wu Lan谈论在博物馆不许拍照的规定
Section A 3a ~ 3c 妈妈用规则促使我成长
探究2：遵守校园规则的重要性
Section B 1c ~ 1d 父子之间就因为上学迟到而不被允许参加考试展开讨论
Section B 1e 学生就Peter的校园遭遇发表看法
Section B 2b 学生刘宇在成长过程中的困惑以及和父母的分歧
探究3：制定合理的家庭规则
Section B 3a ~ 3b 就家规的合理性发表看法

Go for it 九年级 Unit 8 It must belong to Carla.

本单元话题是神秘事件（Mysteries），功能是根据相关信息做推断（Make inferences）。该单元话题包含在2017年版课程标准所提出的三大主题之一——人与自然的主题中的地球与宇宙奥秘探索，如本单元谈及的巨石阵。

本单元的主题意义：人类对自然与宇宙的奥秘充满好奇，从未停止对真相的探索。推理能力是探究真相的能力，指通过对细节、事实、现象等的分析和综合，推理事件的经过、结果，甚至探究其本质的能力。推理不仅有利于锻炼学生的逻辑分析能力、想象力和创造力，还有助于培养学生基于事实进行判断，去伪存真，追求真相的能力。

Section A主要围绕“推测丢失物品的归属”展开。首先，通过图文配对呈现情态动词表示推测的常见方法（1a），并过渡到将物品分类，且根据细节分析推测出所有者丢失的原因（1b）。之后的母女对话又进一步讨论了物品丢失的原因（2b）。阅读过程中学生需要根据文章的内容选择适当的标题，进一步关注文章细节，找出文中众多人物关于奇怪声音的推测（3a ~ 3c）。在此过程中，有意识地训练学生基于既定信息，如物品、原因描述，事件描述，物体描述等对“未知”“神秘”事件或现象做出推理判断（2a ~ 2b）。

Section B以“神秘事件”为线索，由疑似外星人事件的讨论逐步过渡到对巨石阵的介绍。在1a ~ 1d中引导学生探讨了“刻板印象”（Stereotypical images）：人们对某一类人或事物产生的比较固定、概括而笼统的看法。“刻板印象”对我们进行信息加工有很大的影响，容易造成先入为主的错误，妨碍我们对事实做出客观和正确的评价。因此，当我们在探索世界和发现未知的时候，需要克服世俗的偏见，避免“刻板印象”，要基于客观的事实做出正确的判断。在2a ~ 2d的文章中，要求学生通过对文本的细节理解，尝试自己解读文本，找出巨石阵的神秘之处以及文中对巨石阵用处的各种推测。2d是一个开放性的活动，学生需要发挥联想，思考在中国或世界上还有哪些类似巨石阵这样的神秘地方，它们为什么显得神秘以及对于这些地方了解多少等问题，有助于培养学生基于事实进行判断，去伪存真，追求真相的能力。

通过思维导图，我们能更清楚地发现本单元教材内容和单元主题意义探究过程之间的内在联系：

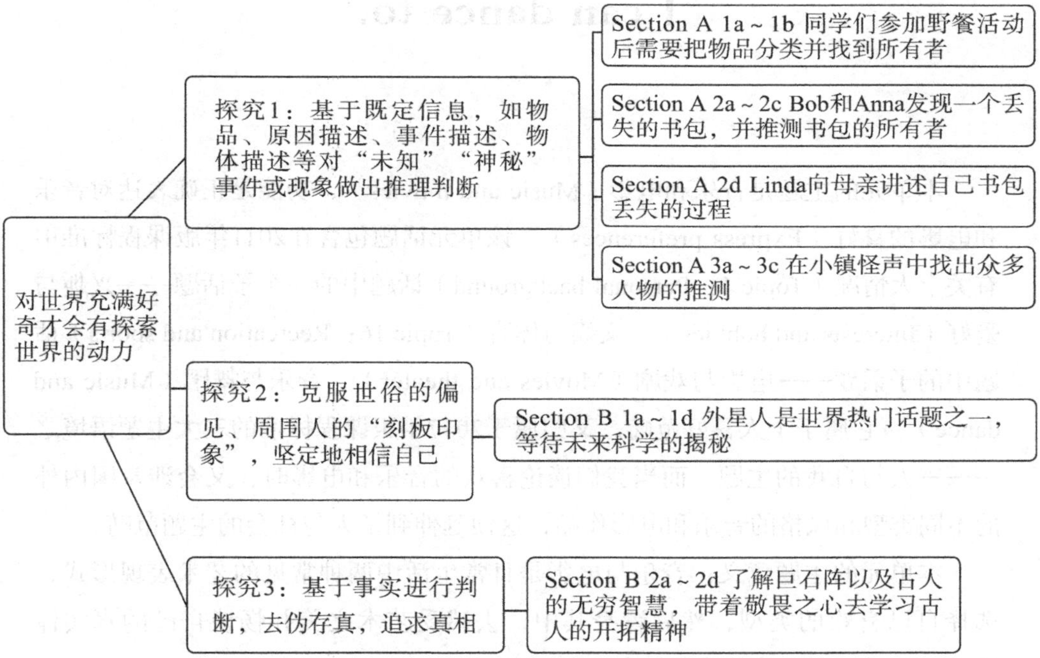
对世界充满好奇才会有探索世界的动力
探究1：基于既定信息，如物品、原因描述、事件描述、物体描述等对“未知”“神秘”事件或现象做出推理判断
Section A 1a ~ 1b 同学们参加野餐活动后需要把物品分类并找到所有者
Section A 2a ~ 2c Bob和Anna发现一个丢失的书包，并推测书包的所有者
Section A 2d Linda向母亲讲述自己书包丢失的过程
Section A 3a ~ 3c 在小镇怪声中找出众多人物的推测
探究2：克服世俗的偏见、周围人的“刻板印象”，坚定地相信自己
Section B 1a ~ 1d 外星人是世界热门话题之一，等待未来科学的揭秘
探究3：基于事实进行判断，去伪存真，追求真相
Section B 2a ~ 2d 了解巨石阵以及古人的无穷智慧，带着敬畏之心去学习古人的开拓精神

Go for it 九年级 Unit 9 I like music that I can dance to.

本单元的主题是音乐和电影（Music and movies），功能是正确表达对音乐和电影的喜好（Express preferences）。该单元话题包含在2011年版课程标准中有关个人情况（Topic 1：Personal background）话题中的一个子话题——兴趣与爱好（Interests and hobbies），文娱与体育（Topic 16：Recreation and sports）话题中的子话题——电影与戏剧（Movies and theater）、音乐与舞蹈（Music and dance）。它属于个人喜好范畴，又归属于2017年版课程标准的三大主题语境之一——人与自我的主题。而当我们谈论喜欢的音乐和电影时，又会涉及国内外的不同类型和风格的音乐和电影作品，这便延伸到了人与社会的主题范畴。

本单元的主题意义：音乐与电影是日常生活中两种常见的艺术表现形式，选择自己喜欢的类型，然后置身其中，去感受艺术之美并畅谈自己的真实体验，为生活增添些许艺术品位与文化品位。

本单元教材采用多模态的教学资源与形式（如图片、对话音频、文本等）渗透单元主题意义。Section A 1a的主题图引出谈论音乐的类型，之后Tony和Betty两人关于最喜欢乐队的对话（1b）将音乐类型的话题更深入和具体化。在此过程中，引导学生尊重他人对音乐的喜好，同时表达自己的观点。Xu Fei和Carmen就熟悉的歌手和音乐家展开了对话（2a ~ 2b），通过他们的评价，学生可以感受到艺术家的才华才是成就艺术生命力的源泉。在2d的对话语篇中，Jill邀请Scott去看一部严肃的电影，但是Scott喜欢搞笑的电影。Jill非常理解对方，这体现了社会交往过程中的相互尊重。本部分的语篇（3a ~ 3b）是关于电影的类型及观看不同类型电影而产生的不同情感体验的，引发学生思考电影带给我们的愉悦、生活体验及对人生的思考。补充表格信息（3c）梳理自己在不同情绪状态下选择不同类型的电影，说明观看电影可以释放压力、缓解情绪这一功能，同时也反映了电影和音乐本来就是生活的一部分。

Section B中，Ali和Michael就房间里许多有意思的东西展开了对话，拓展了更多的话题（如最喜欢的作家等），渗透了乐于和别人交流对不同人物或事物的喜好这一情感态度。语篇（2a ~ 2d）介绍了中国民族音乐及音乐家。全文以中国传统乐器和经典民俗乐曲《二泉映月》为切入口，引导学生了解阿炳的生平及其巨大的音乐成就，从而使其懂得传承和珍视我们的民族文化，并乐于对外介绍这些民族瑰宝，增强民族文化自信。本单元的写作（3a ~ 3b）是关于自己喜欢的音乐或者电影的，要求阐明推荐给他人的理由，这便更进一步激发了学生从内心对音乐和电影的热爱，回归人与自我的主题范畴。

通过思维导图，我们更能发现本单元教材内容与单元主题意义探究过程的内在联系：

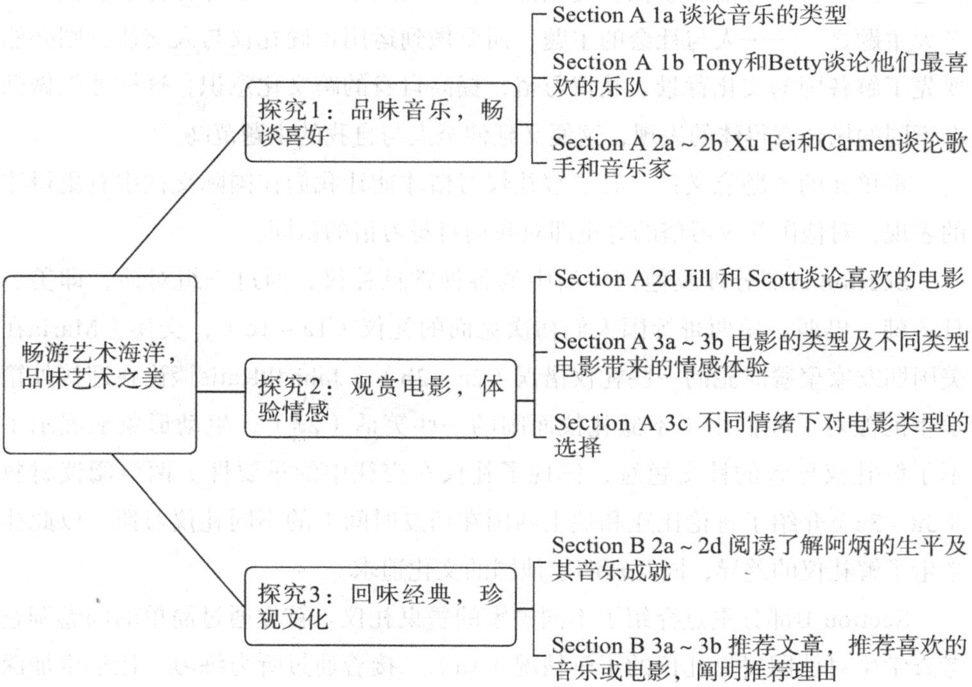
畅游艺术海洋，品味艺术之美
探究1：品味音乐，畅谈喜好
Section A 1a 谈论音乐的类型
Section A 1b Tony和Betty谈论他们最喜欢的乐队
Section A 2a ~ 2b Xu Fei和Carmen谈论歌手和音乐家
探究2：观赏电影，体验情感
Section A 2d Jill 和 Scott谈论喜欢的电影
Section A 3a ~ 3b 电影的类型及不同类型电影带来的情感体验
Section A 3c 不同情绪下对电影类型的选择
探究3：回味经典，珍视文化
Section B 2a ~ 2d 阅读了解阿炳的生平及其音乐成就
Section B 3a ~ 3b 推荐文章，推荐喜欢的音乐或电影，阐明推荐理由

Go for it 九年级 Unit 10 You're supposed to shake hands.

本单元的话题是习俗（Customs），功能是谈论不同国家的习俗和应该做的事（Talk about customs and what you are supposed to do）。该单元话题包含在2011年版课程标准中有关人际交往（Topic 8：Interpersonal communication）的话题中。同时，习俗属于社会交往范畴，又归属于2017年版课程标准所提出的三大主题之一——人与社会的主题。而要做到运用正确礼仪与人交往，则必然要先了解各国的文化背景、礼仪习俗，提高自身的跨文化意识，这样才能做到在不同的场合有得体的表现，这便又延伸至人与自我的主题范畴。

本单元的主题意义：只有了解礼仪习俗才能让我们在国际交往中有更得体的表现，对他国礼仪习俗的尊重即对我们自身习俗的认同。

Section A部分涉及他国生活中的各种常见礼仪，通过三组对话，即美、日、韩、巴西、墨西哥等国人们初次见面的礼仪（1a ~ 1c），交换生Maria在美国朋友家聚餐时犯的一些礼仪错误（2a ~ 2b），John和Katie谈论在迎接外籍学生的派对上他们由于不懂礼仪而闹的一些笑话（2d），生动形象地展示了不了解礼仪导致的社交尴尬，体现了礼仪在交往中的重要性。两篇阅读材料（3a ~ 3c）介绍了哥伦比亚和瑞士两国在访友时间上的不同礼仪习惯，以此让学生了解礼仪的差异，同时理解了他国的文化追求。

Section B部分重点介绍了不同国家的餐桌礼仪。首先通过简单的问卷调查考查学生对他国餐桌礼仪的了解情况（1a）。接着通过听力练习，让学生加深对中国餐桌礼仪的理解（1b ~ 1d），关注用餐时的细节，以此彰显我们的文化特色。本部分的语篇是一封书信（2b ~ 2c），陈述了一名交换生Lin Yue在法国学习时接触到的人和事，尤其是用餐礼仪的不同，但是异国他乡的生活却因友善的寄宿家庭而让她充满感激并感到温暖。通过阅读，学生强烈地感受到因文化差异在异国他乡生活不易，同时明白入乡随俗的重要性。

通过思维导图，我们能更清楚地发现本单元教材内容和单元主题意义探究过程之间的内在联系：

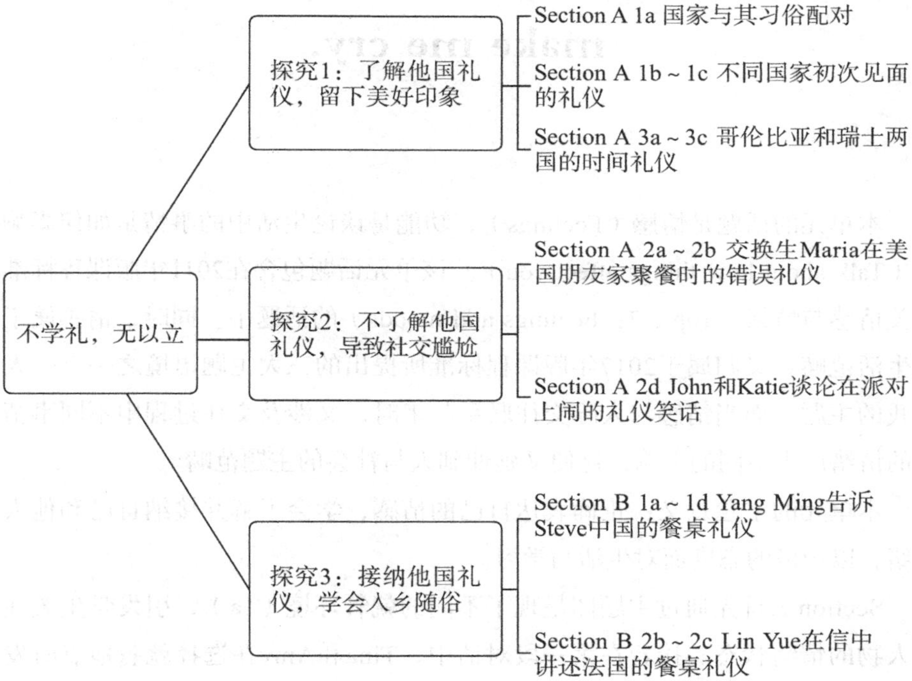
不学礼，无以立
探究1：了解他国礼仪，留下美好印象
Section A 1a 国家与其习俗配对
Section A 1b ~ 1c 不同国家初次见面的礼仪
Section A 3a ~ 3c 哥伦比亚和瑞士两国的时间礼仪
探究2：不了解他国礼仪，导致社交尴尬
Section A 2a ~ 2b 交换生Maria在美国朋友家聚餐时的错误礼仪
Section A 2d John和Katie谈论在派对上闹的礼仪笑话
探究3：接纳他国礼仪，学会入乡随俗
Section B 1a ~ 1d Yang Ming告诉Steve中国的餐桌礼仪
Section B 2b ~ 2c Lin Yue在信中讲述法国的餐桌礼仪

Go for it 九年级 Unit 11 Sad movies make me cry.

本单元的话题是情感（Feelings），功能是谈论生活中的事情是如何影响人的（Talk about how things affect you）。该单元话题包含在2011年版课程标准中有关情感与情绪（Topic 7：Feelings and moods）的话题中。同时，情感属于个人生活范畴，又归属于2017年版课程标准所提出的三大主题语境之一——人与自我的主题。而当情感与人际交往联系起来时，又涉及交往过程中不同事情对人的情绪产生不同的影响，这便又延伸到人与社会的主题范畴。

本单元的主题意义：正确表达自己的情感，学会了解并接纳自己和他人的情绪，以积极的态度面对生活与学习。

Section A首先通过主题图呈现了不同的就餐环境（1a），引发学生关注图中人物的情绪状态。接着在第一段对话中，Tina和Amy在选择就餐地点时发生了分歧，起因是餐馆环境对人情绪的负面影响，两个人对同一餐厅有不同认识，基于彼此不同的喜好，这是正常并且需要认可和包容的（1b ~ 1c）。接着在第二段对话中（2a ~ 2c），John询问Tina昨晚和Amy外出的情况，在描述中重点说明了两人对同一现象的不同感受及最终达成一致看法的过程，体现了朋友在相处过程中，对彼此情绪的理解和接纳。第三段对话发生在Nancy和Bert之间（2d），重点围绕Alice的情绪变化来说明怎么处理朋友交往中的问题。本部分的语篇（3a ~ 3b）是一则寓言故事，围绕什么是幸福的主题展开，说明了幸福不是建立在钱、权、名之上的，引发学生思考如何正确面对生活中的选择与诱惑（4a ~ 4b）。

Section B首先延续了Section A部分寓言故事的结尾（3a ~ 3b），引导学生感悟快乐的真谛：珍惜当下，知足常乐。接下来的语篇（2a ~ 2e）是一则关于成长的故事，主人公Peter在足球队里遇到了困难，通过向父亲倾诉获取建议，最终正视自己的问题，并使问题得到了有效解决。Peter的经历告诉我们：只有从失败中总结教训才有助于自我成长，而自我调整意味着真正的成长，成长意味着不再逃避痛苦，而是能够接纳愤怒、悲伤、恐惧、焦虑、挫败等情绪。最后的写作任务（3a ~ 3b）是回顾自己曾经开心和悲伤的经历，并根据问题提示写一个故事，以此体现学生自我反思情绪调控的重要性。

通过思维导图，我们能更清楚地发现本单元教材内容和单元主题意义探究过程之间的内在联系：

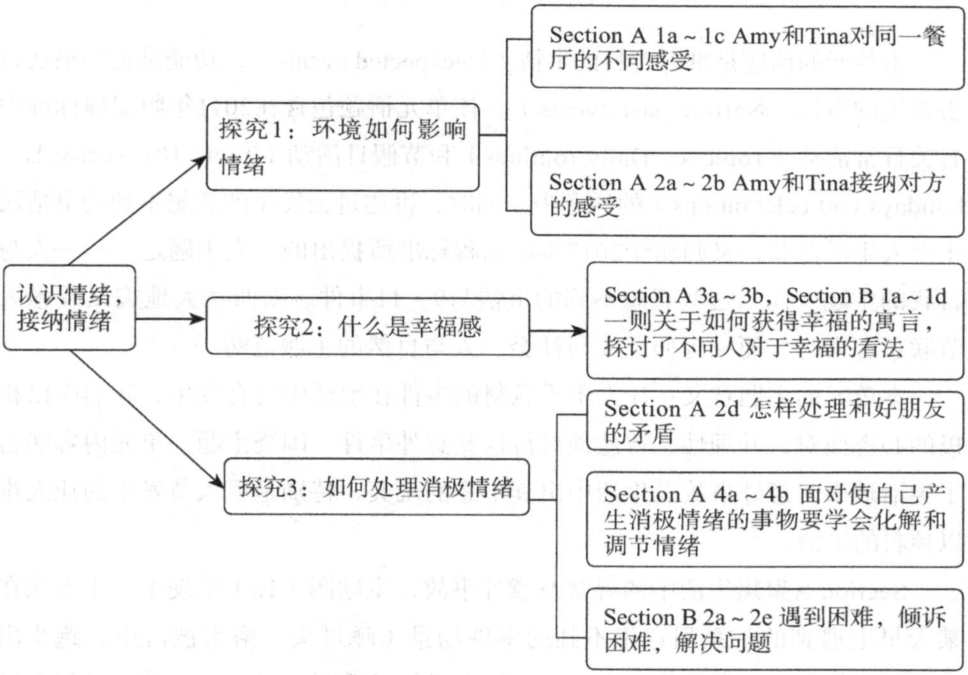
认识情绪，接纳情绪
探究1：环境如何影响情绪
Section A 1a ~ 1c Amy和Tina对同一餐厅的不同感受
Section A 2a ~ 2b Amy和Tina接纳对方的感受
探究2：什么是幸福感
Section A 3a ~ 3b，Section B 1a ~ 1d 一则关于如何获得幸福的寓言，探讨了不同人对于幸福的看法
探究3：如何处理消极情绪
Section A 2d 怎样处理和好朋友的矛盾
Section A 4a ~ 4b 面对使自己产生消极情绪的事物要学会化解和调节情绪
Section B 2a ~ 2e 遇到困难，倾诉困难，解决问题

Go for it 九年级 Unit 12 Life is full of the unexpected.

本单元的话题是难以意料的事情（Unexpected events），功能是正确描述过去发生的事情（Narrate past events）。该单元话题包含在2011年版课程标准中有关日常活动（Topic 4：Daily routines）和节假日活动（Topic 10：Festivals, holidays and celebrations）的话题中。同时，讲述过去发生的意想不到的事情属于个人生活范畴，又归属于2017年版课程标准所提出的三大主题之一——人与自我的主题。而当这些意想不到的事情与9·11事件、新西兰大地震以及愚人节联系起来时，便又延伸至人与社会、人与自然的主题范畴。

本单元的主题意义：让人出乎意料的事件在生活中时有发生，我们应以积极的心态面对，并理性、智慧地对待这些意外事件。围绕主题，单元内容涵盖了生活琐事、意外事故及生活中出其不意的玩笑，特别是愚人节发生的让人难以预料的事情。

Section A聚焦生活中的寻常及意外事故，主题图（1a）呈现了一个女孩在某天早上遇到的一系列意想不到的事件场景（睡过头、浴室被占用、跑步出门、错过校车和把书包落在家里），引出了单元话题。接着Mary谈论她早上发生的意外（1b，2a ~ 2b）及Kevin 谈论他因为晚起错过校车，但幸运地搭上同学父亲的顺风车上学一事（2d），说明生活中有许多偶发事件，应增强做事的计划性，学会合理安排时间，提前做好充分的准备。3a ~ 3c讲述了作者在两个意想不到的突发事件中转危为安的两个小故事，以此提醒我们：生活中意外事件无时无刻不在发生，但是在此过程中有时候也充满小确幸，作者的经历诠释了塞翁失马，焉知非福的人生道理。

Section B围绕愚人节发生的意外展开。首先讲述了Nick、Dave和Joe 三人在愚人节那天被愚弄的经历（1c ~ 1d），谈论了生活中出其不意的玩笑。接着阅读一篇关于愚人节恶作剧的文章（2b ~ 2d），文章讲述了三个在世界范围内很知名的愚人事件，一方面加深了学生对西方传统节日文化的认识，另一方面也说明过分娱乐可能导致的悲剧，倡导生活中需要有娱乐精神，更需要有娱乐素养（不可过分，更不能过头）。

通过思维导图，我们能更清楚地发现本单元教材内容和单元主题意义探究过程之间的内在联系：

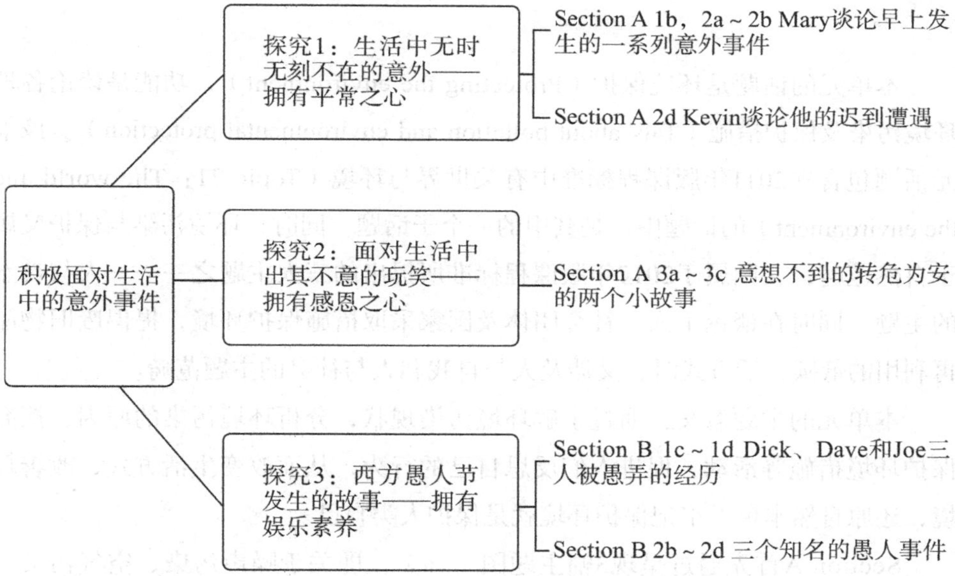
积极面对生活中的意外事件
探究1：生活中无时无刻不在的意外——拥有平常之心
Section A 1b，2a ~ 2b Mary谈论早上发生的一系列意外事件
Section A 2d Kevin谈论他的迟到遭遇
探究2：面对生活中出其不意的玩笑——拥有感恩之心
Section A 3a ~ 3c 意想不到的转危为安的两个小故事
探究3：西方愚人节发生的故事——拥有娱乐素养
Section B 1c ~ 1d Dick、Dave和Joe三人被愚弄的经历
Section B 2b ~ 2d 三个知名的愚人事件

Go for it 九年级 Unit 13 We are trying to save the earth!

本单元的话题是环境保护（Protecting the environment），功能是谈论各种环境污染及保护措施（Talk about pollution and environmental protection）。该单元话题包含在2011年版课程标准中有关世界与环境（Topic 21：The world and the environment）的话题中，是其中的一个子话题。同时，环境污染与保护又属于自然范畴，又归属于2017年版课程标准所提出的三大主题之一——人与自然的主题。同时在谈论个人、社会团体及国家采取措施保护环境，提倡废旧物品再利用的低碳生活方式时，又涉及人与自我和人与社会的主题范畴。

本单元的主题意义：通过了解环境污染现状，分析环境污染的原因，探究保护环境措施等活动，促进人们反思自己的行为，从而改变生活方式，改善环境，还原自然本色，牢记保护环境就是保护人类自己。

Section A首先通过呈现3幅主题图（1a），即关于噪声污染、空气污染、水污染的具体例子，让学生对环境破坏的现状有一个直观的认识，从而激发他们强烈的社会责任感和对未来生存环境的思考。接着通过三组对话（1b ~ 1c，2a ~ 2d，4a）和两篇文章（3a，4b），分别谈论水污染、空气污染、土壤污染的现状，了解各类污染给自然环境和生态环境带来的恶劣影响和严重后果，分析产生污染的原因，引发人们对自我行为的反思。3a是一篇关于保护鲨鱼的倡议书，该语篇不仅帮助学生了解了鲨鱼的危险处境，更倡导重视生态平衡在环境保护中的重要性以及人与自然的和谐相处。保护鲨鱼，关爱濒危动物，就是保护我们人类自己4b。

Section B首先将5件保护环境的小事根据难易程度进行排序（1a），接着听一段Julia和Jack的对话（1c ~ 1d），在此过程中促进学生反思：我们可以通过改变哪些日常生活习惯来保护环境，从而渗透保护环境应该从我做起，从生活日常做起的理念。本部分的语篇（2a ~ 2c）讲述了三个环保人物如何在生活中变废为宝的环保故事，帮助学生理解人人都可以成为环保工作者，人人都可以为环境保护做贡献。本单元的写作任务要求给市长写封信（3a ~ 3c），分析所在城市的环境现状，列出环境污染问题，分析原因，寻找解决问题的办法等。通过完成此项活动，培养学生以批判的思维方式反思人类的一些活动给环境带来的影响，从而改变现有的一些做法，培养学生高度的社会责任感。

通过思维导图，我们能更清楚地发现本单元教材内容和探究单元主题意义过程之间的内在联系：

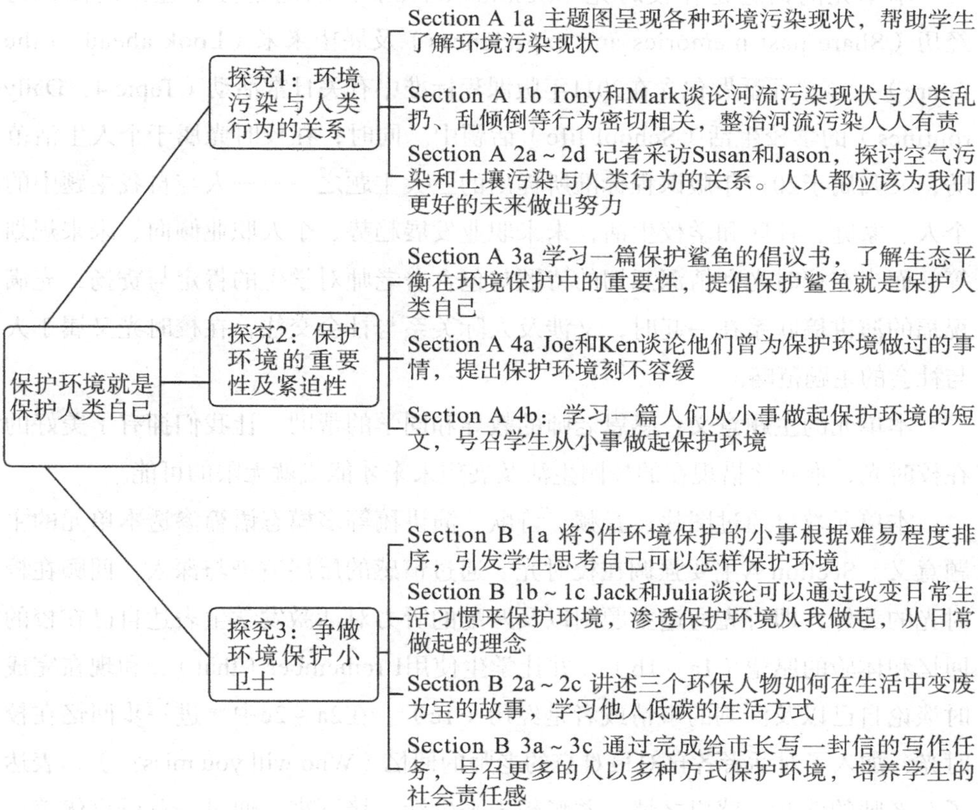
保护环境就是保护人类自己
探究1：环境污染与人类行为的关系
Section A 1a 主题图呈现各种环境污染现状，帮助学生了解环境污染现状
Section A 1b Tony和Mark谈论河流污染现状与人类乱扔、乱倾倒等行为密切相关，整治河流污染人人有责
Section A 2a ~ 2d 记者采访Susan和Jason，探讨空气污染和土壤污染与人类行为的关系。人人都应该为我们更好的未来做出努力
探究2：保护环境的重要性及紧迫性
Section A 3a 学习一篇保护鲨鱼的倡议书，了解生态平衡在环境保护中的重要性，提倡保护鲨鱼就是保护人类自己
Section A 4a Joe和Ken谈论他们曾为保护环境做过的事情，提出保护环境刻不容缓
Section A 4b：学习一篇人们从小事做起保护环境的短文，号召学生从小事做起保护环境
探究3：争做环境保护小卫士
Section B 1a 将5件环境保护的小事根据难易程度排序，引发学生思考自己可以怎样保护环境
Section B 1b ~ 1c Jack和Julia谈论可以通过改变日常生活习惯来保护环境，渗透保护环境从我做起，从日常做起的理念
Section B 2a ~ 2c 讲述三个环保人物如何在生活中变废为宝的故事，学习他人低碳的生活方式
Section B 3a ~ 3c 通过完成给市长写一封信的写作任务，号召更多的人以多种方式保护环境，培养学生的社会责任感

Go for it 九年级 Unit 14 I remember meeting all of you in Grade 7.

本单元的话题是在校时光（School days），功能是分享过去的回忆与经历（Share past memories and experiences）及展望未来（Look ahead to the future）。该单元话题包含在2011年版课程标准中有关日常活动（Topic 4：Daily routines）的学校生活（School life）话题中。同时，在校时光属于个人生活范畴，又归属于2017年版课程标准所提出的三大主题之一——人与自我主题中的个人、家庭、社区和学校生活，未来职业发展趋势、个人职业倾向、未来规划等。而当在校时光和情深意切的诗歌与包含着老师对学生的肯定与赞扬，充满祝福的演讲稿联系在一起时，又涉及人际关系与社会交往，在校时光又属于人与社会的主题范畴。

本单元的主题意义：感恩老师的教导和同学的帮助，让我们拥有了美好的在校时光，唯有珍惜现在的校园生活及展望未来才能成就无限的可能。

本单元教材通过图片、音频、诗歌、演讲稿等多模态语篇渗透本单元的主题意义。Section A主要强调在校时光。通过情感的层层渲染与深入，回顾在校时光的美好，即首先通过主题图以及匹配的听力对话激发学生表达自己在校的回忆和体验的愿望（1a ~ 1b），并让学生使用I remember（that）...和现在完成时谈论自己以及深刻的事情或者是经历（1c）。在2a ~ 2c中，进一步回忆在校时光，加入了对话者各自对最难忘的老师的回忆（Who will you miss？），表达了对老师的感谢、感恩之情，并畅想未来生活。接下来，通过一首语言优美、内容朴实、情真意切的英语四句押韵诗（3a ~ 3c）回忆美好的初中生活，感恩学校与老师的付出，并学会克服学习生活中的困难与挑战。在此阅读任务链中，学生不仅需要使用阅读技巧来掌握诗歌的语篇信息，学会欣赏诗歌，而且优美的诗歌也会引起学生对在校美好时光的共鸣，学生会更加主动分享自己在校时光中的难忘经历与感受。

Section B转向对未来的展望。首先通过师生在毕业之际最后一节课上的对话（1c ~ 1d）（学生描述了对未来的打算或规划，老师对学生的期许和鼓励），渗透了师生之间的深厚情谊及学生对自己的积极认同。接着阅读一篇校长在毕业典礼上的演讲稿（2b ~ 2d），发出了母校对毕业生的寄语与激励以及对他们未来的期许与祝福，同时让学生学会回报支持和帮助过自己的人，懂得承担责任与学会担当。

通过思维导图，我们能更清楚地发现本单元教材内容与探究单元主题意义过程之间的联系：

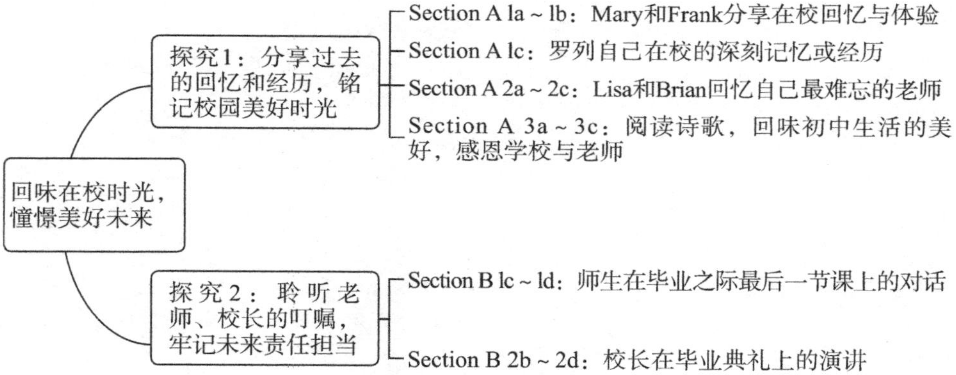
回味在校时光，憧憬美好未来
探究1：分享过去的回忆和经历，铭记校园美好时光
Section A 1a ~ 1b：Mary和Frank分享在校回忆与体验
Section A 1c：罗列自己在校的深刻记忆或经历
Section A 2a ~ 2c：Lisa和Brian回忆自己最难忘的老师
Section A 3a ~ 3c：阅读诗歌，回味初中生活的美好，感恩学校与老师
探究2：聆听老师、校长的叮嘱，牢记未来责任担当
Section B 1c ~ 1d：师生在毕业之际最后一节课上的对话
Section B 2b ~ 2d：校长在毕业典礼上的演讲